本书受华北科技学院中央高校基本科研业务费资助出版

我国地役权法律制度研究

RESEARCH ON THE LEGAL SYSTEM OF EASEMENT IN CHINA

李遐桢◇著

中国政法大学出版社

2014・北京

图书在版编目（CIP）数据

我国地役权法律制度研究/李遐桢著.—北京：中国政法大学出版社，2014.7

ISBN 978-7-5620-5387-3

Ⅰ.①我…　Ⅱ.①李…　Ⅲ.①物权法－研究－中国　Ⅳ.①D923.24

中国版本图书馆CIP数据核字(2014)第115828号

出版者　中国政法大学出版社

地　址　北京市海淀区西土城路25号

邮寄地址　北京100088信箱8034分箱　邮编100088

网　址　http://www.cuplpress.com（网络实名：中国政法大学出版社）

电　话　010-58908289(编辑部)　58908334(邮购部)

承　印　固安华明印业有限公司

开　本　880mm×1230mm　1/32

印　张　9.25

字　数　225千字

版　次　2014年7月第1版

印　次　2014年7月第1次印刷

定　价　29.00元

PREFACE

序

作为调节不动产利用之法律制度，地役权从比较法上看发展甚早，在许多国家的民法典中都有规定，学理研究也比较充分。但之于我国大陆，地役权则是新近的舶来品，1986年的《民法通则》甚至没有规定这一制度，至于什么原因导致，因无立法资料，现已无法考证。我国《物权法》以专章规定了地役权，对地役权之概念、地役权的设立、地役权的从属性与不可分性、登记对抗等制度进行了比较全面的规定。但因各种原因，我国《物权法》中关于地役权之规定仍存在这样或那样的问题，我国地役权法律制度的学理也实有进一步深入研究的必要。

作为我的博士生，李遐桢在攻读博士期间即以地役权作为主要研究对象，博士学位论文《物权法定下地役权的困惑》一文早于2008年即已通过论文答辩，本书是在其博士学位论文的基础上结合最近几年地役权法律制度研究成果进一步修订而成。本书主要从物权法定的角度审视我国地役权的概念、内容、本质、变动、类型化以及登记等，作者在本书中提出了很多与我国传统观点不一致的创新性观点。例如，提出了地役权之客体应扩大至海域；再如主张地役权的类型化便宜地役权设立等。这些研究成果对我国《物权法》中的地役权法律制度解释、修法具有重要的理论价值。

作为老师，本人一直非常关注遐桢博士的学习和工作，遐桢博士毕业后入对外经济贸易大学从事博士后研究工作，现任华北科技学院副教授、人文学院法学系主任。在繁重的工作、养育子女之余，能够继续从事研究工作实属不易。但我看到自己的学生不断成长、进步，由衷地高兴。我对他的刻苦、坚韧和能力都非常欣赏，相信遐桢在今后的学术研究中能够取得成就。

值本书出版之际，以上寥寥数语，是为序。

李永军

2014 年 5 月

目录 CONTENTS

INTRODUCTION

引 言

一、本书选题的意义

不动产是人类基本的生活资料和生产资料。在人口急剧膨胀的现代社会，不动产越来越珍稀。因此，如何充分利用不动产以及协调不动产权利人在利用不动产时发生的冲突就非常必要。从民法的角度来看，相邻关系虽然能够调剂不动产的利用，但相邻关系仅在“必须”利用对方土地时才有适用的可能性；且相邻关系的类型都由法律明确规定，其调整不动产利用的范围是有限的。可是，现在土地使用之调节，无论于公于私，其重要性都在不断增加。因此，作为一种古老的用益物权，当事人协议调整不动产利用的地役权在现代社会仍具有重要价值。

在国外，因城市化过程较我国为先，不动产资源稀缺性凸显更早，为调节不动产之利用，对地役权制度的研究已经相当深入。例如，英美法在划分从属地役权（Easement

Appurtenant）和类似地役权（Easement in Gross）的基础上构建起非常完善的地役权制度；再如，《德国民法典》虽然没有对地役权之具体类型进行任何规定，但在实践中发展出大量的新型地役权，营业竞争禁止地役权就是最为明显的例证。从理论研究的角度来看，国外对地役权之性质、内容、具体类型以及登记等都有相当深入的研究。而在东亚地区，如日本、我国台湾地区虽然也有论文对地役权制度进行了研究，但这些研究多限于地役权的立法解释论方面，很少涉及地役权的性质、内容、类型化以及地役权登记之特殊性问题。在国内，尤其是在《物权法》的起草过程中，关于地役权的论文一时间风起云涌，但这些论文论述的格调基本一致：从立法论的角度来看地役权，即我国《物权法》应当如何规定地役权。但因我国学者侧重于地役权立法的研究而轻视了地役权之基本问题之研究，尽管有些文章对地役权制度进行了论述，但这些论述也多为泛泛而谈，多对地役权进行一般性的介绍。虽然《物权法》最终规定了地役权制度，但是《物权法》中规定之地役权制度存在或多或少之问题。所以，在《物权法》通过之后，学术界对如何适用地役权之法律规范以及如何发挥地役权制度的价值进行了较为深入的研究，但这些研究仍有进一步深化的价值，尤其是我国台湾地区将地役权修订为不动产役权，并对相关制度进行了大规模修正，对我国地役权制度的法律适用和修法具有重要指导价值。

在我国，地役权是以弥补相邻关系之不足的身份出现在物权法中的，甚至有学者武断地认为，地役权在功能上就是弥补相邻关系的。正因如此，如果相邻关系的规定越完善，地役权作用的范围就会越小，相邻关系与地役权在数量上成“反比”。近现代社会，所有权尤其是不动产所有权应承担更多的社会义务，所以很多国家的民法典以相邻关系为“手术刀”开向不动产所有权，以限制所有权为己任之相邻关系越来越发达。且近现代社会，都市建筑鳞次栉比，寸土寸金。为有效利用土地、充分发挥土地价值，各国政府纷纷制定城市规划、土地利用规划等，甚至出现了乡镇级的建设规划、土地利用规划，这些规划非常具体。它们已在很大程度上吞噬了地役权的地盘，设定地役权的必要性越来越小——至少从表面判断应该如此。通过对北大法宝关于地役权案例的检索，截至2013年12月20日，仅有6件关于地役权的案例。因此，从实践中看，地役权在我国也没有得到充分的发展与运用。尹田教授在介绍法国地役权制度时就指出：“现代社会中的地役权却存在一种‘衰退’的趋势，有时甚至代表了一种‘过时的事物’。”〔1〕但是，西方社会设定地役权的数量还不在少数，并没有出现颓废的局面。然而，以日本、我国台湾地区为代表的东亚地区，民众设定地役权的登记数量不多，且最近几年，基本呈现“严格单调递减”的趋势。因此，有学者不无疑惑地问道：“地役权内容变化多端，具有多样性，应是土地利用人可大量运用，以增加其土地价值之一项权利。惟其实际上加以利用者，却甚为少见，或因一般社会公众对地役权制度不甚了解之故?”〔2〕的确如此，东亚地区何以对世界普适的地役权制度到了少有问津的地步呢？笔者认为，地役权历经久远，且《日本民法典》颁行一百余年，我国台湾地区“民法”也已颁行八十余年，在弹丸之地、法学昌盛的日本、我国台湾地区，民众何以会不了解地役权制度?！因此，检讨地役权在东亚地区衰落的原因，先“寻出病根”，后“对症下药”，可能是地役权在东亚地区大放异彩的有效途径。我国是东

〔1〕 尹田：《法国物权法》（第2版），法律出版社2009年版，第415页。

〔2〕 谢在全：《民法物权论》，中国政法大学出版社1999年版，第423页。

亚地区最大的国家，如若我国能够有效“激活”地役权的生命力，必将为东亚地区其他国家之地役权制度的复活提供可资借鉴的活标本。因此，笔者选择地役权制度作为研究的对象不仅具有理论价值还具有重要的实践价值。

二、本书的逻辑结构

本书是在物权法定之视角下观察地役权制度，基于以下逻辑结构完成：通过对物权法定原则内涵之分析，我们会发现一个奇怪的现象，物权法定原则在德国主要是类型固定，而内容强制并非那么坚持，正因强调物权类型强制原则，因此，以《德国民法典》为代表的欧洲大陆国家多对地役权作了相对抽象的类型化，而地役权之具体内容完全交由当事人自由约定。因此，在德国等欧洲大陆国家，物权法定原则与地役权之内容的自由约定性之间的矛盾并不突出。反观东亚地区，不仅强调物权类型法定，而且强调内容法定，法律对各种物权之具体内容都作了相当硬性的规定；而对地役权却未作出任何或抽象或具体的类型化，对地役权之内容更未作出任何指导性的立法，全凭当事人的自由约定。因此，东亚地区出现了一个非常奇怪的现象：强调物权类型与内容法定，而对地役权却网开一面，因此，从物权法定之角度观察，地役权是否为物权就成了一个问题。所以，本书在对地役权概念进行研究界定的基础上，首先从地役权的性质入手，指出将地役权认定为用益物权的难点，然后对地役权的功能以及与相邻关系之间的关系进行研究。在此基础上，研究地役权内容的特性。在澄清地役权之本质、内容等的前提下，我们不得不面临一个最为棘手的问题：地役权的类型化。物权法定要求地役权类型化，地役权类型化与地役权登记制度存在关系，所以，从物权法定的角度观察地役权登记制度也在本书的考察范围之列。最后，笔者经过研究发现，我国《物权法》规定之地役权制度与日本、我国台湾地区之规定大同小异，可以代表东亚地区对地役权之态度。因此，最后一部分作为本书研究之总结：研究地役权制度之最为根本之目的在于寻找我国以及东亚地区地役权立法之差距，给出解决问题之途径。

因此，本书并非对地役权之基本原理泛泛而论，而是从物权法定的角度深入分析地役权之概念、性质、制度价值、内容、类型化及登记等多方面的问题。在论述这些问题的过程中，对我国《物权法》关于地役权制度之规定进行了或褒或贬的评价，并且对如何适用地役权制度发表了自己的见解。

三、本书的研究方法

本书主要采用历史研究方法、比较研究方法以及实证分析研究方法。

（一）历史研究方法

古罗马法学家盖尤斯曾指出：为了更好地了解一项制度，我们必须走向它的起源。而著名罗马法学家彼得罗·彭梵得则明确指出："关于地役权这一范畴的历史的和传统的原因要比科学的原因更多。"[1]本书以地役权制度为研究对象，而地役权是罗马法上就存在的一项法律制度，其产生和发展的历史绵延数千年。因此，研究地役权制度至少应从罗马法开始。对罗马法上的地役权之内容、性质、地役权与相邻关系之间的关系以及具体类型之探求，对准确把握现代社会之地役权具有非常重要的历史价值。

---

〔1〕［意］彼得罗·彭梵得：《罗马法教科书》，黄风译，中国政法大学出版社1992年版，第100页。

（二）比较研究方法

今天已经没有人再像西塞罗那样认为外国法律“几乎是荒谬可笑的”。作为扩展我们思想边界的一种手段，比较法能够很容易并充分地得到证明。[1]“使豁达而高尚心灵卓尔不凡者，定莫过于优雅的好奇心，而这种好奇心最愉悦且有益运用者，又莫过于鉴察外国的法律与习俗。”[2]因此，比较法作为一项重要的法学研究方法得到相当普遍的运用。地役权不仅存在于大陆法系，而且存在于英美法系，且地役权在数千年之演进过程中，因各国之政治、经济、文化、历史传统等差异，不同历史时期和不同国家，对地役权之规定和理解各不相同。因此，地役权之比较研究不仅涉及大陆法系范围内的比较，且涉及两大法系之比较，在比较中分析、甄别地役权之性质、类型化以及登记制度等，将有助于我国地役权制度的进一步完善。

（三）实证分析研究方法

法律不仅是逻辑的产物，也是经验的产物，因此，法律带有极强的实践色彩。而“以一种社会学形式表现出来的法律实证主义所关注的，并不是分析国家制定的法律规则，而是分析导致制定这些法律规则的各种社会因素。”[3]地役权作为民事权利，现实生活中的具体类型千差万别，因此，以一种实证的眼光审视现实生活中的法律现象并发展地役权之具体类型，是一种符合时宜的方法，它可以弥补概念法学研究之不足并完善地役权类型。

---

〔1〕［德］波恩哈德·格罗斯菲尔德：《比较法的力量与弱点》，清华大学出版社2002年版，第3页。

〔2〕［德］K. 茨威格特、海因·克茨：《比较法总论》，潘汉典等译，法律出版社2003年版，中译本序和德文第2版序。

〔3〕［美］E. 博登海默：《法理学——法律哲学与法律方法》，邓正来译，中国政法大学出版社1999年版，第116页。

地役权是一项需要有广泛实践经验和素材作为研究基础的法律制度，但因笔者才疏学浅，且语言能力天生愚钝所致资料不够充足，尚不能对地役权制度作出更为全面、细致、深入的分析和研究，努力不少，成果不多。尽管如此，笔者还是欣喜地发现自己竟能完成本书的写作并能阐释自己的拙见，请学界同仁批评指正。

第一章 地役权的概念

——以解释论为中心

地役权发展甚早，大概人类生活进入畜牧时代即有其雏形。[1]但是，一般认为，地役权起源于罗马法。从现有的资料来看，的确如此。乡村地役权是最古老的役权且属于“要式物”之列，它们在罗马的农业经济中曾是很重要的，这种役权主要包括两类：通行权和用水权。《十二表法》第七表就已经有关于通行、导水的规定，虽然当时没有形成地役权的概念，但这些规定就是关于地役权的规定。[2]《十二表法》第七表第1条规定：“建筑物的周围应用二尺半宽的空地，以便通行。”该表第4条规定：“相邻田地之间，应留空地五尺，以便通行和犁地，该空地不适用时效的规定。”因此，《十二表法》规定的

〔1〕 参见郑玉波：《民法物权》（第15版），三民书局1992年版，第180页。

〔2〕 参见［意］彼德罗·彭梵得：《罗马法教科书》，黄风译，中国政法大学出版社1992年版，第254页。

地役权大多是因自然环境而产生的强制性地役权。可以说，地役权是最早产生的一种用益物权，且在罗马法历史上相当长的一段时间里，地役权作为唯一的用益物权与所有权比肩而立。[1]然而，地役权是什么，从来就不是一个非常简单的问题。

立法上对地役权的概念，有从义务或负担的角度进行界定的，如《法国民法典》第637条规定："役权，是指为使用与利用属于另一所有人的不动产而对某项不动产强制所加的一种负担。"它是从供役地出发来界定不动产役权的。有从权利的角度进行界定的，如《德国民法典》第1018条规定："对一土地可以为另一土地的现时所有人的利益，以这样的方式设定负担，使另一块土地的现时所有人有权在个别关系中使用该土地，或一定的行为不得在该土地上实施，或某项权利的行使被排除，而该项权利系基于被设定负担的土地的所有权而对于另一块土地发生的（地役权）。"有从利用角度进行界定的，如《日本民法典》规定："地役权人，依设定行为所定的目的，有以他人土地供自己土地便宜之用的权利，但不得违反第三章第一节中关于公共秩序的规定。"我国台湾地区"民法"对地役权的界定直接来自于《日本民法典》，与其同出一辙，但在新近修订"民法"时，进一步列举了地役权的内容，实乃立法上的一次重大进步。我国《物权法》第156条也规定，地役权人有权按照合同约定，利用他人的不动产，以提高自己的不动产的效益。从本条的规定来看，我国对地役权也以"利用"为界定方式。因我国立法上对地役权的概念进行了较为清晰的规定，因此学术界对地役权概念没有太多争议。通说认为，地役权是指为自己的不动产的便利而使用他人的不动产的权利。但是，我国《物

[1] 史尚宽：《物权法论》，中国政法大学出版社2000年版，第221页。

权法》第156条之规定，仍存在以下几个方面的问题需要厘清：地役权的客体是什么？地役权的内容是“利用”还是“负担”？何为“效益”？地役权能否在自己的不动产之上设立？

第一节 地役权应为不动产役权

地役权是为了使用自己土地的便利而使用他人土地的权利，但如果为了特定人的利益而使用他人土地的权利则成了人役权。所以，地役权之“地”，不仅要反映需役地为“地”，而且要反映供役地为“地”，亦即地役权是为一块被称做需役地的土地而设立的，它几乎被视为该需役地的附属品和它的一种品格。[1]另外，地役权之“地”也指地役权的标的物到底指什么，即需役地与供役地的范围为何。[2]因此，地役权之“地”具有双重含义。地役权的名称要承担起准确反映需役地与供役地的使命，也要承担起反映地役权之标的物的范围的使命。但因各国对土地的范围尤其是土地与建筑物之关系的认识不同，对地役权之“地”的范围要作出准确的、适用于所有国家的解释则是“不可能的任务”。因此，厘清各国地役权之“地”的范围，亦即地役权的标的物的范围，对正确把握地役权的名称至少在理论上就非常有意义，更何况“地”的范围对实践中何种不动产可以设定地役权具有重要指导意义。

---

〔1〕［意］彼德罗·彭梵得：《罗马法教科书》，黄风译，中国政法大学出版社1992年版，第253页。

〔2〕一般认为权利的客体与权利的标的物是基本相同的，但笔者怀疑地役权的客体与地役权的标的物的含义是否相同，因为地役权的客体仅指供役地，而不包括需役地，而有些学者则使用地役权的标的物来指称需役地与供役地，笔者在本书中正是从此意义上使用“标的物”的。

一、地役权的客体

地役权的客体是什么，有不同的理解。有人认为，地役权存在于需役地与供役地两块土地之上，因此地役权的客体为需役地和供役地。但也有人认为，地役权的客体仅为供役地。笔者认为，地役权实际上是需役地上的权利，同时也是在供役地上设定的负担，因此地役权的客体是供役地，需役地并非地役权的客体。

二、土地是地役权的传统客体

土地是地役权之“地”的主要形式。但是，土地的范围为何，各国立法不同，主要存在两种立法模式：其一，土地吸收建筑物；其二，土地与建筑物并存，属于两个不同的不动产。罗马法上将建筑物作为土地的重要组成部分，建筑物不能成为独立的权利客体。房屋等建筑物被罗马法视为土地的附属物，故此，地役权关于土地的含义，应包括房屋等在内。〔1〕《德国民法典》第94条规定：“土地的重要成分，为定着于土地之物，特别是建筑物以及尚与土地结合的土地出产物。……为完成建筑物而附置的物，属于建筑物的重要成分。”可见，德国法关于建筑物与土地之间的关系采纳了罗马法的做法，将建筑物作为土地的重要组成部分。因此，德国法上的土地，也包括土地之重要组成部分的建筑物。可见，罗马法、德国法实际上已经承认了地役权可以设定在建筑物上，但因建筑物附属于土地，是土地的重要组成部分，它实际上是以土地之名设定地役权而非以建筑物之名设定地役权的。在土地吸收建筑物的立法背景下，

〔1〕 周枏：《罗马法原论》，商务印书馆1994年版，第391页。

建筑物不能独立作为地役权的客体。

而《日本民法典》第86条规定，土地及其定着物为不动产。日本学者也认为，日本民法把建筑物作为从土地中完全独立出来的物，建筑物不是土地的重要成分，土地与建筑物是两个独立的物。[1]我国民国时期制定的民法典，现在尚施行于台湾地区，该法典深受日本民法的影响，也将建筑物作为与土地并列的一种不动产，且该法典修正前之物权法编直接借鉴了日本民法的做法，将地役权界定为“称地役权者，谓以他人土地供自己土地便宜之用之权”。我国台湾地区“民法”物权编修正前关于地役权的规定与日本民法相同。因此，如果细究《日本民法典》、我国台湾地区“民法”关于“土地”的含义，则对地役权之“地”的规定与罗马法、德国法相去甚远，甚至有天渊之别，《日本民法典》、我国台湾地区“民法”上的地役权之“地”仅指土地而不包括建筑物。因此，《日本民法典》、我国台湾地区“民法”关于地役权客体之规定与德国民法之规定貌合神离，大相径庭。

同时，土地为地役权之客体，但不以一宗土地为必要，可以在一块土地的一部分上设定地役权，如通行地役权。供役土地与需役土地可以相邻，也可以不相邻。例如，汲水地役权之供役地，可以是数宗土地，在每一块土地上应分别设定，不相邻之土地也可作为供役地。地役权的客体为土地时，不限于地表，也可以是地下空间或地上空间，后者即所谓区分地役权，属于空间权的一种。[2]

---

〔1〕［日］田山辉明：《物权法》（增订本），陆庆胜译，法律出版社2001年版，第12页。

〔2〕崔建远：《土地上的权利群研究》，法律出版社2004年版，第234～238页；梁慧星主编：《中国物权法研究》（下），法律出版社1998年版，第759页；王利明、尹飞、程啸：《中国物权法教程》，人民法院出版社2007年版，第400页。

三、建筑物应为供役地之“地”

从我国《物权法》第156条的规定来看，地役权乃“利用他人不动产”之权利。在我国大陆物权法上，“不动产”包括土地与建筑物。因此，建筑物可以为地役权之客体应无疑问。然而，域外立法则存在不同的规定。主要有承认建筑物之上可以设定地役权的立法例与否定建筑物之上可以设定地役权的立法例。前者如罗马法、德国法、法国法等。例如，德国法将建筑物作为土地的组成部分，因此建筑物上可以设定地役权，但不能以此说明德国法承认建筑物可以成为地役权的客体。后者立法如日本、我国台湾地区等。《日本民法典》、我国台湾地区“民法”采取建筑物与土地分离的原则，那么在建筑物与土地分离的立法背景下，建筑物能否成为地役权的客体呢？对此，有学者指出：地役权之标的物以土地为限。因此，自然不能在他人建筑物上设定地役权。〔1〕在我国台湾实务中，也有判例明确否认建筑物上可以设定地役权：“所谓地役权，乃以他人土地供自己土地便宜使用之权利，如以他人之建筑物供自己土地便宜之用者，自不在地役权范围以内（外国立法例又当别论）。”〔2〕即使在1999年修订“物权法”时，我国台湾地区仍没有脱离建筑物之上不得设立地役权的窠臼。〔3〕但也有学者指出：“反倒是我们民法，采取房地分离，土地所有权不及于其上的工作物，从而所谓地役权，文义上既仅提土地，能不能涵盖单纯房屋之

---

〔1〕 史尚宽：《物权法论》，中国政法大学出版社2000年版，第231页。

〔2〕 1972年台上字第三一〇八号判决。

〔3〕 参见我国台湾地区“民法”第851条。

间为便宜之用的情形，即不能无疑。”〔1〕那么，我国台湾地区苏永钦教授不无疑问地提出：“究竟是立法者有意排除建筑物上设定地役权，抑或是在移植欧陆民法时，例外采取和日本民法一样的房地分离原则，却忽略了其他立法方面的配套?”对此苏教授进一步回答：“后者应该比较可能，因为这类忽略并不只一处。”〔2〕所以，我国台湾地区对“民法”修订时，遂研议将地役权之概念扩大为“不动产役权”，使得供役之客体亦包含建筑物在内，亦即凡是建筑物均得成为供役或需役之客体，其所有权人均得以其不动产为各自设定不动产役权，从而建议将台湾地区“民法”物权编第五章之章名修正为“不动产役权”，并建议将第851条第1项之条文修正为：“称不动产役权者，谓以他人不动产供自己不动产通行、引水、采光、眺望、电信或其它以特定便宜之用为目的之权”。〔3〕在最新一次修订“民法”物权编时，我国台湾地区“民法”直接以不动产役权命名地役权，并将其界定为：“称不动产役权者，谓以他人不动产供自己不动产通行、汲水、采光、眺望、电信或者其他以特定便宜之用为目的之权。”笔者认为，罗马法上的城市地役权说明，建筑物之上可以设定地役权，如传统民法上的搭梁地役权、采光地役权等就多将负担设定于建筑物之上，建筑物之上有设定地役权的现实需要和生活、生产基础。因此，在建筑物与土地分离背景下，建筑物当然可以成为地役权的客体。我国台湾地区“民法”将地役权修订为不动产役权，并进一步扩大供役地之范围至不

〔1〕 苏永钦：“重建役权制度”，载苏永钦：《走入新世纪的私法自治》，中国政法大学出版社2002年版，第256～257页。

〔2〕 苏永钦：“重建役权制度”，载苏永钦：《走入新世纪的私法自治》，中国政法大学出版社2002年版，第257页。

〔3〕 郑冠宇：“地役权的现代化”，载《烟台大学学报》2009年第1期。

动产，具有重要立法启示价值。

建筑物可以为供役地，那么建筑物可否为需役地呢？史尚宽先生指出：“地役权，不得为建筑物，对于建筑物为设定。土地所有人同时为建筑物所有人，如为其土地设定地役权，则其建筑物亦同受其便宜。建筑物与土地异其所有人时，建筑物所有人得基于地上权、永佃权、典权、租赁权、借用权等，行使需役地之地役权。又地上权、永佃权人等，亦得为自己利用之土地，设定地役权，结果其所有之建筑物，亦同蒙其利。”[1]但从我国《物权法》第156条规定地役权为“自己不动产的效益”这一用语来看，需役地可以为土地，也可为建筑物。我国台湾地区2009年、2010年两次修订物权编，在考虑促进土地与建筑物利用价值之同时，为避免建筑物与土地所有权人不同一时，建筑物所有权人设定“不动产役权”可能造成土地所有权人之不利益，遂仅建议将需役之主体扩大及于不动产。因此，建筑物可为需役地。但关于供役之客体则仍限于土地，且仅土地所有权人始得以自己之土地为他人设定地役权，其第851条第1项规定，地役权以他人不动产供自己使用之不动产便宜之用之权。笔者认为，采光地役权、搭梁地役权等罗马法上的城市地役权的需役地多为建筑物，且现实生产、生活中有为建筑物之利益设定地役权的客观需要。因此，以不排除为建筑物之利益设定地役权为妥。

四、空间地役权的制度安排

（一）空间役权与空间地役权的意义

自罗马法以来，一直存在着“谁拥有土地便拥有土地之无

---

[1] 史尚宽：《物权法论》，中国政法大学出版社2000年版，第231页。

限上空”的主张。但是，从罗马法到19世纪工业革命之前，因征服自然的能力不强，人类对于土地的利用，一般以土地表面为主，土地之上空与地下的利用没有受到应有的重视。由于19世纪欧洲大陆工业革命，人类改造世界的生产工具发生了质的变革，社会生产力获得重大进步，工商业兴旺繁荣，加速了城市化的进程，人稠地狭成为城市化进程的最大障碍。城市土地资源的稀缺性与此间土木建造技术的进步，使得土地的立体利用不但具有必要性，也具有可行性，人类对土地资源的利用遂扩及土地的空中和地下。例如，修筑空中走廊，架设高压电线、空中电缆，利用建筑物设置空中广告，建地下停车场、地下铁路以及地下超市，铺设地下管道、电线电缆等。因此，在现代社会，土地之上空与地下成为地地道道的具有经济价值的财产。对土地之上空与地下的利用主要是对其空间的利用。因此，空间权理论随之产生。空间所有权、空间利用权等空间权的存在加剧了权利人之间在权利行使上的矛盾，在相互邻接的空间，形成了密切的相邻关系。此种立体的相邻关系仅受相邻关系法的调整显然不够。空间役权随之也进入调整空间利用的序列。所谓空间役权，是指以他人土地之特定空间供自己或自己土地（或空间）便宜之用的权利。〔1〕空间役权包括空间地役权与空间人役权。在东亚地区，不存在人役权，其原因有二：其一，人役权与东亚地区之习惯不合；其二，人役权妨害财产之流通及改良。〔2〕因此，日本、我国台湾地区以及我国大陆都没有规定人役权。与此相对应，我国民法上也就不存在空间人役权而仅存在空间地役权。所谓空间地役权，是指以他人的空间供自己土地便宜之用的权利。例如，在他人所有的空间中架设高压电

〔1〕 刘乃忠：《地役权法律制度研究》，中国法制出版社2007年版，第45页。
〔2〕 刘志扬：《民法物权编》，中国政法大学出版社2006年版，第220页。

线，在某一空间中设置水管以供排水之用。空间地役权在内容上也包括禁止某项为某种使用，如禁止在某一定高度空间建筑房屋，以免妨害他人的通风、采光等。〔1〕

（二）空间地役权的客体是空间

空间是不是地役权的客体，有的国家的物权法对此加以明确规定，如《荷兰民法典》第五编第71条就明确规定，地役权可以存在于地上、上空以及地下，即空间可以成为地役权的客体。有的国家的物权法对此没有作出明确规定。但是，笔者认为，虽然这些国家的物权法没有明确规定空间地役权，但从解释论的角度来看，它们还是承认空间地役权的，如《德国民法典》第905条规定："土地所有人的权利，及于地表上的空间和地表下的地壳。但所有人不得禁止高到或深到所有人对排除干涉无利益的地方所进行的干涉。"同时，按照《德国地上权条例》第1条的规定，地上权可以在他人土地之表面或者地下设定。可见，德国民法也承认空间地上权。《德国地上权条例》第11条又规定，地上权准用关于土地的规定。因此，德国法承认地上权人能够为自己使用的土地设定地役权，空间地上权人当然可以设定空间地役权。再如，《日本民法典》第207条规定："土地所有权于法令限制的范围内，及于土地的上下。"而其第269条规定："地下或者空间，因定上下范围及有工作物，可以以之作为地上权的标的。"同时，《日本民法典》第267条规定，地上权准用相邻关系的规定，但没有规定地上权准用地役权的规定，这为学者留下了争论的余地。有的学者认为，日本民法关于地役权的规定重在保障不动产所有人的利益，且日本民法直接规定"地上权准用相邻关系之规定"，而法律没有明文规定

〔1〕陈华彬：《现代建筑物区分所有权制度研究》，法律出版社1995年版，第87页。

地上权能够准用地役权的规定，地上权人、永佃权人自然不能以其使用的不动产为需役地设定役权。有的学者认为，日本民法虽然没有明文规定，但是应作同于德国法的解释，承认地上权人、永佃权人能够设定地役权，这种观点已经成了日本的通说。[1]因此，在日本，地上权人可以设定地役权，空间地上权人也可以设定地役权。所以，从体系解释上来看，日本民法并不排除空间地役权。按照我国台湾地区“民法”的规定，地役权的设定中，限于供役地所有人，就需役地设定地役权的，不仅包括需役地所有人，还包括地上权人、永佃权人、典权人等。这是因为，“供役地涉及所有权的处分，需役地并不涉及所有权的处分，因此，需役地设定主体要广泛得多。”[2]据此，是否可以得出我国台湾地区在解释上也承认空间地役权呢？笔者认为，在我国台湾地区，地役权设定中的供役地人限于所有权人，因此不承认空间地上权人为自己使用的土地设定空间地役权，但是，基于我国台湾地区“物权法”第773条的规定，土地所有权人的权利范围及于土地之上下，在解释上土地所有权人可以为他人设定空间地役权。因此，从上述各国关于空间地役权的规定以及相关解释来看，空间是空间地役权的客体。就空间地役权关系而论，空间地役权不仅成立于“横”的平面关系上，而且于上下“纵”的主体关系上也可发生。[3]

（三）空间地役权的制度安排

在制定物权法的过程中，针对我国是否应当规定空间地役权以及如何规定空间地役权，学术界展开了激烈的论争。有的

---

〔1〕［日］三潴信三：《物权法提要》，孙芳译，中国政法大学出版社2005年版，第133页。

〔2〕王泽鉴：《民法物权》(2)，中国政法大学出版社2001年版，第84页。

〔3〕刘乃忠：《地役权法律制度研究》，中国法制出版社2007年版，第45页。

学者认为，空间地役权确有存在的必要，我国物权法可以承认空间地役权，但空间地役权是空间利用权之一种具体形式，仅规定空间利用权而无须规定空间地役权。[1]有的学者认为，空间利用权主要指空间地上权和空间地役权，尤以空间地上权为典型和重要，基于将传统的地上权改称基地使用权的缘故，又将空间地上权改称为空间基地使用权。空间基地使用权，是指在地上或者地下一定的三维闭合空间所设立的基地使用权。同时，根据空间权的理论，在设立了空间所有权或空间基地使用权的相邻空间之间，也可设定邻地利用权。因而，对于“邻地”不必限于平面上的理解。[2]据此，该观点认为，无须直接规定空间地役权，但解释上应当承认空间地役权。有的学者认为，空间地役权从普通地役权中独立出来，是时代发展的要求，是因为它在权利的客体、权利的性质等方面具有特殊性。[3]还有学者认为，空间利用权是指在土地使用权及其效力所及空间之外，对地表上下的一定范围内的空间所享有的排他使用权。因此，空间利用权只能从土地所有人处或其他空间利用人处取得，而不能从土地使用权人处取得。从所有人处取得的，通常是所谓“空间地上权”；从其他空间权人处取得的，通常称为“空间地役权”。由于土地使用权人行使其权利所及的必要空间为其土地使用权本身的内容，其如许可他人利用该必要空间，则所设定的应属“地役权”而非“空间地役权”。[4]该种观点认为，空间是一项独立的“物”，只能由所有权人设定空间地役权，建设用地使用权人无权设定空间地役权而只能设定地役权。最终

---

〔1〕 王利明：《物权法论》，中国政法大学出版社2003年版，第493页。

〔2〕 梁慧星主编：《中国物权法研究》（上），法律出版社1998年版，第758页。

〔3〕 刘乃忠：《地役权法律制度研究》，中国法制出版社2007年版，第47页。

〔4〕 刘保玉：《物权体系论》，人民法院出版社2004年版，第229～230页。

我国《物权法》并没有明确规定空间地役权，但这是否意味着我国不存在空间地役权？笔者认为，虽然我国《物权法》没有规定土地所有权人的权利范围及于“土地之上下”，但从我国《物权法》第136条对土地所有权人可以设定空间建设用地使用权的规定来看，应当作出同于我国台湾地区“民法”第773条的解释，土地所有人可以支配土地之上下，因此，土地所有权人不仅能够设定空间建设用地使用权，在解释上也可以设定空间地役权。

（四）空间地役权的设定主体

从我国《物权法》的整体性解释来看，我国承认空间地役权。但是，空间地役权的设定主体是否限于土地所有人？空间建设用地使用权人、空间债权利用人可否设定空间地役权？有的学者认为，在土地私有情形下，土地所有权人对自己空间的使用，一般都视作对自己土地的当然附属部分的利用。但是在土地公有情形下，地表上下的空间必然是属于国有的，普通民事主体对空间的利用必须向国家取得空间地上权。土地使用权人（建设用地使用权人）当然取得一定范围的空间，其范围取决于对地表上下范围的界定。举例来说，某一土地是一片建筑区，有人欲在地下建一地下商城。那么，对该地下空间的利用应当征得何人的同意？这就与建设用地使用权的范围界定有关。若地上权的范围上达天空，下达地心，那么只需征得地上权人的同意即可。若地上权的上下有一定的范围，地下商场如果涉及该范围，则须征得地上权人的同意；在该范围之外，则只需征得国家同意；如果都涉及，则应征得二者同意。[1]我国《物权法》虽然对此没有作出明确规定，但第161条规定：“地役权

〔1〕 彭诚信：“我国土地公有制度对相邻权的影响”，载《法商研究》2000年第1期。

的期限由当事人约定，但不得超过土地承包经营权、建设用地使用权等用益物权的剩余期限。”该条虽然是关于地役权存续期限的规定，但同时该条隐含着这样一条重要信息：土地承包经营权人、建设用地使用权人等用益物权人可为自己使用的土地设定地役权负担。因此，空间建设用地使用权人可为自己使用的空间设定地役权，但空间地役权的期限不能超过建设用地使用权的剩余期限。空间债权利用人是对空间的债权利用方式，而空间地役权是附加在供役空间上的物权，因此，空间债权利用人不能为自己利用的空间设定役权。但另一方面，空间债权利用人如果以自己使用的空间为需役地，可以作为需役人设定空间地役权。

五、海域役权的制度安排

罗马法时代，人类对海洋存有敬畏之心，海域利用仅限于“舟楫之便、渔盐之利”，《法国民法典》、《德国民法典》制定之时，海域利用的广度与深度也远不如今天，海域尚不足以成为与土地并列的不动产。但是随着海洋经济在国民经济中的地位越来越重要，海域作为一种重要的财产已经登上了历史舞台。为此，我国制定了专门的《中华人民共和国海域使用管理法》（以下简称《海域使用管理法》），对海域使用权进行了规定。海域具有不动产的法律属性，在我国实务管理中也是按照不动产的管理方式进行管理。换言之，在现代社会，海域已经成为与土地并列的另一类重要的不动产。虽然我国《物权法》对海域问题的规定并不多，仅在第 122 条对海域使用权之用益物权属性进行了简单的规定。然而，我国《物权法》在很多地方都使用不动产的概念。因此，《物权法》并未排除对海域的法律适用问题。也就是说，《海域使用管理法》对海域的使用问题没有作出明确规定的，可以适用《物权法》的规定。如不同海域之间的通行役权，《海域使用管理法》就没作出规定。笔者认为，这时可以通过扩大解释“不动产”之范围，将《物权法》中关于地役权的规定扩大到海域。

空间附属于土地，因此，地役权之概念完全可以涵盖空间地役权，至少从解释上可以看出各国物权法是能够解决空间地役权问题的。从上文的分析来看，罗马法、法国法、德国法在立法上始终承认建筑物能够成为地役权的客体；而日本、我国台湾地区将地役权的客体限定于土地，明显缩小了地役权的适用空间。这些国家的立法虽然不同，却存在普遍性的缺陷：各国民法中缺少对海域役权制度的规范。

我国《物权法》第156条对地役权制度作了创造性的规定，进一步扩大了地役权中的“地”的范围，将供役地与需役地界定为不动产，如此一来，以客体为标准，地役权的具体类型包括土地之间的互役、建筑物之间的互役以及土地与建筑物之间的互役，远比日本民法先进。但是，这种修改没有从根本上解决问题，仍然没有明确规定海域役权的问题。海洋经济在国民经济中的地位越来越重要，海域作为一种重要的不动产已经登上了历史舞台。作为两种不同性质的不动产，土地与海域之间互相役使的问题，应该成为法律规范的对象。然而，从整部《物权法》确立的用益物权体系来看，很明显没有考虑到海域之上存在的用益物权体系。因此，《物权法》规定的地役权中的“地”虽然是不动产，但它并不包括海域，海域之间的役权仍然被排斥在地役权之外。可见，我国《物权法》对地役权之“地”的这种修正并不彻底，仍然与其他国家一样存在缺陷——缺乏对海域役权制度的规范。《法国民法典》、《德国民法典》将地役权之“地”限于土地，乃时代所限。我国欲编制的民法典必须对此作出反映，以顺应时代要求。因此，需要创设一个能够包含海域在内的概念，使其既包括土地、建筑物、空间，又能够反映海域这一重要的不动产作为地役权客体。

六、建设用地使用权等用益物权不能成为地役权的客体

我国《物权法》第161条规定："地役权的期限由当事人约定，但不得超过土地承包经营权、建设用地使用权等用益物权的剩余期限。"本条未区分用益物权为需役地或供役地，而一概规定地役权的期限不得超过土地承包经营权、建设用地使用权等用益物权的剩余期限。言外之意，土地承包经营权、建设用地使用权等用益物权可以作为需役地或者供役地。但是，不论作为需役地还是作为供役地，设定的地役权不得超过这些用益物权的剩余期限。对此，一种意见认为，建设用地使用权人、宅基地使用权人、土地承包经营权人可以允许他人在自己权利上设立地役权，从而使自己的权利成为供役地。[1]但也有学者认为权利之上不得设定地役权，并提出了如下理由：首先，《物权法》第156条等规定表明地役权的客体为不动产，而非不动产权利；其次，建设用地使用权、宅基地使用权和土地承包经营权均为法律上之力，属于抽象的东西，而地役权则为对供役地具体性的直接利用，或在供役地上通行，或在供役地上铺设管线，或在供役地上排水，等等，这些显然是作用在建设用地、宅基地、承包地等不动产本身上，而非权利上；最后，至于建设用地使用权人等何以有权以他人所有的土地为需役地人设立地役权，可以解释为土地所有权人已经向建设用地使用权人等

[1] 王利明、尹飞、程啸：《中国物权法教程》，人民法院出版社2007年版，第401页。

用益物权人授予了设立地役权的权利。[1]笔者也认为，地役权确实不能在用益物权之上设立，用益物权不得为地役权的客体。从历史上观察，罗马法上即有“地役权之上不得再设定地役权”之原则，同样，用益物权之上不得设定地役权。建设用地使用权、土地承包经营权、宅基地使用权等权利人可以为使用权利之便宜设定地役权，但能否未经土地所有权人的同意，在建设用地、承包土地、宅基地上设定地役权负担，则有进一步研讨的必要，本书将在地役权设定部分进行专门论述。

七、我国法上的地役权应为不动产役权

（一）在土地吸收房屋的背景下，地役权概念能够反映其客体范围

罗马法上，无论从乡村地役权与城市地役权的区分，还是从房屋是土地的重要组成部分看，罗马法上的地役权之“土地”不仅包括土地，而且还包括建筑物。罗马法上的不动产与土地基本上是等量的、可以互换的。所以，我国有些学者将罗马法上的地役权直接翻译为不动产地役权。[2]笔者认为，既然罗马法上的不动产主要是指土地（房屋已被土地吸收），不动产与土地的等同性决定了罗马法上所称的地役权与不动产地役权是相同的，我们不论称其为“地役权”还是“不动产地役权”，都能准确反映地役权标的物的范围。当然，将地役权翻译为“不动产地役权”，“不动产”即为“地”，有同义反复之嫌，所以，我国有些学者直接将其翻译为不动产役权。

《法国民法典》第 687 条借鉴了罗马法《法学阶梯》的做

---

〔1〕 崔建远：“地役权的解释论”，载《法学杂志》2009 年第 2 期。

〔2〕 参见［古罗马］查士丁尼：《法学总论》，张企泰译，商务印书馆 1989 年版，第 60 页。

法，将地役权分为乡村地役权和城市地役权。因此，法国法的地役权之“地”与罗马法的地役权之“地”含义相同，不仅包括土地，而且还包括建筑物，即基本上与不动产的含义相同。但是，应当指出，法国民法规定，一切财产，或为动产，或为不动产。财产，或依其性质，或依其用途，或依其附着客体而为不动产。因此，法国民法不仅将土地、房屋作为不动产，还将在土地上安置的物件依其用途确定为不动产，而不动产之用益权、地役权与土地使用权、旨在请求返还不动产的诉权等依其所附着客体确定为不动产。《法国民法典》规定的不动产之范围毕竟大于土地的范围，在地役权的定义中将地役权之“地”与不动产等同似乎不太合适，所以，该法典将地役权分为乡村地役权与城市地役权，进一步指明了地役权之“地”仅指不动产中的土地以及与土地密切相关的建筑物。

按照《德国民法典》的规定，地役权是指一土地可以为另一土地在其时的所有人的利益，以此人可以在个别关系中使用此土地，或在此土地上不得实施某些行为，或排除行使基于对此土地的所有权而对此另一土地产生的权利的方式，设定负担。从该定义来看，德国法上的地役权之“地”仅指土地而不包括建筑物，并且德国民法也没有像法国民法一样，将地役权分为乡村地役权与城市地役权。我国台湾地区物权法专家谢在全教授认为，《德国民法典》第1021条与第1022条规定了建筑物也得为地役权的标的物。[1]但是，据笔者的考证，德国民法这两条是关于地役权内容的规定，并不涉及地役权的标的物，从这两条中也丝毫无法判断《德国民法典》将建筑物作为地役权之标的物。因此，德国法给人的印象是，其地役权之“地”就是

〔1〕 谢在全：《民法物权论》（中册·修订5版），中国政法大学出版社2011年版，第502页。

土地，而不包括建筑物，至少笔者最初对德国法的判断就是如此。但因建筑物属于土地的重要成分，所以，地役权之“地”能够全面反映地役权的客体，德国法使用地役权之名称非常恰当，能够从理论上一以贯之。

（二）在房地分离的背景下，地役权概念不能完全反映其客体

日本民法已经有百年历史，它的制定深受《法国民法典》、《德国民法典》的影响。虽然旧《日本民法典》是由法国人博瓦索纳德帮助制定的，但是新《日本民法典》编纂体系仍然是德国式的。日本民法并没有如法国民法一样，将相邻关系作为法定地役权规定于地役权一章，而是采纳了德国的做法将它们作了明确区分，分别立法；日本民法也没有将地役权划分为乡村地役权与城市地役权。因此，日本民法关于地役权的规定与德国民法如出一辙，日本法上的地役权之“地”实际上就是土地。而将“以他人土地供自己土地便宜之用的权利”冠以“地役权”之名似乎毫无问题，但是，只有将地役权之“地”限定在土地之内而排斥建筑物成为地役权之标的物，“地役权”之名才能具有相当的合理性。

日本民法缘何将地役权仅限于土地之间而排斥建筑物的适用，是不是立法的漏洞？法律的漏洞有两种：其一，有意识的漏洞，即立法者已经意识到法律有漏洞，它不是真正的法律漏洞；其二，无意识的漏洞，即立法者没有意识到法律有漏洞，它是真正的法律漏洞。笔者认为，日本立法者在制定民法典时，完全借鉴了德国法的立法方式，认为不会存在漏洞，但因日本立法者并未从整体上把握德国民法典，因而造成建筑物无法适用地役权规则的漏洞，它属于真正的法律漏洞，应当予以填补。

难道日本民法学者在长达一百多年的时间里竟然没有发现这么明显的立法漏洞吗？难道日本法已经通过其他途径解决了

建筑物作为地役权的标的物的问题，抑或是日本民法根本就不需要将建筑物作为地役权的标的物？因此，笔者在得出上述结论时内心忐忑不安。但是，据笔者观察，日本民法并没有通过其他途径解决建筑物之间及建筑物与土地之间的互役问题；且我国台湾地区最近将需役地扩大到建筑物的做法印证了笔者的推测，因为它至少已经说明地役权之“地”应作扩大解释，而并作继续墨守成规，将建筑物排斥在地役权的标的物的大门之外；另外，建筑物之间确实也能产生役权问题，例如，双方当事人约定，为美观而不得在房屋之上设置广告牌等，就属在他人的房屋之上设定地役权的情形。因此，笔者认为日本法存在立法漏洞不是武断的假设。可见，我们在借鉴国外某种具体制度时，必须全面考察，以防断章取义而出现立法漏洞或出现立法矛盾。

我国台湾地区地役权制度历经三次修订，将地役权之需役地和供役地扩大到建筑物，所以我国台湾地区已经走向罗马法的传统，真正实现与法国法、德国法的接轨。

（三）我国《物权法》“地役权”概念名不副实

在我国物权法制定之时，有的学者认为，应当继续保留地役权的概念，但“地”的含义应作扩大理解，不仅包括土地，而且也不排斥房屋和附属物之上的地役权。[1]笔者认为，从我国《物权法》第156条的规定看，“地役权”的客体不限于土地，还包括建筑物，从解释论上，海域也应包括在不动产之内。因此，“地役权”中的“地”应为“不动产”。那么，我国《物权法》以“地役权”概念来代指不动产役权，名不副实。此种名实不符的立法，不可避免地影响到人们对地役权概念的正确

---

〔1〕 王利明：《物权法论》，中国政法大学出版社2003年版，第495页。

理解。除了与其他国家的法律概念保持一致外，对《物权法》为何会牵强附会地将“不动产”解释为“土地”，实在找不出很有说服力的理由。[1]因此，我国台湾地区“民法”修订时，将“地役权”直接更名为“不动产役权”，并建立起相对成熟的不动产役权制度，可供借鉴。我国未来修法时，不如直接采用查士丁尼在《法学总论》中对“地役权”的称呼“不动产役权”来得更直接、更实在，也更明确。我国应当建立不动产役权制度，用不动产役权的概念取代传统法上的地役权。除不动产役权的概念能够准确涵盖土地、建筑物及其附属物的原因外，尚有以下三点印证笔者的观点：

首先，在土地与建筑物分离的前提下，“地役权”之名称面临挑战。罗马法、德国法将建筑物作为土地的重要成分，土地包含了建筑物，地役权概念足以当之。但是，土地与建筑物分离的国家将地役权之“地”作扩大解释，使其包括建筑物，以地役权涵盖建筑物之间及建筑物之间的互役问题就有点名不副实。如果在土地之间的役权之外，还要创设建筑物之间，乃至建筑物与土地之间的役权，地役权的概念恐怕就太窄了，应该以更上位的“不动产役权”来替代，其下可分为土地对土地的役权，建筑物对建筑物的役权，土地对建筑物的役权，建筑物对土地的役权等次类型。[2]我国台湾地区“民法”新近之修改扩大了地役权的适用范围，即“为发挥地役权的功能，促进土地及其定着物之利用价值，爰将原需役地之客体扩张及于不动产，土地及其定着物均包括在内”，这也从一个侧面说明地役权之“地”过于狭窄。

---

〔1〕朱广新：“地役权概念的体系化解读”，载《法学研究》2007年第4期。

〔2〕苏永钦：“重建役权制度”，载苏永钦：《走入新世纪的私法自治》，中国政法大学出版社2002年版，第258页。

我国既有抵押权人将建筑物与土地作为一体变价清偿债务的司法实践，也有将建筑物与土地并列作为两种不动产分别设定抵押的立法。因此，我国关于建筑物与土地之间的关系到底采纳何种观点难以清晰并简洁地予以回答，态度极为暧昧。但是，我国至少是将建筑物与土地作为两种性质不同的不动产来处理的，这是可以肯定的。因此，我国《物权法》将地役权之“地”解释为不动产，非常科学，它至少从根本上根治了日本以及我国台湾地区遗留下的建筑物之间以及建筑物与土地之间的互役问题。但是，如果将地役权之“地”解释为“不动产”，并用地役权之名称来统领不动产之间的互役问题，有小帽盖大头的感觉。因此，在土地与建筑物并列成为两种重要的不动产的前提下，地役权的名称容纳不下如此丰富的“不动产”，而“不动产役权”之名称却能从根本上解决地役权名称过狭的问题，它至少能够准确反映土地与建筑物之间以及建筑物之间的役权。

其次，“不动产役权”之名称能全面反映不动产役权之“不动产”。源于建筑物与土地之间的天然联系，我们一直采用地役权的概念，且可以通过扩大解释地役权的“地”的方式，使其包含地上建筑物，尚具有一定的说服力。但是，《海域使用管理法》将海域作为与土地并列的一种不动产，且随着人类利用海洋能力的增强，海域的立体分层利用会越来越突出，海域之间的互役不仅仅限于平面上的互为便利之用，还表现为立体上的互为便利之用，海域之间的互役是全方位的、呈现立体性特征。但是，海域与土地是两种不同的不动产，其自然属性、使用方式等存在诸多差异，因此，地役权的概念虽然能反映其客体是“土地及其定着物”，但是，地役权的概念绝对不能准确反映其客体包括“海域及其定着物”，更何况海域与土地以及地上建筑物之间的互役问题！因此，从权利客体角度而言，“不动产役权”之名称远比“地役权”之名称更准确，更能反映权利的标的物。

最后，不动产役权能够统领地役权与海域役权，解决土地与海域之间的互役问题。我国能不能继续保留地役权的概念，同时通过创设海域役权的概念来解决海域之间的互役问题呢？笔者认为，海域役权是海域之间互为便宜之权，海域役权虽然能够解决海域之间互役的问题，但是，在现实生活中，海域与土地或与其他不动产之间也可能产生互役的问题。例如，沿海的土地使用人可以与海域使用人约定使用海域的方式，限制海域使用权。因此，地役权与海域役权并存的模式不能解决土地与海域、地上建筑物与海域、海上建筑物与土地、海上建筑物与地上建筑物之间的互役问题，而不动产役权完全能够解决这一问题。所以，我国不能采纳地役权与海域役权并存的立法模式，而只能建立不动产役权制度。

因此，不动产役权，是指为了使用自己不动产的便利而使用他人不动产的权利。而不动产是指不能移动，移动后就会使其价值遭到破坏的物，包括土地、海域以及它们之上的定着物、附着物。接受便利的不动产是需役不动产；提供便利的不动产是供役不动产。[1]

八、我国应创设多种次类型的不动产役权

罗马、德国等国传统地役权的具体类型主要包括土地之间的互役，土地与房屋之间以及房屋之间的互役已经含于地役权之中。日本的地役权类型仅限于土地之间的互役，但没有解决

〔1〕为了行文的方便，本书没有使用“不动产役权”之概念，而是继续沿用地役权概念，特此说明。

土地与建筑物之间、建筑物之间的互役问题。我国《物权法》第156条将需役地与供役地扩大至一切不动产，但从立法本意及立法之时对海域的态度来看，这里的“不动产”显然仅指土地与房屋，而不包括海域。当把目光投得更远一点，当静心思考海域的法律地位时，我们不得不提出不动产役权的概念，不得不承认不动产役权的具体类型应当进一步增加，创设新型的不动产役权，使其不仅包括土地之间的互役、土地与房屋之间的互役、房屋与土地之间的互役，还包括海域与土地的互役、海域与地上建筑物的互役、海域之间的互役、海上建筑物与海域之间的互役、海上建筑物与土地之间的互役等多种次类型。[1]

第二节 地役权须有利于需役地

地役权须有利于需役地，乃地役权设定之根本目的，缺少这一必备构成要件，地役权将失去存在的价值。这一要件包括以下两层含义：其一，地役权必须有需役地之存在；其二，地役权须有利于需役地。

一、地役权须有需役地之存在

从《德国民法典》第1018条、《瑞士民法典》第730条的规定来看，地役权必须以需役地的存在为要件，《西班牙民法典》第534条也明确规定：“一块地供地役于另一块，则另一块地需地役于前一块，供地役与需地役不可分割。”本条明确规定，地役权需要供役地和需役地两块不动产。“地役权是为一块

〔1〕 李永军主编：《海域使用权研究》，中国政法大学出版社2006年版，第317页。

被称为需役地的土地而设定的，它几乎被视为该需役地的附属品和它的一种品格。"[1]对此，《日本民法典》、我国台湾地区"民法"、我国《物权法》也作了明确规定，地役权必须为了需役地而存在。

地役权是从属于需役地的权利，这是地役权的基本特征。因此，设立任何地役权必须以需役地的存在为基础，否则，地役权不能设立。罗马法学家盖尤斯认为："没有土地，这些役权就不能创制。"[2]查士丁尼认为："这些权利之所以被称为不动产役权，是因为没有不动产，就不能设定地役权。"[3]英国学者也认为："其中有些用益权[4]是古老的采邑习惯安排传袭下来的，按照惯例要求，需要有需役地的存在。例如采邑地租户享有在采邑地上放牧的权利。"[5]因此，按照英国学者的解释，地役权强调需役地的存在源于"古老的采邑习惯"。但是，现代物权法认为，地役权的负担不是"施加于土地"为"土地利益"，而是为了土地所有人的负担和土地所有人的利益。[6]因此，需役地的利益实际上就是需役地人的利益，与需役地并无关系。[7]甚至有学者更尖锐地指出："传统地役权的概念关键要求二块土地的存在，即需役地和供役地。其实，物与物之间的关系是通过人与人之间的关系表现出来的。时至今日，需役地的

〔1〕黄风：《罗马法私法导论》，中国政法大学出版社2003年版，第223页。

〔2〕江平等：《罗马法基础》，中国政法大学出版社1987年版，第162页。

〔3〕[古罗马]查士丁尼：《法学总论》，张企泰译，商务印书馆1989年版，第60页。

〔4〕此处指地役权。——笔者注

〔5〕[英]F. H. 劳森、B. 拉登：《财产法》，施天涛等译，中国大百科全书出版社1998年版，第128页。

〔6〕马新彦等："地役权的借鉴与重构"，载王利明主编：《物权法专题研究》，吉林人民出版社2002年版，第774页。

〔7〕史浩明、张鹏：《地役权》，中国法制出版社2007年版，第42页。

存在已经不是设定地役权的必要条件了。"[1]

据笔者观察，有学者主张地役权可以脱离"需役地"而存在主要是基于几个方面的原因：其一，混淆了公共地役权与民法上的地役权。在现代社会，地役权制度的发展已经超出原来私人利益或者土地利用便利的需要，基于公共利益的需要也可强加给土地所有者负担，这些负担表现为役使他人土地的形式，例如，为公共利益需要铺设公用的自来水管线、废水排放管线、电信管线等，这些公共地役关系没有"需役地"也可产生。因此，从公共地役关系的角度观察，现代社会的地役权不再强调"需役地"的存在。其二，从表面观察，有些地役权没有需役地。通行权、管线铺设权、采光权等地役权，需役地与供役地较为明显；但有些地役权，如采矿权、烧制石灰权、取土权、挖沙权等其需役地并非如此明显，以至于使人产生错觉：地役权难道真的以需役地的存在为前提？其三，需役地利益与需役地人的利益难以清晰区分。地役权须为需役地的"便宜"之用，所谓便宜，顾名思义，指便利相宜而言，包括经济、财产上的方便利益，或精神、美观、情感上利益。[2]因此，从表面观察，需役地的利益与需役地人的利益之间含糊不清。自罗马法至今，地役权必须是为了需役地的利益而存在。但何为需役地的利益，罗马法上并没有给予确切的回答。而有些学者在论述罗马法需役地的利益与需役地人的利益时认为："随着社会的发展，要求地役权调整的对象增多，很多需求并非像过去那样能被严格视为需役地的利益，而更多的是与需役地人的利益相关联。……加之需役地利益与需役地人利益本身的含糊不可分，许多实质

---

〔1〕 关涛：《我国不动产法律问题专论》，人民法院出版社1999年版，第196页。

〔2〕 王泽鉴：《民法物权》(2)，中国政法大学出版社2001年版，第72页。

上更与需役地人利益相关的权利也出现在罗马法上。"〔1〕甚至有学者指出："当现代的地役权制度将利益扩大到精神上的快乐时，利益主体就不再是土地，而是土地的所有人或实际占有使用人。"〔2〕其四，主张"需役地已经不再是地役权存在的必要条件"的学者举出的证据是：英美法就有从属地役权（Easement Appurtenant）和类似地役权（Easement in Gross）〔3〕的划分，前者以对需役地的占有为必要条件，后者不以需役地的存在为必要条件。〔4〕此外，英美法上的取益地役权（Profit）是类似地役权的典型，也不以需役地的存在为条件，如甲为乙设定采矿地役权而不问乙是否拥有地产或拥有什么地产，乙享有的地役权就是类似地役权。有学者指出："地役权在近来的发展，逐渐突破传统的观念。在以限制竞业为目的而设立的地役权（例如，需役地上已经建立加油站或超市，为了保证其营业额，就在附近的供役地上设立一个不建加油站，或不建超市的地役权）中，几乎就难以把这样的利益归结于什么土地利益，而实际上就是让一定的土地服务于在特定的土地上进行经济活动的人的利益。这样的一种地役权的结构的确不同于传统地役权的概念，而接近于人役权。"〔5〕

在笔者看来，不论是罗马法还是现代民法，都严格恪守

---

〔1〕 史浩明、张鹏：《地役权》，中国法制出版社2007年版，第34页。

〔2〕 马新彦等："地役权的借鉴与重构"，载王利明主编：《物权法专题研究》，吉林人民出版社2002年版，第774页。

〔3〕 马新彦先生将Easement in Gross翻译为"独立地役权"。参见马新彦："美国不动产法上的地役权研究"，载梁慧星主编：《梁慧星先生主编之域外法律制度研究集》（第2辑），国家行政学院出版社2000年版，第160页。

〔4〕 参见关涛：《我国不动产法律问题专论》，人民法院出版社1999年版，第196页。

〔5〕 薛军："地役权与居住权问题——评《物权法草案》第十四、十五章"，载《中外法学》2006年第1期。

“需役地的存在是地役权产生的前提”的信条，如果脱离需役地而为特定人的利益设定的烧制石灰、砍伐木柴等权利时，他们从属于特定的人而不是特定的土地，因此不属地役权而是人役权。罗马法为了维持地役权在逻辑上的一致性，认为，即使烧制石灰权、挖掘沙砾权等也必须是为了需役地的利益而存在，离开需役地，地役权就会演变为人役权。在现代社会，采矿权已经从地役权中独立为一项新型的物权，不以需役地的存在为必要，但如果采矿权存在的目的是为了满足某一特定土地的需要时，仍然可以认定为地役权。对此，法国的司法实践认为：“一工业企业享有的对一土地的矿藏的开采权具有地役权性质。例如，一玻璃厂获得一煤矿煤炭采掘的权利，该煤矿的采挖即被强制实施采掘煤炭的行为。事实上，此处的原则是一项财产被规定服务于另一项财产。”〔1〕可见，需役地是地役权存在的基础，过去如此，现在如此，未来还是如此。英美法上的类似地役权主要是取益地役权，通行地役权不可能成为类似地役权，只能是从属地役权。〔2〕

英国法并不源于罗马法，但英国法关于地役权的规范或许是英国法中最大部分的罗马法内容。〔3〕因此，英国法中的地役权系借鉴罗马法而来，英国法并没有脱离罗马法以来形成的“需役地的存在是地役权的基础”的窠臼。虽然有学者认为，英美法上的取益地役权不以需役地的存在为条件，但笔者认为，取益地役权仍然不能脱离需役地而独立存在，因为从别人土地

---

〔1〕 尹田：《法国物权法》（第2版），法律出版社2009年版，第433～434页。

〔2〕 马新彦：“美国不动产法上的地役权研究”，载梁慧星主编：《梁慧星先生主编之域外法律制度研究集》（第2辑），国家行政学院出版社2000年版，第159页。

〔3〕 ［英］巴里·尼古拉斯：《罗马法概论》，黄风译，法律出版社2000年版，第156页。

上取得的利益，例如沙、土等，都要被附加于另外的土地之上，提高另一土地的价值，也就是说，取益地役权仍然不能脱离需役地的存在而独立存在，离开了需役地，地役权人的权利例如取沙、取土的价值将不复存在。马新彦先生在论述类似地役权时列举的案例就很有说服力：A 拥有一块含有大量沙砾的土地，B 不拥有任何与 A 土地相邻的土地，他是一条公路的承包人，只需要沙砾，A 赋予 B 权利，允许 B 进入其土地取走沙砾，马新彦先生认为，B 拥有的地役权就是类似地役权。[1]笔者认为，按照通说，需役地与供役地之间不必毗邻也完全可产生地役权，所以，上述案例中 B 即使没有与 A 之土地相邻之土地，但仍然可享有地役权，所拥有的地役权仍然没有脱离需役地而独立存在，因为此时的需役地是“公路所占用的土地”。

需役地利益与需役地人利益真的含糊不清吗？对此有学者指出：“供役地所供之便利，应为需役地所得直接利用之便利，而不得以直接供需役地所有人利用为目的。”[2]笔者对此深表赞同。我国《物权法》第 165 条明确规定，地役权设定的目的是为了提高需役地的价值，而权利主体永远是人不可能是“需役地”，最终的利益承受者还是需役地人，是需役地人享受了需役地的利益。但是，这并非说明二者含糊不清。需役地人发生转移，需役地的利益并未被原需役地人保留，也无法保留，而是随需役地之转移而由后手取得。从这个角度讲，地役权是附属于需役地的权利，需役地的利益与需役地人的利益是独立的，各不相同。法国最高法院第三民事庭 1976 年的一份判例中写道：“役权之存在，要求有供役地和需役地，因此，狩猎权的出

---

〔1〕 马新彦：“美国不动产法上的地役权研究”，载梁慧星主编：《梁慧星先生主编之域外法律制度研究集》（第 2 辑），国家行政学院出版社 2000 年版，第 159 页。

〔2〕 陈朝璧：《罗马法原理》，法律出版社 2006 年版，第 309 页。

让并不具有地役权之性质，因为其上被赋予狩猎权的不动产从中并不获得任何便益。狩猎权可以带来的利益与愉悦仅涉及土地所有人本人而不涉及土地本身。”〔1〕所以，在法国司法实践看来，狩猎权因缺少为需役地的利益而存在之目的，故并非地役权。但是，笔者认为，在地役权关系中，需役地人的利益与需役地的利益具有关联性，需役地人正是通过需役地的利益的增加而实现其利益的，所以，需役地人的利益是一种间接利益而非直接利益，他是通过提高需役地的价值而增加的利益，离开了需役地价值的提高，需役地人利益也就无从谈起——需役地价值的提高可能表现为需役地环境价值的提高，也可能表现为土地价值的提高。所以，强调地役权存在的目的是为了需役地的利益仍然有其必要性。

二、地役权须有利于需役地之使用

彭波尼在《论萨宾》第33卷D. 8，1，15pr. 指出：如果役权既不利于人，也不利于土地，那么（役权的设立）无效。有利于人的役权为人役权，有利于土地的役权为地役权。所以，从罗马法以来，地役权构造的目的在于“有利于”需役地。我国《物权法》第156条规定，地役权必须是提高需役地的“效益”。《瑞士民法典》第730条规定，地役权必须是为了乙地（需役地）的“利益”。《日本民法典》、我国台湾地区“民法”也规定，地役权是为了使用自己土地的“便利”。可见，有利于需役地是地役权存在的根本。但是，有学者则提出：“便宜无须从客观上之情形斟酌，故纵属客观上非便宜且无必要，但当事人仍得设定之，因不动产役权之设定乃本诸当事人之意思，苟

〔1〕 罗结珍译：《法国民法典》，法律出版社2005年版，第507页。

其内容不违反法律之强制性规定与公序良俗，法律上殊无限制其必须客观上有此必要始得设定不动产役权之理由。”[1]我国台湾地区实务上即认为，通行不动产役权之设定，是否出于必须之情形在所不问。笔者认为，从各国立法来看，“有利于需役地”乃地役权的真义，缺少这一要素，地役权将失去存在的价值。因此，地役权必须以“有利于需役地”为其要件。那么，立法上为何将“有利于需役地”作为地役权存在的根本呢？又何谓“有利于需役地”呢？如何判断一项地役权是否“有利于需役地”呢？

（一）有利于需役地的含义

何谓“有利于需役地”呢？对此，不同内容的地役权对需役地的效益是不同的，例如，通行地役权有利于需役地之“通行”，采光地役权则有利于需役地之“采光”等。“有利于需役地”在我国《物权法》中用“提高自己不动产的效益”加以表述；而我国台湾地区“民法”、《日本民法典》等则使用“便宜”来表述“有利于需役地”。各国民法典对“便宜”加以明确规定者并不多见，大多数国家要么不对“便利”进行概括或者列举式的规定，要么仅作出地役权不得违反公共秩序的限制性规定。所以，物权立法必须使用一个相对抽象的概念对“通行”、“采光”、“通信”、“眺望”等各种具体的有用性进行表述，抽象的概念则为“便宜”或者“效益”。学术界在解释“便宜”或者“效益”时，提出了抽象判断标准，认为对于需役地有利，不必是财产价值上的有利，精神上的、美观上的利

---

〔1〕 谢在全：《民法物权论》（中册·修订5版），中国政法大学出版社2011年版，第503页。

益也无不可，如对观望的保护、对安宁享受的保护等。[1]我国台湾地区“民法”在第851条将不动产役权之目的直接界定为“供自己不动产通行、汲水、采光、眺望、电信或其他特定便宜之用”，说明地役权须有利于需役地而非有利于需役地之所有人或者个别使用人。

理论界曾有观点认为，地役权作为一种权利，不能被需役地行使，需役地不过是一种客体，只有主体才享有权利，作为客体的需役地不享有地役权。因此，地役权只能为人的利益设立而非为某一需役地的利益而设立。笔者认为，这种观点看到了地役权提高需役地之“效益”的最终目的是能够给需役地所有人或者使用人带来利益，具有一定的科学性。但是，立法上不能直接将地役权之目的为“需役地利益”变更为“需役地人的利益”，究其原因在于：需役地之所有权人或使用权人因享有需役地之所有权或者使用权，当然享有地役权，此乃地役权是从属于需役地的权利的特征而决定的。如果将“有利于需役地”界定为“有利于需役地人”，地役权存在的目的在于特定人的利益而非特定不动产之利益，“地役权”则成为“人役权”，需役地之后继所有权人不得行使地役权，这与地役权之本质相悖。因此，地役权必须为需役地之利益而设定，不能离开需役地之利益而设立地役权。

（二）为何将“有利于需役地”作为地役权构造的目的

对此问题的规定，各国物权法并无差别，在所有的地役权种类中，均要求地役权负担须“有利于权利人土地之使用”。换言之，地役权应当能使需役地受益，并且它的使用应当只以此

[1] 参见［德］鲍尔、施蒂尔纳：《德国物权法》（上），张双根译，法律出版社2004年版，第714页。

为目的。[1]例如，采石地役权只能满足在需役地盖房的需要而行使，所采取的石料不得出卖或在其他地方使用；汲水地役权只能为了满足需役地对水的需要，而不能滥用役权。如此规定的目的在于：一方面可使地役权内容具有尽可能的精确性与长期确定性；另一方面也保障受负担人，免受随需役地上所有权关系变化而不断变更需求的影响。[2]有利于需役地，意味着地役权只能为需役地带来利益，而不仅仅是为需役地的现时所有人带来利益。此观点被罗马法及继受罗马法的法国、德国、瑞士、日本等国法学家视为至明之理，却为我国有些研究者所不解。在他们看来，把土地的利益和人的利益区别开来是不可能的，也完全没有必要；土地的利益其实就是人的利益，因此，所谓有利于需役地，其实就是为了不动产所有人或使用人的利益。该观点的最大弊端，在于以对地役权之法效果的观察取代了对地役权法律构造事实的思考。[3]对此，有学者明确提出"需役地之存在成为地役权概念的构造核心。没有需役地的利益需要，即无地役权之存在。"[4]可见，有利于需役地是地役权的内在要求，也是地役权得以存在的基础，地役权缺少了"有利于需役地"的目的，不得设立地役权或者地役权归于消灭。

（三）有利于需役地的判断

地役权是概括性的概念，其下设有不同的类型，且各地役权的设定目的迥异。因此，如何判断有利于需役地系采取客观标准还是主观标准是一个非常值得讨论的问题。便于需役地的

---

〔1〕［英］巴里·尼古拉斯：《罗马法概论》，黄风译，法律出版社2000年版，第151页。

〔2〕［德］鲍尔、施蒂尔纳：《德国物权法》（上），张双根译，法律出版社2004年版，第714页。

〔3〕朱广新："地役权概念的体系化解读"，载《法学研究》2007年第4期。

〔4〕朱广新："地役权概念的体系化解读"，载《法学研究》2007年第4期。

通行属于“有利于需役地”、便于需役地排水也属于“有利于需役地”，诸如此类。这些地役权有一个最本质的目的：“提高不动产的效益”。因此，“有利于需役地”的判断是看地役权有无为需役地提供便利，增加需役地之价值。“便宜”、“价值”虽然具有客观性，但也是一个主观概念。因此，“有利于需役地”应采取主客观相结合的方式判断，应立足于个案审查。因此，是否供需役地便宜之用，应就特定需役地人判断之，不以客观上有此必要为要件。[1]

三、地役权是在供役地上设定的负担

地役权之存在离不开供役地，没有供役地则无客体的存在。地役权是存在于供役地上的权利。那么，地役权是在供役地上设定的负担还是利用供役地的权利，立法采取了不同的模式。

《德国民法典》、《意大利民法典》、《荷兰民法典》对地役权的内容界定时使用了“负担”一词——地役权是在供役地上设定的“负担”而非“利用”供役地。而我国台湾地区与日本民法使用了“便宜之用”来表述地役权的内容。为了宣示权利神圣，我国《物权法》从地役权人的角度出发，于第156条使用了地役权是“利用供役地”而不是“在供役地上设定负担”的立法语言，其目的在于昭示地役权是权利人支配供役地的权利。从民法是权利法的角度看，我国《物权法》使用“利用”而非“负担”一词，非常传神。难道这些差别仅仅在措辞方面而毫无制度信息的不同？笔者认为，供役地上的负担，可以是地役权人对供役地的占有性排他使用，如道路通行地役权，也可能是为供役地设定一项不得建造高层建筑物的负担。而“利

〔1〕王泽鉴：《民法物权》(2)，中国政法大学出版社2001年版，第72页。

用”、“便宜之用”之词都是从需役地人的角度界定地役权，体现了权利人对供役地的支配。然而对供役地的支配并不限于“利用”，还包括限制供役地人的行为以及权利的行使等。因此，“负担”一词包含的制度信息远远大于“利用”、“便宜之用”。所以，为了使“利用”包含更多的制度信息，我国《物权法》第156条规定的“利用他人不动产”中的“利用”必须作扩大解释，其并非仅指需役地人以积极的作为的方式支配供役地，尚包括以消极的不作为方式“利用”供役地，例如，限制供役地人在供役地上建设高层建筑、限制供役地人排放污染气体、噪音等。

第三节　基于地役权概念的案例研判

【案情】

2007年1月28日，孟某经某镇建设开发有限公司（甲方）授权与燕某（乙方）签订协议书一份，载明：“因甲方开发香城路一期商品楼房，距离乙方平房住宅只有3.3米，可能导致乙方房体开裂并影响乙方采光。甲方本着公平的原则，经与乙方协商同意，达成如下协议：为保证乙方的正常生活，甲方承诺以一期开发建设的某小区二号住宅楼西单元一层一套住房产权补偿给乙方，并负责为乙方办理房产证；乙方同意甲方在其距离平房住宅3.3米施工建设。如甲方不能兑现本承诺，对乙方造成的侵权及损失由甲方负责。本协议一式三份，甲、乙双方各执一份，县规划局一份。甲乙双方签字盖章后生效。”

2011年11月16日，原审法院对县规划局苗局长进行调查，其称按照当时的规划要求，该小区3号楼与燕超元的房屋间距应不小于6米，在孟某与燕某签订协议后，规划局才设计了规划图，规划图设计的3号楼西墙与燕超元房屋间距为3.51米。经翻阅该小区规划设计相关档案，该档案中存有孟某与燕某签订的协议，该小区规划设计图显示3号楼与燕超元房屋间距为3.51米。

后因甲方将房屋全部出售而没有依约向乙方交付房屋。燕某诉至法院，要求甲方给付19万元，并支付利息（从2010年6月10日起按银行同期贷款利率计算至实际给付之日）。

【裁判】

法院认为，①关于本案案由，甲方与乙方签订的协议应为双方对地役权进行的约定即地役权合同，甲方为地役权人，燕某为地役人，双方因履行地役权合同发生的纠纷应为地役权纠纷，故本案案由应为地役权纠纷；②关于甲方与乙方之间的地役权合同是否有效问题，双方之间签订的地役权合同不违反法律规定，是双方真实意思表示，开发公司应按照合同履行约定的义务。

【解析】

在本案中，甲方与乙方之间的约定在于甲方有权在靠近乙方房屋的土地上建造建筑物。建造建筑物的权利通常是建设用地使用权，而法院认定本案的案由是地役权纠纷。如何理解呢？笔者认为，本案认定为地役权纠纷而非合同纠纷，最主要的原因在于本案中存在两块不动产，且当事人之间的约定符合地役权的要件。地役权是存在于两块不动产之间的权利。本案中，甲方与乙方通过约定，限制了乙方的采光权，而扩大了甲方的建筑面积，乙方之房屋为供役地，而甲方使用之土地为需役地。因此，法院将甲方与乙方之间的争议认定为地役权纠纷是比较合理的。

第二章 地役权的内容

——以物权法定为视角

第一节 物权法定原则内涵再界定

一、物权法定原则是各国物权法普遍采纳的一项基本原则

我国《物权法》第 5 条规定："物权的种类和内容，由法律规定。" 该原则被称为物权法定原则，又被称为物权法定主义。《日本民法典》第 175 条规定："物权，除本法及其他法律所规定者外，不得创设。" 我国台湾地区"民法"第 757 条、《韩国民法典》第 185 条也作了相同或近似之规定。德国民法虽然没有明确规定物权法定原则，但理论与实务均认为物权法定原则是物权法的基本原则，这

已是不争的事实。[1]《德国民法典》之所以没有明确规定物权法定原则的原因在于："物权类型的封闭性属于我国法律秩序中公理性质的基础理论。该理论根深蒂固地存在于法律人的意识中，以至于成为一个不言自明的理论。"[2]因此，在德国学术界，物权法定原则是一项公理性的原则，无须在法典中明确规定。瑞士、奥地利虽然也没有明确规定物权法定原则，然而判例学说肯定之。[3]因此，物权法定原则是大陆法系国家物权法普遍遵循的一项基本原则。

二、物权法定原则内涵考

（一）日本、我国台湾地区物权法定原则内涵考

虽然从《日本民法典》、我国台湾地区"民法"关于物权法定原则的条文中，我们只能察知"物权的种类（类型）法定"，而不能当然得出"物权的内容法定"，但是，日本在学理解释上普遍认为，物权法定原则是指物权的种类和内容需由法律决定。[4]可见，日本学者认为物权法定原则包括物权类型法定与物权内容法定，亦即非以民法，或其他法律，不得创设新种类的物权，并不得变更物权之内容，盖变更内容，即间接创设新种类之物权也。[5]我国台湾地区学者也多认为，物权法定

〔1〕［德］罗伯特·霍恩、海因·科茨、汉斯·G. 莱塞：《德国民商法导论》，楚建译，中国大百科全书出版社1996年版，第187页。

〔2〕［德］沃尔夫冈·维甘德："物权类型法定原则——关于一个重要民法原理的产生及其意义"，迟颖译，载张双根主编：《中德私法研究》（2006年第2卷），北京大学出版社2007年版，第87页。

〔3〕谢在全：《民法物权论》（上册），中国政法大学出版社1999年版，第40页。

〔4〕参见［日］近江幸治：《民法讲义Ⅱ物权法》，王茵译，北京大学出版社2006年版，第6页。

〔5〕参见［日］三潴信三：《物权法提要》，孙芳译，中国政法大学出版社2003年版，第14页。

主义者，乃物权之种类与内容，均以“民法”或其他法律所规定者为限，当事人不得任意创设之谓。[1]所以，当事人不得创设物权是指当事人不能创设新的物权，新的物权只能由法律规定，但是当事人享有设立物权的自由，即当事人享有是否设定物权以及在物权法定的前提下选择设定何种类型的物权的自由。当事人的契约自由——确切地说，是契约内容形成的自由受到了限制。当事人虽然享有设立自由——仍可自由决定是否要设立一项物权，但哪些类型的物权可供他们选择，以及这些物权具有哪些内容，则是由法律（多为强制性的）来规定的，当事人没有——即使有，也是极有限的内容——自由。因此，在日本、我国台湾地区，物权法定原则包括物权类型法定与物权内容法定两个方面。

（二）德国物权法定原则内涵考

《德国民法典》没有明确规定物权法定原则，但德国学术界始终认为，物权法定原则也属于物权法的一项基本原则。按照德国学者的看法，“物权法中所有可能的物权性权利，都必须在法律中固定下来，此即所谓的类型法定原则。在类型法定原则之下，依类型法定原则所可能成立的权利，其内容至少在轮廓上须由法律强制性地予以确定，此即内容法定原则。”[2]正如鲍尔、施蒂尔纳正确指出的那样：“物权的内容由法律规定，但也不是可以无限度地予以规定的。”[3]国民也不想要整齐划一的、压制性的法律制度。法律过分僵硬的安排往往会剥夺当事人的

---

〔1〕 谢在全：《民法物权论》（上），中国政法大学出版社1999年版，第42页。

〔2〕［德］鲍尔、施蒂尔纳：《德国物权法》（上册），张双根译，法律出版社2004年版，第7页。

〔3〕［德］鲍尔、施蒂尔纳：《德国物权法》（上册），张双根译，法律出版社2004年版，第7页。

创造能力而无法发挥物的应有价值。因此，在德国，内容强制并不是绝对的，而是指物权的内容的大体轮廓是法定的。例如，地上权的主要内容是为了在他人土地上建造并保有建筑物，除此之外的内容，由设定地上权的当事人根据意思自由自主决定。如此一来，地上权方能满足不同主体的需求而具有更强的生命力。因此，《德国地上权条例》在明确了地上权类型法定之后，接着对地上权的内容进行了轮廓式界定。但是，该地上权条例为了克服过分僵硬带来的不利后果特别规定，当事人可以自由约定地上权的存续期间，甚至可以约定地上权不得抵押等。可见，物权内容的法定并不是绝对的，它在类型固定的前提下给当事人更多自由支配意志的空间。所以，德国民法上的物权法定原则尤其是内容法定原则并非绝对，当事人意志自由的空间更加广泛。

（三）对日本、我国台湾地区与德国关于物权法定原则内涵的比较

如果仔细比较一下日本、我国台湾地区学者与德国学者关于物权法定原则的界定，我们会发现他们之间存在一些细微差别：德国学者多乐意使用“类型强制原则”来代替表达“物权法定原则”，物权的内容仅在轮廓上是法定。首先必须指出，不论是在日本、我国台湾地区，还是在德国，物权类型强制是绝对性的，当事人不能创设其他类型的物权，类型强制的实现途径是：法律对物权内容的明确规定。因此，从逻辑推理的角度看，内容强制是类型强制的应有之意，更准确地说应当属于目的强制（功能强制），即法律按照不同的目的（功能），对物权进行了分类。因此，物权的类型化是建立在功能强制的基础之上的，每一种物权的功能都来自法律规定，而法律之所以规定这一种物权，也是因为这种物权具有其他物权所不具备的功能。

功能强制要求物权的内容必须确定（内容法定），因此，物权内容法定必须坚守。但另一方面，物权内容的过分法定，将使本已十分僵化的物权类型法定更加强化，限制了当事人的意志自由，会妨害私人财产权的行使。因此，在功能特定化与保障私人财产自由的平衡下，物权之内容法定在德国倒是不怎么坚持，这在一定程度上克服了物权法定原则的僵化性。

三、物权法定原则所面临的挑战

（一）物权法定原则面临的挑战

物权法定原则对整理旧物权，保护交易安全等发挥着重要的作用。但是，从产生之日起，物权法定原则就一直受到学者批评。基尔克强调指出："（《德国民法典》）草案的非德意志原理，即在物权法领域内，不给当事人留有实施创设性行为空间的理论，必须取消！它阻碍了未来法律发展的命脉，并且具有使我们的法律陷于保守和僵化的危险。"〔1〕因此，物权法定原则的僵化性难以满足"鉴于科技和一般经济关系的进步以及无法预见的发展，未来将会产生准许其他类型物上权利的需求"〔2〕。我国台湾地区的苏永钦教授也认为："物权走向开放是新世纪无法阻挡的趋势，而当债权也可如物权一样可籍登记而发生一定追及效力及公示效果后，债权与物权的区隔将会发生相当程度的动摇，物权法与债权法同样属于财产流转的交易法，物权法

---

〔1〕［德］基尔克：《民法草案中的人的集合体和财产典范》，第50页。转引自：［德］沃尔夫冈·维甘德："物权类型法定原则——关于一个重要民法原理的产生及其意义"，迟颖译，载张双根主编：《中德私法研究》（2006年第2卷）北京大学出版社2007年版，第102页。其中，"（）"中内容为笔者添加。

〔2〕［德］沃尔夫冈·维甘德："物权类型法定原则——关于一个重要民法原理的产生及其意义"，迟颖译，载张双根主编：《中德私法研究》（2006年第2卷）北京大学出版社2007年版，第102页。

定主义自然因物权的自由化而不复存在。”〔1〕可见，物权法定原则与财产自由是一对天敌。为了缓和物权法定原则与财产自由之间的矛盾，我国台湾地区学术界提出了各种克服物权法定原则僵化性的措施，〔2〕在我国台湾地区，“物权法定主义的正当性真的在不断减弱中”，“物权法定主义早已松动”。〔3〕日本学术界为了缓和物权法定原则，对习惯法上的物权也持肯定态度。〔4〕可见，为了缓解物权法定与财产自由之间的矛盾，有必要松动物权法定原则。

（二）在物权法定的角度下审视地役权制度

我国大陆地区民法学界深受我国台湾地区“民法”以及《日本民法典》影响，始终坚持物权法定原则。但是，关于物权法定原则的内容却存在不同的见解，主要存在以下两种观点：有的学者认为，物权法定原则是指物权的内容与种类法定；〔5〕还有的学者认为，物权法定原则包括物权的种类、内容、效力以及公示方法法定。〔6〕第一种观点成为我国学术界的通说。我国《物权法》第5条明确规定：“物权的种类和内容，由法律规定。”笔者必须指出，《日本民法典》以及我国台湾地区“民法”虽然明确规定物权法定原则，但这两部法典中并没有明确规定物权内容法定，可以说，物权法定原则是日本及我国台湾

〔1〕苏永钦：“民事财产法在新世纪面临的挑战”，载《人大法律评论》（2001年卷第1辑），中国人民大学出版社2002年版，第45页。

〔2〕参见谢在全：《民法物权论》（上册），中国政法大学出版社1999年版，第46～48页。

〔3〕苏永钦：“物权法定主义松动下的民事财产权体系”，载苏永钦：《民事立法与公私法的接轨》，北京大学出版社2005年版，第235、226页。

〔4〕参见［日］近江幸治：《民法讲义Ⅱ物权法》，王茵译，北京大学出版社2006年版，第9页。

〔5〕梁慧星主编：《中国物权法研究》（上），法律出版社1998年版，第67页。

〔6〕刘乃忠：《地役权法律制度研究》，中国法制出版社2007年版，第27～28页。

地区学术界逻辑推理的结果，但我国《物权法》对此却作了明确规定。因此，我国《物权法》第5条采纳了最为严格的物权法定主义。按照物权内容法定的要求，我国《物权法》对用益物权的权利期限、权利的处分（如哪些建设用地使用权可以抵押、如何抵押，哪些权利不能抵押）等都作了非常具体明确的规定，且这些规定都是强制性的，将当事人的意志自由剥夺殆尽。物权法定原则在我国《物权法》中被置于一个至高无上的地位，物权内容被面面俱到地加以法定化，这种过于僵化性的物权法定原则将会对社会经济生活产生多大的负面效应，还有待实践检验。

（三）地役权对物权法定原则的弥补

物权法定原则要求物权的种类必须法定，法的稳定性必然不能满足社会发展的需求，它具有僵化的一面。针对物权法定原则的僵化性，学者提出了各种改良方案，归纳起来主要有：①物权法定无视说；②习惯包含说；③习惯物权有限承认说；④物权法定缓和说。[1]我国有的学者认为，物权法定原则使当事人在土地利用中协议自由受到很大限制，地役权具有权利内容不确定的特点，为当事人协议利用土地提供了空间，对物权法定原则起了很大的补充作用。[2]但是，另有学者认为，无论如何，地役权都不是针对物权法定主义出现的物权制度，即使在地役权的内容方面存在与其他的物权类型不同的地方，即内容的确定具有意定性，基于对物权法定主义概念内核的完整把握，不能认为地役权是对物权法定主义的补充。[3]笔者认为，

---

〔1〕 参见梁慧星主编：《中国物权法研究》，法律出版社1998年版，第69~70页。

〔2〕 参见刘乃忠："论地役权对物权法定原则漏洞的补充"，载《武汉大学学报》（社会科学版）2001年第3期，第33页。

〔3〕 屈茂辉：《用益物权制度研究》，中国方正出版社2005年版，第184页。

地役权相较其他物权而言，权利内容的确定方面更能体现当事人的意志性，它在一定程度上确实能够弥补物权法定原则刚性的不足。但一般情况下，地役权的存在要有需役地，地役权必须是为使用需役地而设，地役权的内容也要围绕需役地的利用而展开，那么当事人对地役权内容的约定也不是信马由缰。

因此，物权法定原则虽然要求地役权的内容与类型法定化，但是，地役权类型化并非为了适应物权法定原则的要求，恰恰相反，笔者在本书中主张的类型化是为了更好地指导当事人设定地役权、适用地役权而作出的一种指导性总结，它更能弥补物权法定原则之不足而增加财产自由的筹码。

第二节 地役权的内容

权利的内容是一项权利区别于另一项权利的根本所在。因此，一种地役权区别于另一种地役权也应从内容上进行判断。所以，研究地役权必须要研究地役权的内容。

一、地役权内容的自由约定性

《日本民法典》第280条规定：“地役权人，依设定行为所决定的目的，有以他人土地供自己土地便宜之用的权利，但不得违反第三章第一节中关于公共秩序的规定。”因此，按照《日本民法典》的规定，地役权的内容完全取决于当事人的自由约定，但不得违背公共秩序。我国台湾地区“民法”第851条系直接借鉴《日本民法典》第280条而来，规定：“称地役权者，谓以他人土地供自己土地便宜之用之权。”可见，我国台湾地区“民法”也完全省略了关于地役权内容的规定而交由当事人自由约定。《荷兰民法典》第五编“物权”第73条也规定：“地役权的内容和行使方式由设立地役权的契据规定。”我国《物权法》第156条则规定：“地役权人有权按照合同的约定，利用他人的不动产，以提高自己的不动产的效益。”该条规定，与日本、我国台湾地区以及荷兰的规定基本一致，也明确指出地役权人利用供役地的内容由设立合同约定。因此，地役权的内容由当事人自由约定已经成为很多国家的通例。

学术界对此问题的看法也基本一致。多数学者认为，与其他的物权权利内容相比，地役权内容的不确定性是地役权的特征之一。地役权内容的不确定性来自于地役权内容的自由约定性。日本学者三潴信三认为：“为地役权内容之便益，其目的常需确定。《日本民法典》不认法定地役权之观念，故其一定之目的为何，除因时效取得者外，概依设定行为定之。”〔1〕我国台湾地区的谢在全先生认为，地役权的内容概得由当事人之意思订立之，但仍不得违反法律之强制规定或公共秩序、善良风俗。〔2〕王泽鉴先生认为，在物权法定下，关于地役权的内容形成，当事人享有相当程度私法自治的空间，以调节土地的利用。〔3〕我国大陆学者史浩明、张鹏先生认为：“通过对地役权的定义与其他物权定义的比较，可以发现地役权权利内容是较宽泛而不确定的，虽是利用、役使他人不动产的权利，然利用范围有多大，可为何种性质利用，无明确界定，留给权利人广泛空间。”〔4〕申卫星先生也认为：“地役权的具体内容相当繁多，均由双方当事人基于意思表示达成一致予以约定，而非基于法

〔1〕［日］三潴信三：《物权法提要》，孙芳译，中国政法大学出版社2005年版，第130页。

〔2〕谢在全：《民法物权论》（中册·修订5版），中国政法大学出版社2011年版，第503页。

〔3〕王泽鉴：《民法物权》（2），中国政法大学出版社2001年版，第72页。

〔4〕史浩明、张鹏：《地役权》，中国法制出版社2007年版，第31页。

律的明确规定。只要其约定不违反法律的强行性规范，不违背公序良俗，即可受到法律的保护。”〔1〕

因此，不论在立法上，还是在学理上，地役权的内容由当事人自由约定，换言之，地役权的内容具有不确定性，而地役权内容的自由约定性决定了地役权内容的多样性。

当然，任何自由都是有限制的，当事人设定地役权内容的自由也是一样，当事人约定的地役权内容不得违反下列规定：首先，地役权的内容不得违反公序良俗与法律的强制性规定；其次，法律设定物权，各有其功能，故地役权的内容也不得以建设用地使用权、土地承包经营权、宅基地使用权的内容为内容，如地役权的内容不得以在他人土地上耕种或者牧畜为目的，也不得以在他人土地上建造建筑物为目的，因为它们分别为土地承包经营权、建设用地使用权或宅基地使用权所涵盖。我国《物权法》对地役权内容的自由约定性未设任何限制性规定，原则上也应作同样的解释。但设定地役权的法律行为如果对地役权的内容没有明确约定的，基于为需役地而存之地役权之性质决定地役权的内容范围。〔2〕

二、地役权内容的比较研究

地役权作为一项用益物权，按照物权法定原则，其内容也应由法律作出专门的规定。但是，从各国关于地役权的规定来看，主要规定了地役权的定义、地役权的设立、地役权行使的方式、地役权的特性以及地役权的消灭等，很少有国家的物权法对地役权的内容作出明确规定。各国物权法之所以如此规定

〔1〕 申卫星：“地役权制度的立法价值与制度选择”，载《现代法学》2004年第5期。

〔2〕 曹杰：《中国民法物权论》，中国方正出版社2004年版，第127页。

的原因在于：地役权不像那些功能、目的非常明确的用益物权，例如，建设用地使用权的内容仅局限于在国有土地上建筑建筑物及其附属设施，土地承包经营权的内容仅局限于在农村土地上进行耕作、牧畜等农业活动。地役权的内容无法穷举，为了使用自己不动产的便利而“利用”供役地的方式是多种形式的，其具体内容也就具有多样性。但是，有些国家的民法典还是对地役权的内容作出了或较为抽象，或较为具体的规定，研究这些国家关于地役权内容的立法对发展完善我国地役权制度的价值不言而喻。

（一）地役权的法定内容

《德国民法典》并未细化各种地役权而分别对其内容进行明确规定，而仅是一般性地规定地役权可允许之内容，并未排除对供役地所有人造成过于泛滥的负担。它规定地役权之内容，仅限于对供役地特定方面的使用可能性，使用应对供役地本身有利，最后还规定地役权人必需保全性地行使地役权。按照《德国民法典》第 1018 条，地役权是在供役地上设定的“负担”，而此处的“负担”不仅限于直接支配并使用供役地，还包括供役地使用之禁止及排除基于所有权而生之权利的行使两个方面。《瑞士民法典》第 730 条也作了类似规定：“甲地所有人为乙地的利益，可允许乙地所有人进行某些特定方式的侵害，或为乙地所有人的利益，在特定范围内，不行使自己的所有权，以使自己的土地承受负担。”因此，德国法、瑞士法上的地役权的法定内容包括：[1]其一，需役人可对供役地在特定方面予以使用。例如，导水权人使用供役地导水。其二，禁止供役人使用供役地的全部或部分。例如，眺望权人可以约定供役人不得

〔1〕参见［德］鲍尔、施蒂尔纳：《德国物权法》（上），张双根译，法律出版社 2004 年版，第 712～713 页。

在供役地上建设高层建筑。其三，排除基于所有权而生的权利的行使。例如，来自需役地的烟气与炭黑，即使超出了容忍的限度，当事人也可以约定供役人不能提起不作为之诉，除非该种约定违背了公序良俗或者法律的强制性规定。在此必须明确，地役权的法定内容虽然有三，但是并非任何具体类型的地役权都必须具备这三项内容，而是说，当事人可以约定上述三种内容之一的地役权，即《德国民法典》第1018条的规定不过是总结了各种地役权之后的一个抽象思维的产物，不论当事人约定的地役权的类型怎样，不得超越上述内容。

《奥地利民法典》关于地役权内容的规定非常有特色，该法典在将地役权类型化为房屋地役权与土地地役权的基础上，又分别规定了各种具体的地役权，并明确了各项地役权的具体内容。

但从上述日本、我国台湾地区、我国大陆地区等东亚地区的立法看，地役权的内容与德国、瑞士的规定存在较大出入。东亚地区过于强调地役权内容的自由约定性而忽视了地役权内容的一般性规定，难以起到引导当事人设定地役权的目的，制度设计非常不合理。

因此，地役权内容是否法定以及法定的程度，各国立法上是存在较大差异的，有的国家对地役权的内容不作任何规定，有的国家对地役权的内容仅作原则性规定，有的国家对地役权的内容作了较为详细的规定。

（二）地役权的内容不得表现为供役人的作为

1. 作为之上不能成立地役权。有法言云："于作为不成立役权"。因此，地役权者，需役地所有人，为某事，使供役地所有人容忍之，或以不作为为内容，非以积极行为为内容。[1]因此，

---

〔1〕［日］三潴信三：《物权法提要》，孙芳译，中国政法大学出版社2005年版，第129页。

役权不得表现为要求供役地人作为，人们不得要求供役地人实施某一行为，只能要求他避免实施某一行为，或者要求他允许需役地的所有主在供役地上实施某一行为。之所以如此规定，主要基于以下两方面的考虑：其一，地役权是物权，当然体现为对供役地的支配，无须借助供役地人的积极行为即可实现其权利；其二，惊恐于早期的劳役与徭役制度借助地役权制度复活。在法国（大革命之前）和欧洲其他国家，封建劳役制度可以要求供役地的所有主提供一定的个人劳作，或者提供一定种类或者数量的来自于供役地的产品。“于作为不成立役权”可以限制封建劳役的东西的发展。[1]所以，供役地的所有人原则上不承担任何旨在使地役权人能够行使权利的作为义务。

2. 供役人的附属作为义务。地役权的内容不得表现为供役地人的作为义务。但是，当事人可以通过合同或者法律的特别规定，使供役人承担某些以作为为内容的义务，然而这种义务必须是附随性的义务，而不能是设定地役权的目的。例如，当事人可以约定，供役人可以负有以其费用为地役权的行使设置或维修工作物的义务。供役人之作为义务的负担，如果登记于供役地之登记簿，对该供役地之特定承受人，亦生效力。如果拒绝履行义务，地役权人可请求其履行。供役地的所有人，可以随时将供役地所需要土地部分的所有权委弃于地役权人，而免除其负担。[2]我国台湾地区对此委弃权未作任何规定。有的学者认为，应当作出肯定性的解释。但也有学者认为既然“民

〔1〕［英］巴里·尼古拉斯：《罗马法概论》，黄风译，法律出版社2000年版，第151页。

〔2〕参见《日本民法典》第287条、《法国民法典》第699条、《意大利民法典》第1070条。

法典”未作规定，解释上应否定供役人通过委弃行为而抛弃负担。[1]笔者认为，原则上负担不能抛弃。但是，供役人抛弃自己之不动产所有权，供役地人之负担消灭，但抛弃之不动产上存在的地役权因具有附属性，因此抛弃供役地的行为并不影响地役权的存续，应准许供役人通过委弃权而免去负担。

三、地役权的具体内容

地役权的内容有两层含义：其一，地役权的内容是指具体不动产的内容，如通行权的内容，它多与地役权的具体类型相联系；其二，地役权的内容是对所有地役权进行总结、抽象而得出的一般意义上的权利义务。此处所使用的“地役权的内容”是指后者，即地役权主体的权利与义务。

（一）地役权人的权利

1. 使用供役地的权利。地役权是用益物权，地役权人最重要的权利是使用供役地的权利。然因地役权的内容千姿万态，故其使用方法、范围与程度等不一而足。所以，地役权人如何使用供役地由具体的地役权来决定。例如，导水地役权人使用供役地导水就是其基本的权利；通行地役权人于供役地上通行就是其基本的权利。行使权利的主体不仅仅限于需役地的所有权人，还包括地上权人、永佃权人、典权人、租赁权人等。

（1）何谓“使用”。“使用供役地”的“使用”到底是何意义？《日本民法典》、我国台湾地区“民法”对“使用”未作任何界定；但从学者的观点间接来看，不仅仅限于直接的支配并使用供役地，还应包括限制供役人行使供役地或限制供役人行使基于供役地而产生的各种权利。

[1] 史尚宽：《物权法论》，中国政法大学出版社2000年版，第245页。

（2）“使用”的限制。地役权人应当按照合同的约定的方法、范围与程度使用供役地，不得超出这一范围而扩张该项役权的内容。为了平衡当事人之间的利益，充分发挥不动产的价值，防止地役权人行使地役权对供役地人造成不必要的损害，我国《物权法》第160条规定，“地役权人应当按照合同约定的利用目的和方法利用供役地，尽量减少对供役地权利人物权的限制”。如果设定地役权的当事人对权利的行使范围未作约定，依地役权的性质决定其范围。[1]在对地役权的范围和行使方式产生疑问时，应当按照既满足需役地的需要又最少增加供役地的负担而行使（《意大利民法典》第1065条第2款）。地役权因时效取得时，依时效进行中行使的方法决定地役权的范围。[2]

2. 进行必要的附随行为。地役权人可以在供役地上建设为行使地役权所必需的设施，例如建设的工作物、开挖引水沟渠，开辟必要通道等。但是，地役权人进行这些行为时，应当选择最少给供役人造成不便的时间和方式进行；如果造成不可避免的损害，应由供役人承担。地役权人为其地役权的行使，有时取得行使附随之地役权的权能。例如，在汲水役权，当然有通行役权。[3]因此，地役权人为行使地役权，可以在供役地上进行必要的附随行为，其甚至能够取得一项附随性质的地役权。

3. 处分地役权。地役权具有从属性，虽然不能单独让与，但是，地役权人可以将其与需役地之所有权或使用权一起让与或供作其他权利的标的。需役地因继承等事实原因导致所有权或使用权发生移转的，地役权也随之移转，自不待言。

4. 优先利用的权利。前文已经论述，有些地役权之地役权

---

〔1〕史尚宽：《物权法论》，中国政法大学出版社2000年版，第241页。
〔2〕史尚宽：《物权法论》，中国政法大学出版社2000年版，第241页。
〔3〕史尚宽：《物权法论》，中国政法大学出版社2000年版，第242页。

人使用供役地，不具排他效力。因此，原则上，在同一不动产上可能同时存在所有权人、地上权人以及其他地役权人。如果上述权利存在冲突，原则上用益物权优先于所有权；用益物权之间则以设定先后顺序而定其效力。所以，上述权利的效力可细分为两种：①地役权优先于所有权。地役权是对所有权的限制，因此，原则上需役人要优先于供役人使用供役地。如果在当事人没有特别约定的情况下，在不妨碍地役权行使的范围内，供役人也可以进行与需役人相同的使用。例如，在通行役权，需役人优先通行，同时，在不妨害通行权的范围内，供役人也可以通行。这一点与地上权、永佃权、典权等用益物权不同。[1]②地役权与其他用益物权的效力按照设定时间的先后而定。如果地上权等用益物权优先于地役权而设定，后设定之地役权不能与先设定的用益物权相抵触，否则无效；后设定之地役权与先设定的用益物权在内容上如果没有冲突，可以并存于同一不动产上。如果地役权设定在先，供役人可以在其土地上设定地上权、永佃权、典权或者设定新的地役权，但是，它们不能损害已经存在的地役权；如果在同一供役地上设定数项同种地役权，应依设立时期之先后决定各地役权人之优先顺位。

如果当事人约定了用水役权的用途并就使用顺序作出特别约定的，按照约定。如果没有限定用途而设定用水地役权时，则不论为家用或为农业、工业用水，需役人可以按照其用途使用。当然，供役人对需役人并不负有供给其所必要之水的债务。如因不可抗力，水量短缺时，供役人不负有供给其不足的义务。如果用水不足以供供役地与需役地使用时，应当如何调解其两不动产的使用，《日本民法典》第285条对此作了专门的规定：

---

〔1〕［日］三潴信三：《物权法提要》，孙芳译，中国政法大学出版社2005年版，第143～144页。

①如果用水役权的供役地之水，不能够满足需役地与供役地的需要时，依各地的用途决定，先供家用，剩余的供他用。但是，当事人有另外约定的，按照约定，该特约未经登记，不得对抗第三人。所谓“家用”是指饮用、洗涤、沐浴等用。②在同一供役地上，设定数项用水役权的，先设定的先用，后设定的后用。

按照我国台湾地区“水利法”第15条规定，用水的顺序为，第一次序为家用及公共给水，第二次序为农田用水，第三次序为工业用水。

5. 物权请求权。地役权属于物权，当地役权受到妨害或者有受妨害之虞的，地役权人享有物权请求权，有权请求停止侵害、排除妨害、预防妨害。但是，地役权人是否享有返还请求权呢？对此，各国立法及理论上存在不同的看法。德国、韩国民法上，地役权不适用返还请求权。在日本，通说认为，地役权无独占性而具有共用性，故地役权人无返还请求权。在我国台湾地区，多数学者持肯定态度，认为地役权人享有返还请求权。其实，地役权的具体种类非常复杂，有的地役权含有占有权能，有的地役权不含有占有权能。含有占有权能的地役权，有的占有权能具有独占性，有的不具有独占性。仅在含有独占性占有权能的地役权中，地役权人才享有返还占有请求权。〔1〕

（二）需役人的义务

1. 承担行使地役权的费用。倘若地役权是有偿的，应向供役人支付价金。在供役地上设置、维修工作物的，需役人应当承担工程的全部费用，另有约定的除外。

2. 需役人有维持其在供役地上的设置，如工作物、沟渠等

〔1〕 参见房绍坤：《物权法·用益物权编》，中国人民大学出版社2007年版，第286页。

义务。

3. 行使权利不能超过必要限度。需役人应按照合同的约定行使权利；行使权利不能以损害他人为目的，否则，可能构成权利滥用，即权利的行使必须在“达到地役权目的的必要范围内”。并且，需役人应以对“供役地损害最少之范围内”行使权利。

（三）供役人的权利

1. 地役权设定地点变更请求权。原则上，供役人不可以将原来确定的地役权行使地点移往他处。在原地点继续行使地役权会加重供役地的负担或者妨碍供役人的正常活动、维修或者土地改良的，供役人可以向需役人提供另外一处同样方便的行使地点，需役人不得拒绝（《意大利民法典》第1068条）。也就是说，供役人在有利于己而无损于需役人利益的前提下，可以请求需役人变更地役权设定的地点。变更设定地点所需费用由请求人承担。

2. 委弃权。供役人通过抛弃所有权于需役人而消灭其负担。

3. 移转不动产的权利。设定地役权后，供役人可以移转供役地的所有权；或者可以在不损害需役人利益的前提下，在该供役地上设定其他用益物权或多项地役权。

4. 工作物使用权。供役人在不妨碍需役人行使地役权的范围内，可使用需役人于其土地上因行使权利而设置的工作物。但是，供役人应按照其受益的程度，分担维持该设置之费用。

5. 价金请求权。倘若地役权的设置为有偿，供役人有向需役人请求支付价金的权利。

（四）供役人的义务

1. 忍受及不作为义务。供役地的所有权人及利用人，负有容忍需役人的行为或不为一定行为的不作为义务。如果违反了这一义务，供役人应当除去妨害、消除危险、承担恢复原状或赔偿损失等义务；在需役人需占有供役地时，还应当返还占有。所以，供役人不得进行妨碍他人行使或者使他人难以行使地役权的任何行为（《瑞士民法典》第737条）。

2. 工作物设置或维修之义务。惊恐早期的劳役与徭役制度借助地役权制度复活，所以有法言云："于作为不成立役权"。因此，原则上供役地的所有人不承担任何旨在使地役权人能够行使权利的作为义务，即当事人不能约定以供役人的作为作为实现权利目的的役权；法律或者设立文件另有规定的除外。当事人通过合同或者法律的特别规定，使供役人承担某些以作为为内容的义务必须是附随性的。例如，当事人可以约定，供役人可以负有以其费用为地役权的行使设置或维修工作物的义务。

供役人之作为义务的负担，如果登记于供役地之登记簿，对该供役地之特定承受人，亦生效力（《日本民法典》第286条）。如果拒绝履行义务，地役权人可请求其履行。供役地的所有人，可以随时将供役地所需要土地部分的所有权委弃于地役权人，而免除其负担（《日本民法典》第287条，《法国民法典》第699条，《意大利民法典》第1070条）。我国台湾地区对此委弃权未作任何规定，但有的学者认为，应当作与《日本民法典》第287条相同的解释，也有学者认为既然"民法"未作规定，解释上应否定供役人通过委弃行为而抛弃负担。[1]笔者认为，原则上负担不能抛弃。但是，供役人抛弃自己之土地所有权而给予地役权人，实际上是通过让渡所有权于需役人而免除其义务，从经济角度衡量，对需役人更为有利，此时应准许供役人通过委弃权而免去负担。当然，如果供役地之价值小于

〔1〕史尚宽：《物权法论》，中国政法大学出版社2000年版，第245页。

供役人负担之价值，供役人委弃权的行使应经需役人的同意方可生效。

从上述分析来看，地役权与传统的其他用益物权不同，虽然有些国家的法律规定了地役权的法定内容，但是地役权的主要内容还是由当事人自由约定，甚至在当事人自由约定的情况下，根据事实关系的变化，法律还会对地役权的范围作出适当的调整，由此而造成地役权的内容具有不确定性，地役权内容的不确定性影响了地役权性质的认定、地役权的类型化、地役权登记制度等。

第三章 地役权的本质

第一节 学界对地役权本质的论争

探寻地役权的本质是理解地役权制度的核心路径。就地役权的本质问题，学术界存在以下几种不同的看法：[1]

一、需役地所有权延长说

有的学者认为，地役权是为需役地的便利而存在，因此，地役权增加了需役地权利的范围，地役权在本质上为需役地所有权在他人土地上的延伸。笔者认为，这种观点至少存在以下缺陷：首先，该种观点直接来自于相邻权的本质是所有权的限制或者延伸，有将地役权与相邻关系混淆之嫌。其次，德

〔1〕 参见［日］三潴信三：《物权法提要》，孙芳译，中国政法大学出版社2005年版，第129页。

国、意大利等国家的民法典，对地役权内涵的界定多限定为“供役地的负担”，即地役权是对供役地的限制，而非需役地所有权的延长。因此这种观点也不符合以德国为代表的传统大陆法系民法对地役权内涵的界定。最后，具体到我国而言，地役权的设定主体多为建设用地使用权、土地承包经营权以及宅基地使用权，“需役地”也多为建设用地使用权等用益物权，所有人设定地役权的可能性很小，因此，认为地役权的本质是需役地所有权的延长的观点与我国现实不符。

二、供役地所有权限制说

这种观点认为，地役权为“以限制供役地所有权的作用为内容的他物权”[1]。地役权在本质上不过是对供役地所有权的限制。王卫国教授对需役地效力延长说及供役地所有权限制说有一个非常经典的评论：“无论是需役地方面的权利延伸，还是供役地方面的权利限制，都是一种法律现象，即地役权效力的不同表现。应该说，这两种现象，在地役权制度中并存。单独以其中一种来说明地役权的本质，既是表面的，也是不全面的。”[2]笔者认为这种观点同从需役地的角度来说明地役权的性质一样，也存在与需役地效力延长说类似的缺陷。

三、需役地价格增加说

有的学者认为，地役权使需役地的利用价值增加，从而增加其市场价格，而供役地因受到限制而其价值也就相应减少。所以，将地役权的本质界定为“提升需役地价值”是符合地役权本身存在的内在属性的；同时，也符合社会发展趋势的要

---

〔1〕 史尚宽：《物权法论》，中国政法大学出版社2000年版，第225页。

〔2〕 王卫国：《中国土地权利研究》，中国政法大学出版社1997年版，第216页。

求——地役权所包含的内容不断扩充。[1]笔者认为，按照我国《物权法》第156条的规定，地役权以增加需役地的效益为目的，因此，地役权确实具有增加需役地价值的效果或作用，但是，作用并不是本质，以作用或效用作为界定地役权本质的标尺并无道理。且“仅仅是为了增加自己财产价值而利用他人财产或者限制他人的财产利用，这样的利益需求是广泛存在的，而法律并不一概地对这些利益需求加以承认和保护”[2]。所以，增加需役地价值的方式多种多样，地役权不过是其中之一，用需役地价值增加来解释地役权的本质并不严谨。

四、需役地权利主体说

有的学者认为，地役权是为一块被称做需役地的土地而设立的，它几乎被视为该需役地的附属品和它的一种品格。这种权利当然归需役地和所有主所有，权利人随需役地所有主的更迭而更迭。[3]这种观点将需役地作为一个具有法人人格，能够作为享有权利的主体，地役权的主体是需役地，地役权属于需役地的权利，需役地则成为地役权关系的“债权人”，供役地成为地役权关系的“债务人”。卡尔波尼埃批判性地指出：“要想找出一种脱离于土地所有人利益的不同利益并使之形成法律人格，这是不可能的。”[4]马洛里和埃勒斯认为：“一项债务被设置于某物，这是不正确的。”[5]凯尔森也认为：“权利或义务并

〔1〕 参见陈耀东、赵秀清：“地役权本质与存在原则的法律与经济分析”，载《政法论丛》2006年第2期。

〔2〕 王卫国：《中国土地权利研究》，中国政法大学出版社1997年版，第216页。

〔3〕 参见［意］彼德罗·彭梵得：《罗马法教科书》，黄风译，中国政法大学出版社1992年版，第253页。

〔4〕 转引自尹田：《法国物权法》，法律出版社1998年版，第416页。

〔5〕 转引自尹田：《法国物权法》，法律出版社1998年版，第416页。

不是一个可以和其他东西联在一起的东西。权利和义务是个人对别人的特定关系。"[1]笔者认为，这种观点看到了地役权附属于需役地的性格，但仅执地役权之从属性一牛耳，具有片面性。具有权利能力的才是民事主体，从各国民法规定来看，唯有自然人与法人具有民事主体资格，法律尚未赋予需役地权利能力，因此，需役地只能是权利的客体而不是主体。

地役权确实能够增加需役地的价值，也能够通过在供役地上设定负担的方式使需役地的所有权加以延伸，增加需役地的价格。因此，地役权确实是为了需役地的利益而存在。但是，地役权制度设立的目的绝对不仅于此，它还有更进一步的理由。这更进一步的理由就是土地利用的社会性、广泛性和多重性，而地役权制度的本质在于实现不同主体在同一土地上的利用需要的并存和调和。[2]

第二节 认定地役权为物权的难点

在物权的内容与类型法定的前提下，我们通过对地役权有关特性的分析将会发现，将地役权的本质定性为物权将会遇到很多困难。

一、从地役权的内容来看，地役权不符合物权法定原则的要求

地役权的内容可以由当事人通过意思自治在遵守一些基本原则的前提下自主约定。尽管承认役权法定这一原则，古典法

---

〔1〕［奥］凯尔森：《法与国家的一般理论》，沈宗灵译，中国大百科全书出版社1996年版，第97页。

〔2〕王卫国：《中国土地权利研究》，中国政法大学出版社1997年版，第216页。

时期的法学家们却认为役权是一系列类似权利的一个总称。[1]地役权人可以按照地役权设定合同约定的方式使用供役地，而地役权设定合同要体现私法自治、契约自由，但这与物权法定原则要求的“物权内容法定”相去甚远。因此，从地役权的内容来看，地役权并不符合物权法定原则的要求，换言之，从地役权的内容可以自由约定的角度来看，地役权不是一种物权。

二、从地役权的种类来看，地役权不符合物权法定原则的基本要求

至少在立法者看来，地役权的内容完全由当事人自由约定，地役权的类型非常困难。我国《物权法》并没有对地役权的类型作出规定，地役权只不过是“从属于需役地”而支配供役地的权利的统称，它是凡符合“提高需役地的效益”这一特征的所有物权的上位概念。因此，地役权的功能不可能是单一的，地役权并不是功能单一的物权。从罗马法以来，立法确实类型化了一些役权，但是当事人可以对这些类型的役权根据实际需求通过约定作出调整与补充，这已经类似于合同了。[2]因此，从地役权的种类来看，地役权的类型也没有实现“法定”的要求。

三、从地役权登记的效力来看，地役权不像物权

关于不动产物权登记的效力主要存在两种立法模式：其一，登记是不动产物权变动的生效要件，不经登记物权不发生变动。

〔1〕《学说汇纂》（第8卷·地役权），陈汉译，中国政法大学出版社2009年版，序，第15页。

〔2〕《学说汇纂》（第8卷·地役权），陈汉译，中国政法大学出版社2009年版，序，第15页。

按照该种立法模式，未经登记，地役权不能设立。其二，登记是不动产物权的对抗要件。不经登记，不动产物权的变动不具有对抗效力，不具有对抗效力的权利还是物权吗?〔1〕根据我国《物权法》第158条的规定，地役权不经登记，不具有对抗善意第三人的效力。按照我国《物权法》的规定，如果一项地役权未经登记，就不具有对抗效力，而物权与债权的区别之一就在于物权具有对世效力，债权则不具有，那么，不具有对抗效力的地役权还是物权吗?在采纳登记对抗主义的日本，也会发生未登记的地役权和租借性质的地役权很难区别等问题。〔2〕所以，在登记对抗要件主义下，非登记的地役权和租借性质的地役权之间的界限在很多情况下并非泾渭分明。〔3〕

四、从消极地役权来看，地役权与债权并无区别

按照地役权的行使方式是以“作为”或“不作为”为标准，地役权可以分为积极地役权与消极地役权。积极地役权也称为作为的地役权，是地役权人在供役地上通过一定的积极行为行使的地役权。例如，通行地役权、汲水地役权等。消极地役权也称为不作为地役权，是指地役权人不为一定行为的地役权。例如，可以设定禁止进行建筑或种植植物以避免妨碍采光、通风或眺望的地役权；如果事先存在着妨碍采光、通风或眺望的障碍，在设定地役权之后，供役地人必须将障碍移走。〔4〕消

〔1〕关于登记对抗主义的缺陷，可参阅李永军：“我国民法上真的不存在物权行为吗?”，载《法律科学》1998年第4期，第56~58页。

〔2〕参见［日］近江幸治：《民法讲义II物权法》，北京大学出版社2006年版，第207页。

〔3〕朱广新：“地役权概念的体系化解读”，载《法学研究》2007年第4期。

〔4〕J. David Reitzel, Robert B. Bennett, Jr., Michael J. Garrison, *American Law Real Estate*, *South-Western of Thomson Learning*, 2002, p. 97.

极地役权不以占有供役地为权利的行使要件，而不作为同样可以成为债务关系标的的给付，如果一块土地的所有人对于担心景色眺望会受影响的邻人负担不营造自己土地的义务，那么这里所涉及的也是一种不作为，但这是债的关系。[1]因此，消极地役权（如于距离疆界一定范围内不得为高层之建筑），只是供役地之所有人暂时一部分丧失其固有的自由使用权，限制了供役地人的行为，如果从负有义务的角度观察，地役权将丧失物权性，而与债权毫无差别。所以，有的学者进而认为："就纯理论言之，消极地役权，既仅系以土地所有人服从地役权人之禁止行为为特色（即以不为一定行为而达地役权之目的），究与地上权、永佃权系因地上权人、永佃权人积极使用为权利目的之土地，而使土地所有人丧失自由使用之权能者，有所不同，故谓此种消极地役权系以土地所有者之服从一定禁止（即不为一定作为）为内容，亦无不可。其与债权之性质殊少分别，但此究为例外状态，不采通说之主张者，殆欲严格区别债权与物权之性质欤?"[2]不动产物权通过登记予以公示，但是，地役权却采纳登记对抗主义，亦即当事人对设定的地役权如果没有进行登记，地役权将无法公示。如果占有型地役权还可以通过一定的外观表现出来，在一定程度上能够"公示"地役权，那些非占有型的且没有进行登记的消极地役权，与当事人之间设定的具有"秘密状态"的合同还有何区别?

---

〔1〕［德］迪特尔·梅迪库斯：《德国债法总论》，杜景林、卢谌译，法律出版社2004年版，第5页。

〔2〕曹杰：《中国民法物权论》，中国方正出版社2004年版，第119页。

五、从排他效力来看，地役权与“一物一权”存在一定程度的冲突

按照传统民法理论，物权的排他性是指在同一物上不能同时存在两个内容不相容的物权。所有权的排他性最为强烈，其次是用益物权，担保物权的排他效力最弱。这要求在一个特定的物上只能存在一个所有权，也不能同时存在两个内容不相容的他物权。地上权、永佃权、典权等用益物权不能同时并存于同一不动产之上，但是地役权的排他效力较弱，具有共容性。地役权的共容性是指需役地人对供役地的使用并不绝对排斥供役地人的使用，在一定情况下，供役地人可以和需役地人一起使用供役地，共同分享土地利用的价值。[1]地役权的共容性体现在以下两个方面：

第一，供役人可以在不损害需役人利益的前提下使用供役地，甚至也可以进行与需役人相同的使用。地役权是对所有权的限制。因此，原则上，供役人不能自己使用，也不能再授权他人使用不动产。但是，按照各国法律的规定，如果在当事人没有特别约定的情况下，在不妨碍地役权行使的范围内，供役人也可以进行与需役人相同的使用。当然，需役人要优先于供役人使用供役地。例如，在通行役权，需役人优先通行，同时，在不妨害通行权的范围内，供役人也可以通行。这一点与地上权、永佃权、典权等用益物权不同。[2]

第二，在不损害已经存在的地役权的基础上，供役人可以于其供役地上设定地上权、永佃权、典权或者设定新的地役权。

---

〔1〕 刘乃忠：《地役权法律制度研究》，中国法制出版社2007年版，第20页。

〔2〕 参见［日］三潴信三：《物权法提要》，孙芳译，中国政法大学出版社2005年版，第143～144页。

当然，如果在同一供役地上设定数项同种地役权，应依设立时间的先后决定各地役权人之优先顺位，即先设立的效力优于后设立的地役权。

地役权可以与建设用地使用权等其他用益物权并存，例如以通行为内容的地役权可以与建设用地使用权同时存在于同一土地上。因此，有学者疑惑地指出：“一般用益物权是不能并存于同一不动产之上的，而地役权却可以。这说明不是用益物权内在不统一，就是地役权的定性不准确，笔者认为原因在于地役权的定性。……地役权不能简单地定性为用益物权。”〔1〕可见，地役权的共容性有碍于地役权他物权属性的承认。尹田先生在介绍法国物权法时也认为：“地役权的性质越来越复杂和深奥，起初，对于地役权，人们仅仅单纯地认识其‘地产’之特点；后来，人们又认识到在地役权中，供役地所有权的一个要素（使用）被赋予需役地所有权，因此，便进一步将地役权作为所有权的一种派生权利；最后，人们又发现地役权事实上表现了供役地所有人与需役地所有人之间的一种法律关系。”〔2〕虽然，法国学术界关于地役权本质的认识的复杂性与其不区分地役权与相邻关系有关，但这绝对不是主要原因，这是因为，在明确区分地役权与相邻关系的国家，也存在关于地役权本质的争论。可见，在物权法定下，将地役权界定为物权具有一定的理论难度。

〔1〕 彭诚信：“现代意义相邻权的理解”，载《法制与社会发展》1999年第1期，第27页。

〔2〕 尹田：《法国物权法》（第2版），法律出版社2009年版，第416页。

第三节 地役权物权性的认定

现代学者认为，地役权是以限制供役地所有权之作用为内容的用益物权。这种观点成为目前的主流。笔者也赞同地役权的本质是物权的观点。

一、内容的自由约定性以及类型的多样性并不能否认地役权的物权性

地役权的内容可以由当事人自由约定，因此，地役权的具体功能也就存在多样性，地役权的具体类型也应当是多样的。这确实与物权法定原则的要求存在很大出入。但是，这些并不能作为否定地役权物权性的根据。

（一）地役权在内容上的自由约定性并不能妨碍地役权物权性的承认

地役权的内容确实可以由当事人自由约定。但是，这并不能从根本上抹杀地役权的物权性。这是因为：首先，传统欧洲大陆国家的民法典中不乏内容不确定的用益物权。例如，用益权虽然为法国、德国、瑞士、意大利等国家民法典明确规定，但是用益权人对物的使用方式等具体内容也不是法定的，而是由当事人自由约定。但作为具有标志性的大陆法系的用益权属于物权，这毫无争议。其次，役权作为役使他人之物的制度，法律在“役权”——使物“役”于他人也——这个上位概念之下，概括了全部的已分离的用益物权。〔1〕因此，不仅仅地役权、人役权等以“役权”命名的权利是对他人之物的役使，且从历

〔1〕［德］鲍尔、施蒂尔纳：《德国物权法》（上册），张双根译，法律出版社2004年版，第42页。

史上来看，“直到查士丁尼时期，地上权被视为一种独立的他物权，在此之前，曾被看作为一种地役权。”[1]所以，地上权、永佃权等也是对他人之物的役使，只不过地上权、永佃权对他人之土地的使用的目的已经法定了而已。从这个意义上讲，地上权、永佃权与地役权、人役权一样，都属于役权之列。

在物权法通过之前，我国曾经长期使用“土地使用权”的概念，但土地使用权的权利内容为何，学术界历来存在争议，有的学者认为，土地使用权是权利人使用土地的权利；也有学者认为，土地使用权是国有土地使用权的意思，意指在国有土地上建筑建筑物的权利。而在我国立法上，土地使用权的含义到底为何，也存在模棱两可的情形。虽然土地使用权的内容为何法律规定得并不清晰，它可能是以他人土地进行建筑，也可能是以他人土地进行农业生产，但是，我们从来没有否认土地使用权的物权性。再如，我国《海域使用管理法》中规定了海域使用权，其意指权利人在一定期限内使用海域的权利。学术界认为，海域使用权在本质上属于用益物权。但是，有学者已经明确指出，海域使用权缺乏权利目的和功能，应当弃而不用。[2]笔者认为，虽然崔建远教授的看法非常正确，但是，海域使用权是一种用益物权，我想这一点是没有争议的。因此，权利的具体内容不确定并不能作为否认某种权利是物权的根据。房绍坤先生对此明确指出：“有的由法律直接规定定限物权的诸项权能，有的由法律以规定权利人的权利和义务人的义务的内

---

〔1〕 D. H. van. zyl, *History and Principles of Roman Private Law*, p. 194. 转引自张鹏：“役权的历史渊源与现代价值定位”，载梁慧星主编：《民商法论丛》（第18卷），（香港）金桥文化出版有限公司2001年版，第422页。

〔2〕 参见崔建远：《海域使用权的反思》，载《政法论坛》2004年第6期。

容方式确定。”[1]地役权就是一种仅有法定权利权能而没有法定权利人权利与义务人义务的他物权，所以，地役权的权利内容虽然不确定，但也一样不能作为否认地役权是物权的根据。

（二）地役权在一定意义上符合物权类型法定原则的要求

从各国的有关规定来看，物权法定原则并不是绝对的，尤其是在欧洲大陆国家，物权法定原则仅具有相对性，且为一种学理上的见解，立法上并没有明确，相反，在立法上明确规定物权法定原则的恰恰是东亚地区的以《日本民法典》为代表的民法典，尤其是在我国，物权法定原则不但要求种类法定，还要求内容法定，坚持了全面且绝对的物权法定原则，这种做法的缺陷前文已有探讨，在此略而不论。但是，我们必须承认这样一个事实：欧洲大陆国家虽然也承认物权法定原则，但它们主要强调物权种类法定，内容是否法定并不是物权法定的主要内容。且各国物权法上应当规定哪些类型的用益物权以及类型化的程度是不同的。例如，在《德国民法典》中明确规定的物权类型是所有权、役权、先买权、物上负担、抵押权、土地债务、定期土地债务，而在役权之下又次类型化为地役权、用益权、限制的人役权，限制的人役权又进行了更详细的类型化：使用权与居住权；此外，《德国地上权条例》规定的地上权也是用益物权。在《法国民法典》中，明确规定的物权类型是所有权、用益权、使用权与居住权、役权与地役权。[2]《瑞士民法典》规定的物权类型包括所有权以及限制物权，限制物权包括役权及土地负担、不动产担保和动产担保；役权细化为地役权、用益权、居住权、建筑权。《日本民法典》规定的物权类型主要包括所有权、地上权、永佃权、地役权、留置权、先取特权

---

〔1〕 房绍坤等：“论物权法定原则”，载《法律科学》1996年第6期。

〔2〕 法国学术界对抵押权、优先权是不是物权，存在争论。

(优先权)、抵押权、质权。我国台湾地区“民法”规定的物权类型为所有权、地上权、农用权、地役权、典权、留置权、抵押权与质权。我国《物权法》规定的物权类型包括所有权、建设用地使用权、土地承包经营权、宅基地使用权、地役权、抵押权、质权与留置权。因此，各国关于物权的具体类型的规定并不一致，其类型化的标准极不相同。譬如，单就用益物权的类型化而言，《德国民法典》中并无以进行农业生产为目的而使用他人土地的永佃权，而日本、我国台湾地区则有明确规定；再如，欧洲大陆国家的民法典在役权之下设地役权与人役权，而日本、我国台湾地区与我国大陆地区则由于与西方不同，将人役权废而不采。既然类型化的标准不同，用益物权类型化的程度也就存在差异，地役权之具体类型虽然没有法定化，但地役权作为一种物权类型被各国法律明确规定。且从历史上看，地役权是一种已经类型化了的物权，只不过类型化的程度较地上权、永佃权等用益物权弱而已。

（三）从其他国家关于地役权的内容的规定来看，地役权基本符合物权法定原则的要求

《德国民法典》对地役权的法定内容作了抽象性规定，因此，在德国，地役权的内容虽然具有可约定性，但是，地役权的主要内容法律还是作出原则性规定的。而德国学者普遍认为，物权法定主要是物权类型强制以及物权的主要内容法定。因此，在德国，地役权完全符合物权法定原则的要求。相反，我国的《物权法》明确规定“物权的种类与内容由法律规定”，施行严格的物权法定主义，而对地役权的主要内容却未作任何规定，因此，地役权是不是物权在我国就很容易受到质疑。笔者认为，地上权、永佃权、地役权是东亚地区规定的传统用益物权，地上权、永佃权都可以在漫长的历史演化中找到本国历史的痕迹，

固有法性更为强烈。但是，地役权则是一个较为纯粹的舶来品，在移植地役权过程中，将地役权的很多传统内涵都给省略殆尽，可以说，东亚地区的地役权与欧陆传统地役权存在很大差别，这种差别体现在地役权的内涵与外延等多个方面。在此需要指出的是，东亚地区关于地役权的内容毫无法律规定已经说明了在地役权性质的认定上的困难。解决问题的途径非常简单：推翻现有的规定，对地役权的内容作出规定。当然，地役权的类型存在千差万别，法律不可能穷尽所有地役权的内容，最好的解决方案是：抽象！抽象出地役权的主要内容，实现法定。

笔者认为，有必要深刻讨论的并非地役权的本质是不是物权，而是地役权作为一种役使他人土地的权利，为何属于用益物权而不是债权利用权。也正因为地役权之内容的自由约定性，使地役权具备了集物权和债权两项制度的优势为一体的特点。

二、从地役权的渊源来看，地役权属于用益物权

据有的学者考证，地役权最早出现在《十二表法》之中，主要论据在于《十二表法》中已经有关于通行等的规定。我个人认为，《十二表法》中关于在相邻土地上的通行权等是法定的，显然属相邻权的范畴，在严格区分相邻关系与地役权的我国，不能认为地役权最早出现在《十二表法》之中。当然，如果将相邻权作为一种法定地役权看待，《十二表法》确实是最早规定地役权。就古罗马的原始文献来看，地役权显然是最早产生的一种对物之诉的权利，这毫无争议。在古代社会，意大利是一个干旱的国家，这就是为什么地役权有必要成为一种永久性的物权的原因。[1]但是，罗马法上并无物权与债权的区分，

〔1〕 尹田：《法国物权法》（第2版），法律出版社2009年版，第415页。

那么后人认为地役权在罗马法上就是一种用益物权的观点是不是可靠？这需要从物权与债权的区分谈起。我们必须承认，罗马法上并没有明确提出抽象的物权与债权的概念，这是必须首先明确的史实。所以，在罗马法上并无物权与债权的概念，更不可能存在物权与债权的区分，因此，罗马法上也就不可能将地役权界定为物权。但是，现代学者则一致认为，地役权作为一种用益物权，最早产生于罗马法。地役权首先出现在乡村，而其中最重要的原因与意大利人对水的利用密切相关。

（一）物权与债权区分的历史进程

罗马法毕竟是大陆法系的历史源泉，因此，寻找物权与债权区分的理论基础应从罗马法开始。按照朴素的自然法原理，整个世界由三部分构成：人、物和诉讼。盖尤斯的《法学阶梯》以此为理论基础，设人、物、诉讼三编。查士丁尼的《法学阶梯》按照盖尤斯的《法学阶梯》的模式，将整个私法体系分为4卷：第1卷主要是关于人的规定；第2卷是关于物的规定；第3卷是关于债的规定；第4卷是关于侵权之债与诉讼的规定。〔1〕因此，查士丁尼的《法学阶梯》已经成为蕴涵了物权与债权区分的母体。罗马法将物与债对立规定的理论基础源于其朴素的自然法观念：一个人的财产非常复杂，但都可归于拥有与应当拥有之中，一个人的财产可以是他所拥有的房屋和家具，也可以是他应当拥有的银行存款等，拥有的财产是物，应当拥有的财产是债。〔2〕拥有与应当拥有之间的区别被罗马法学家表述为

〔1〕徐国栋教授翻译之查士丁尼著《法学阶梯》，共分四卷，就四卷的内容来看，大致相当于笔者认为的那样：第1卷“人法”、第2卷“物法”、第3卷“债”及第4卷“侵权之债与诉讼法”。具体可参阅：［古罗马］查士丁尼：《法学阶梯》，徐国栋译，中国政法大学出版社1999年版。

〔2〕［英］巴里·尼古拉斯：《罗马法概论》，黄风译，法律出版社2000年版，第102页。

对物之诉与对人之诉之间的区别。任何诉讼请求或者是针对物的，或者是针对人的，在这两种诉讼之间存在着不可抹杀的界限。对物之诉维护的是人与物的关系，对人之诉维护的是人与人的关系。罗马人是从诉讼的角度而不是从权利的角度考虑问题，但实际上，一种诉讼是在主张针对某物的权利，另一种诉讼是在主张针对某人的权利。〔1〕由此产生了对物权与对人权之间的划分，这就是后世物权与债权区分的前奏。历史法学派的开路人胡果对《法学阶梯》的法学体系的第二部分的意见是，应该在这部分中区分出有关对物的物法与有关对人的债法。胡果曾在1789年出版了有关当代罗马法的第一版教科书，当时这本书还叫做《法学阶梯》。早在这本书中，胡果就将不涉及家庭关系和继承关系的物上权利与债权完全分开。后经过十余年的思考与研究，1812年，胡果在《论（合法）名义加取得形式理论》发表的两个月前，得出研究结论——认为“债……（应属于）私法的最后一部分（第三部分）”〔2〕。胡果之所以得出第三部分是债，主要基于以下两方面的理由：一方面是出于内在蕴含于查士丁尼的罗马法精神本身的原因；另一方面也是根据马勒维尔的论述，甚至可以说是《法学阶梯》真正作者的论述。查士丁尼曾任命狄奥菲尔为《法学阶梯》写了注释，该注释首先按人、物和诉讼的体系讨论了人和物，然后注释内容围绕债而展开。狄奥菲尔之所以这样做，实是因为“讨论债，也就是在不出声地讨论诉讼。债为诉讼之母”。并且，在胡果看来，狄奥菲尔认为从《法学阶梯》第3卷的第13章转向债的部分起就

〔1〕［英］巴里·尼古拉斯：《罗马法概论》，黄风译，法律出版社2000年版，第102~103页。

〔2〕［德］雅科布斯：《十九世纪德国民法科学与立法》，王娜译，法律出版社2003年版，第182页。

不再是《法学阶梯》体系的第二部分物了。也就是说，第三编从此开始的内容就已经属于《法学阶梯》的诉讼部分了。由此，债法成了诉讼法的基础，而规范程序中行动的法即程序法成了债法的附属部分。如此，从实体法的角度观察，债法成了与物权法并列的体系，实体法的三部分：人—物—债。胡果为债权与物权的区分找到了历史渊源。〔1〕因此，现代社会的物权来自于罗马法上的对物之诉。

（二）罗马法上的地役权属于对物之诉

罗马五大法学家之一的乌尔比安对地役权的性质有一个明确的界定。乌尔比安在《论告示》第 17 卷中指出："就役权而言，我们有权（比照适用于用益权的诉讼）提起对物之诉——排除妨碍之诉与确认之诉。""该诉讼是对物之诉而非对人之诉，就像所有其他役权一样，不能由别的人而只能由需役房屋的所有人提起，且只能对供役房屋的所有人提起。"〔2〕因此，从乌尔比安的论述来看，在罗马法上，地役权在本质上属于对物之诉，用现代的话来讲，地役权是物权。

三、地役权具有物权的支配性

役权的本质不是要求供役地所有人做某事，如耕除花草或者让景观更宜人，或者为此目的而（在建筑物上）绘画，而是要求他容忍他人的某一行为或者自己不作为。〔3〕物权是直接支配物的权利。"直接支配"是指物权人能够占有、使用、收益与

---

〔1〕 参见［德］雅科布斯：《十九世纪德国民法科学与立法》，王娜译，法律出版社 2003 年版，第 182 页。

〔2〕［意］桑德罗·斯契巴尼选编：《物与物权》，范怀俊译，中国政法大学出版社 1999 年版，第 159 页。

〔3〕《学说汇纂·地役权》（第 8 卷），陈汉译，中国政法大学出版社 2009 年版，第 15 页。

处分物。其中，用益物权人仅享有物的使用、收益权能。地役权作为一种用益物权，也以使用、收益作为对物的支配方式。地役权的支配性是指权利人为需役地的利益而支配供役地。需役地人行使地役权时，一般不要求供役地人作为，否则地役权将成为对他人行为的支配而不是对他人之物的支配，地役权作为用益物权的本质将不复存在。这种支配性的表现方式主要有三种：其一，通过地役权人的积极行为（占有）获得地役权的实现。这种对供役地的支配又分两种方式，①持续占有型地役权，即地役权的行使以持续占有供役地为要件。例如，架设电线、电缆地役权、道路通行地役权。②非持续占有型地役权，即无须占有供役地即可行使地役权。例如，汲水地役权、未形成通道之通行地役权等。其二，通过限制供役地人的行为实现对供役地的支配。例如，眺望地役权、采光地役权等就是通过限制供役地人行使其不动产物权而实现对供役地的支配。其三，通过排斥供役地人基于相邻关系等享有的权利而实现对供役地的支配。例如，约定相邻一方承受一定的噪音的地役权等。

四、地役权具有物权的排他效力

传统大陆法系民法理论认为，排他性是指同一物上不能同时存在两个内容不相容的物权，尤其是不能同时存在两个或两个以上的所有权。[1]尹田教授曾正确地指出："物权的直接支配性与排他性，实质上是从两种不同的角度对物权进行观察的结果。"所以，"'排他'应当理解为'排斥'之意，即某人支配

---

〔1〕 尹田教授对学术界关于排他性概念进行了详细总结。见尹田：《物权法理论评析与思考》，中国人民大学出版社2004年版，第37~39页。

某物，即排除他人支配之可能性。”[1]英美财产法理论则认为，财产的排他性实际上就是财产的支配性，即特定财产在特定时刻只能由一个主体支配。[2]可见，不论英美法系还是大陆法系，关于物权排他性的认识并无本质区别。非占有型地役权因没有直接占有供役地，因此对供役地的支配较弱，但并不能以此说明该类地役权就不具有排他效力。其实，非占有型地役权人仍有权禁止在供役地上从事一定的行为，不论该供役地之所有人发生何种变化，地役权人都可以主张。所以，非占有型地役权人支配的对象是土地本身而不是供役地的权利主体。占有型地役权则直接体现为对供役地的占有、使用，其排他性无需做更多论述。

五、地役权的期限较一般债权利用权的期限长

地役权是否具有永久性，这尚有争议。有的学者认为，地役权原则上继续存在，即其具有永久性。[3]原因有二：其一，《德国民法典》第1018条规定，地役权为需役地之各时所有人。因此，只要依原所确定之地役权内容，对地役权仍可以行使，且在需役地或供役地上发生事实关系的变化时，该变化不影响地役权的存续。[4]其二，由于地役权依附于土地，故其通常与土地共生共灭。由于土地具有永久性，故地役权也具有永久性。

---

〔1〕 分别见尹田：《物权法理论评析与思考》，中国人民大学出版社2004年版，第28~39页。

〔2〕 Charles Blazer，“The Five of Virtual Property”，*Pierce Law Review*，Vol. 5，2006，p. 143.

〔3〕 陈朝璧：《罗马法原理》，法律出版社2006年版，第310页。

〔4〕 [德] 鲍尔、施蒂尔纳：《德国物权法》（上册），张双根译，法律出版社2004年版，第718页。

对此，法国有些判例甚至夸张地宣称："永久性是地役权的本质。"〔1〕地役权的这一特征使之与所有权的其他派生性权利如使用权、用益权等相区别。〔2〕但事实上，永久性并非地役权的根本特征，这是因为：首先，当事人之间的协议可以赋予地役权以暂时性的特征。其次，在需役地与供役地之权利人（如供役地之地上权人）能够设定地役权的条件下，地役权的存续期限原则上不能超过地上权的剩余存续期限。例如，我国《物权法》明确规定，地役权的存续期限不能超过供役地之建设用地使用权等用益物权的剩余期限。但是，按照我国《物权法》的规定，宅基地使用权没有期限限制，土地承包经营权、建设用地使用权虽然有期限限制，但期限却非常长，因此，地役权的存续期限也很长，远超过债权利用权的期限。法律之所以将地役权设定为一项物权，其目的在于使权利人能够受到法律更强的保护，能够更有效地支配他人之土地。

正因地役权具备物权的基本效力，原则上也符合物权法定原则要求，各国民法都承认地役权是"一种与设置了此种权利的两个不动产相关联的物权，不论该不动产转至何人之手，也不论其所有权发生任何变动"。〔3〕

---

〔1〕 法国最高法院民事法庭1919年5月5日判决（D. P.，23. I. 230；G. P. 18－19. I. 813）。转引自尹田：《法国物权法》（第2版），法律出版社2009年版，第419页。

〔2〕 尹田：《法国物权法》（第2版），法律出版社2009年版，第416～417页。

〔3〕 罗结珍译：《法国民法典》（上），法律出版社2005年版，第507页。

第四章 地役权的制度价值

——兼与相邻关系之间的关系

地役权自罗马法以来大致经历了两千余年，在如此悠久的岁月中，它不但经受了社会由农牧业向工商业转型所引致的巨大冲击，而且也应对了不同国家之地域和文化多样性的挑战。[1]关于地役权的罗马法规范对现代民法体系产生了很明显的影响：不但大陆法系国家民法典无一例外地规定了地役权，英国法中最大部分的罗马法内容或许是关于地役权的规范。[2]因此，地役权是一项世界普适的法律制度。但是，地役权之功能，向来未受到社会之相当重视，以致适用上不甚普遍，造成其在发展上之障碍。[3]地役权制度

〔1〕 朱广新："地役权概念的体系性解读"，载《法学研究》2007年第4期。
〔2〕［英］巴里·尼古拉斯：《罗马法概论》，法律出版社2000年版，第156页。
〔3〕 郑冠宇："地役权的现代化"，载《烟台大学学报》2009年第1期。

的普适性说明，地役权具有存在的价值；地役权制度适用的现状不理想则说明，地役权功能尚未得到很好的发挥。因此，研究地役权制度的价值，对提高地役权的利用效率，具有一定的意义。同时，我国的相邻关系非常发达，相邻关系的发达是否导致了地役权功能发挥的紊乱或者造成地役权被搁置呢？因此，从理论上对相邻关系与地役权之间的关系进行分析，对定位地役权并发挥其价值具有意义。

第一节　地役权的制度价值

地役权的社会作用通过地役权的具体运作得以实现，地役权的具体类型与内容将从根本上决定地役权的社会作用。有的学者从民法为调节相邻土地间之利用关系，设相邻关系之规定，地役权之作用与此相同。相邻关系是法律规定的最低限度的调节，而在地役权，则系超过此法律所规定最小限度的调节，依当事人的意思，为较大限度的调节。[1]笔者认为，从内容上观察，地役权与相邻关系确实存在很多重合。相邻关系确实是对相邻土地间的利用关系的最低限度的调整，并且多数地役权确实是对相邻关系的放大；但是，地役权则可在不违反强行法规或有悖于公序良俗的情况下，对相邻关系的内容进行限制。相邻关系是法定的，因此相邻关系的具体类型与内容都是法定的，如通行权、引水权等，但是，几乎没有国家对地役权的具体类型、内容作出明确的规定，全凭当事人的自由约定。因此，在法律没有对地役权的具体类型作出禁止性规定的条件下，当事人完全可以超越相邻关系的具体类型而另行约定新型的地役权。

〔1〕参见史尚宽：《物权法论》，中国政法大学出版社2000年版，第221页。

可见，地役权的社会作用完全不限于相邻土地间之利用关系的较大限度的调解。

地役权与相邻关系都具有协调不动产利用冲突的功能，但地役权仍有其制度价值，已有很多学者从不同的方面对地役权的制度价值进行了论证。[1]笔者认为，传统法上，地役权的制度价值主要在于协调相邻土地之间的关系，以此充分发挥不动产的价值，但在现代社会，地役权的制度价值发生了很多变化，它的价值体现为多元化趋势，应重新界定地役权的制度价值。一般而言，地役权之制度价值主要体现在七个方面，接下来笔者将一一进行阐述。

一、弥补物权法定原则不足的功能

物权法定原则又称物权法定主义，是指物权的种类、内容等由法律规定，当事人不能创设新的物权。但是，学者对物权法定的内容存在不同的看法。有的学者认为，物权法定的内容包括物权的种类、内容的法定；[2]有的学者认为，物权法定的内容包括物权的种类、内容、效力、公示方式等方面的法定；[3]还有的学者认为，物权法定的内容仅指物权的种类法定。笔者认为，物权法定的内容包括两方面：其一，物权的种类法定——德国民法学者将物权法定原则称为种类强制与种类固定

---

〔1〕 关于地役权功能的论述可以参见：王泽鉴：《民法物权》（2），中国政法大学出版社2001年版，第76～77页；谢在全：《民法物权论》（上），中国政法大学出版社1999年版，第421～422页；苏永钦：《走入新世纪的私法自治》，中国政法大学出版社2002年版，第249～251页；王利明：《物权法论》，中国政法大学出版社2003年版，第500页。

〔2〕 梁慧星主编：《中国物权法研究》，中国政法大学出版社1998年版，第67页；《中华人民共和国物权法（草案）》，中国法制出版社2005年7月版，第3条。

〔3〕 王利明：《物权法论》，中国政法大学出版社2003年版，第76页。

原则;〔1〕其二，物权的公示方式法定。这是因为：首先，物权的种类不同，内容必然不同，物权的种类确定，内容自然确定。因此，物权的内容法定是物权种类法定的必然结论，没有必要将内容法定作为物权法定原则的内容。其次，物权的本质是支配权，它决定了物权的效力，物权的效力是物权内在性决定的，不是法律决定的，它也不是物权法定的内容。最后，物权是对世权，它要求物权公开化，物权公开化的方式就是物权的公示方式。没有法定的公示方式，物权就无法公示，不利于交易安全的保护。因此，以德国为代表的大陆法系国家都规定“动产以交付占有作为物权的公示方式；不动产以登记做为公示方式”。我国《物权法》第 6 条也规定：“不动产物权的设立、变更、转让和消灭，应当依照法律规定登记。动产物权的设立和转让，应当依照法律规定交付。”因此，物权公示方式也是法定的。

物权法定原则要求物权的种类必须法定，而法的稳定性必然不能满足社会发展的需求，它具有僵化的一面。针对物权法定原则的僵化性，学者提出了各种改良方案，归纳起来主要有：①物权法定无视说；②习惯包含说；③习惯物权有限承认说；④物权法定缓和说。〔2〕我国有的学者认为，物权法定原则使当事人在土地利用中协议自由受到很大限制，地役权具有权利内容不确定的特点，为当事人协议利用土地提供了空间，对物权法定原则起很大的补充作用。〔3〕但是，另有学者认为，无论如

〔1〕［德］沃尔夫：《物权法》，吴越、李大雪译，法律出版社 2004 年版，第 14 页。

〔2〕参见梁慧星主编：《中国物权法研究》，法律出版社 1998 年版，第 69 ~ 70 页。

〔3〕刘乃忠：“论地役权对物权法定原则漏洞的补充”，载《武汉大学学报》（社会科学版）2001 年第 3 期。

何，地役权都不是针对物权法定主义出现的物权制度，即使在地役权的内容方面存在与其他的物权类型不同的地方，即内容的确定具有意定性，基于对物权法定主义概念内核的完整把握，不能认为地役权是对物权法定主义的补充。〔1〕

笔者认为，不论是《德国民法典》，还是我国台湾地区“民法”，甚至我国现在的《物权法》，都没有对地役权作进一步的类型化。地役权相较其他物权而言，权利内容的确定方面更能体现当事人的意志性，它在一定程度上确实能够克服物权法定原则的刚性。但一般情况下，地役权的存在要有需役地，地役权必须是为使用需役地而设，地役权的内容也要围绕需役地的利用而展开，那么当事人对地役权内容的约定也不是信马由缰，它弥补物权法定主义的功能是非常有限的。

二、弥补相邻关系的不足，充分发挥不动产的价值

地役权弥补相邻关系不足的功能是其传统的制度价值。相邻关系在本质上是所有权的内容，是所有权的限制或延伸。法律规定相邻关系旨在达到物尽其用，维护正常的基本生活、生产关系，相邻关系必然只能就某些必要状况加以规定，未达到必要程度的其他情形，相邻关系无适用余地。为使用自己土地便利而使用他人土地可以通过两种途径解决：其一，通过合同调整，即通过债权利用权利用相邻土地；其二，通过物权调整，即通过地役权利用相邻土地。设定地役权就有“补充”其不足的功能。这种功能决定了相邻关系的主要类型也就是地役权的主要类型，它主要包括通行、引水、引水排水等。

物权法定原则实际上限制了当事人的意思自治。但是，从

〔1〕 参见屈茂辉：《用益物权制度研究》，中国方正出版社2005年版，第184页。

各国法律规定来看，各种地役权的具体内容是不同的，它能够充分体现当事人的意志，所以，在所有的用益物权中，地役权最能体现当事人的意志。作为理性动物的人，在设定地役权时，往往从自己利益的最大化出发，因此，地役权制度远比其他用益物权更具效益性。

在特殊情况下，相邻关系可能反而造成资源效益的降低，此时设定排除相邻关系的地役权，又有修正相邻关系的功能。[1]当然，地役权“修正”相邻关系不能违背公序良俗，否则无效。例如，相邻不动产双方通过约定，排除袋地通行权。

三、地役权具有弥补公法规范尤其是建筑法规的功能

现代城市，高楼林立；各城市为了有一个良好的建筑秩序，纷纷出台一些建筑法规、城市规划布局。这些建筑规划在一定程度上减少了因相邻关系而产生的纠纷，地役权弥补相邻关系的功能也因之大为减弱。但是，这些措施并不能满足市民个体的、现实的需要，地役权的功能并没有因此而消灭，而地役权由于其内容的广泛性和包容性，需役地人可以在供役地上设立内容不同的次类型地役权，从而满足多重需要。[2]诚如王泽鉴教授所言，此类地役权具有以私法补充公法上建筑法规的功能。[3]在规划法规如此之多的现代社会，地役权弥补相邻关系不足的功能受到限制，但是，地役权弥补公法规范尤其是建筑法规的功能越来越成为地役权制度的主要功能。

---

〔1〕 苏永钦：“重建役权制度”，载苏永钦：《走入新世纪的私法自治》，中国政法大学出版社2002年版，第250页。

〔2〕 屈茂辉：《用益物权制度研究》，中国方正出版社2005年版，第186页。

〔3〕 王泽鉴：《民法物权》（2），中国政法大学出版社2001年版，第77页。

四、地役权能够增进自然资源的利用

只要稍加留意，我们就可以发现罗马法中规定的某些地役权涉及自然资源的利用，如采砂地役权、林木采伐地役权。[1]而这些权利在我国则是由单行法规定的，我国理论界认为这些权利是具有用益物权性质的准物权。我国《物权法》将这些准物权，如取水权、林木采伐权、采砂权等统统打入特许物权或者准物权的冷宫，仅作简要的规定或者干脆不作任何规定而交由专门的单行法来规范，民事权利沦落为行政管理的手段。这种做法的不合理性是显而易见的。但是，有一点毫无疑问，在西方国家，地役权是自然资源的物权利用方式，它对发挥自然资源的价值具有重要意义。

五、地役权具有调整营业的功能

20世纪以来，地役权产生了新的功能，主要体现在地役权具有调整营业的功能。调整营业的功能主要通过设立营业禁止地役权来限制竞争，我国台湾地区学者将其称之为“地役权的第二春”[2]。它成为越来越重要的一类地役权。例如，百货商店的所有权人与其所有的邻居，约定一项——大多数情况下为有偿之——地役权，其内容为，在受负担之土地上，任何时候均不得建造百货商店。[3]再如，相邻两块土地的所有人可以约定，一方不得在其土地上从事某种营业、不贩卖某种商品的地

---

〔1〕 笔者之所以在此使用“采砂不动产役权”、“林木采伐不动产役权”等概念，而没有直接使用“采砂权”、“林木采伐权”，是因为还存在人役权性质的采砂权、林木采伐权。

〔2〕 王泽鉴：《民法物权》(2)，中国政法大学出版社2001年版，第77页。

〔3〕 [德] 鲍尔、施蒂尔纳：《德国物权法》(上册)，张双根译，法律出版社2004年版，第711页。

役权。当然，德国对是否允许设定这种地役权，尤其存在疑问。其原因在于：法律以强制法形式，规定有地役权成立之条件，即地役权之设定，须为需役地自身之利益，而不是为需役地各时特定的且具有不同需求的所有权人之利益。〔1〕并且，虽然德国有些司法判例承认了这种竞业上的地役权，但学者之间对其本质是地役权还是限制的人役权，仍存在争议。〔2〕

营业限制之地役权是为了土地所有人的利益而设定，它既脱离了需役地，又脱离了供役地，与传统地役权的权利内容及功能存在巨大差别，它本身是否为地役权确实应受到质疑。但是，应当看到，德国的司法实践已经承认了营业禁止地役权的效力，我国台湾地区的学者也认为“在台湾地区实务上，尚未见此类营业竞争限制的地役权，如若有之，原则上应肯定其效力”〔3〕。笔者认为，营业竞争限制之规范功能在于限制相邻土地的使用，以保护另一方土地为某种专门的使用，只有相邻土地负担不作为的义务才可达成此种目的，这与地役权为使用自己土地的便利而限制他人土地在本质上是一致的。因此，从理论上讲，将营业竞争限制作为地役权的一种新类型是合适的。

地役权除以通行、汲水、眺望为内容外，尚可用于补充建筑法规的不足，调整相邻关系，规范环境保护及营业竞争等，不能认为其属于古老的制度，而应放置于物权博物馆。地役权具有适应现代经济需要的发展空间。〔4〕所以，在现代社会，人类对舒适居住环境的追求使地役权的制度价值不是减少了，而

〔1〕［德］鲍尔、施蒂尔纳：《德国物权法》（上册），张双根译，法律出版社2004年版，第711页。

〔2〕参见［德］鲍尔、施蒂尔纳：《德国物权法》（上册），张双根译，法律出版社2004年版，第715～716页。

〔3〕王泽鉴：《民法物权》（2），中国政法大学出版社2001年版，第78页。

〔4〕王泽鉴：《民法物权》（2），中国政法大学出版社2001年版，第78页。

是进一步扩大了，它是具有独立的制度价值的权利。

六、地役权具有较建设用地使用权优越的一面

在我国，长期以来，诸如铺设天然气管线、架设各种电信基站等多采取以取得建设用地使用权的方式解决。例如，“川气东送”等远隔千山万水的项目用地，或超出了相邻关系制度所允许范围和程度的用地，相邻关系就爱莫能助，只剩下地役权和建设用地使用权两项制度可供选用。崔建远教授经过研究认为，在解决这类用地问题时，地役权拥有比建设用地使用权更优的一面。[1]

七、地役权体现了利益平衡思想

地役权通常表现为只是对供役地一小部分的支配，虽然土地所有权人失去了对这一小部分土地的支配权利却使得需役地能够发挥其效能，有推动社会经济整体发展的积极作用，所以这也体现出利益平衡思想。例如，我国《物权法》第160条规定，地役权人应当按照合同约定的利用目的和方法利用供役地，尽量减少对供役地权利人物权的限制，就充分体现了利益平衡思想。

第二节　地役权与相邻关系的划分

“相邻关系”也称“相邻权”[2]，是指不动产所有权人之

---

〔1〕 参见崔建远：“地役权的解释论”，载《法学杂志》2009年第4期。

〔2〕 按照我国学者的普遍认识，相邻关系是不动产所有权的内容，是所有权的权利范围的界标之一，其本质是对“不动产所有权的限制或延伸”，从“延伸”的角度观察，相邻关系可以称之为“相邻权”，但从限制的角度观察，相邻关系体现为“义务”而非权利。因此，笔者认为，相邻关系最好不要称之为“相邻权”。

间因相邻而产生的权利义务关系。相邻关系基于相邻而产生，因此，相邻关系不仅约束不动产所有人，也约束不动产之利用人，包括物权利用人和债权利用人。地役权是为了使用自己不动产的便利而使用他人不动产的权利，两块相邻不动产之间最易产生地役权，且地役权也有约束不动产所有人的功能。因此，在地役权与相邻关系之间进行一个"泾渭分明"的划分是否必要，如果必要，如何划分，以及划分之后地役权与相邻关系之间的关系如何，就很有理论价值与实践意义。

一、地役权与相邻关系划分的历史考察

要研究并准确把握一种法律制度，追根溯源才能真正理解它。且在数千年的进化中，"关于地役权这一范畴的历史的和传统的原因要比科学的原因更多"〔1〕。因此，研究地役权与相邻关系之关系的最好方法就是采用历史考察的方法。据学者考证，地役权与相邻关系的完整性规定最早出现在罗马法中，因此，研究地役权与相邻关系之间的关系的历史起点就是罗马法。所以，准确把握罗马法上的地役权概念，对理解地役权与相邻关系具有重要价值。在罗马法上，地役权是人役权的对称，地役权是为了一块被称作需役地的土地而设立的，如果在土地上的权利不是为了特定土地的需要而设立，它就不能称之为地役权，而是人役权。

（一）《十二表法》第七表的规定是否为地役权

很多学者认为，罗马法上的地役权最早出现于《十二表法》，而《十二表法》的规定是关于地役权的规定还是关于相邻关系的规定，直接决定了我们对相邻关系与地役权之间关系的

〔1〕［意］彼德罗·彭梵得：《罗马法教科书》，黄风译，中国政法大学1992年版，第100页。

看法。因此，罗马法上的地役权产生于何时对准确把握地役权与相邻关系之间的关系具有重要的价值。

地役权产生在罗马法的哪一个时期，学者之间的认识并不相同。有的学者认为，乡村地役权是最古老的役权且属于“要式物”之列，它们在罗马的农业经济中曾是很重要的，这种役权主要包括两类：通行权和用水权。关于通行的役权和导水的役权无疑是最早的役权。《十二表法》第七表就已经有关于通行、导水的规定，虽然当时没有形成地役权的概念，但这些规定就是关于地役权的规定。有的学者一方面认为《十二表法》规定的是相邻关系，是对所有权的限制；另一方面宣称《十二表法》是关于地役权的规定。[1]这种解释本身就存在自相矛盾之处，不符合罗马法的原貌。那么，《十二表法》第七表到底是关于什么的规定，必须从其内容入手加以把握。《十二表法》第七表是关于“土地和房屋”的规定，共10个条文，其中有4个条文是关于通行权的规定。该表第1条规定：“建筑物的周围应用二尺半宽的空地，以便通行。”第4条规定：“相邻田地之间，应留空地五尺，以便通行和犁地，该空地不适用时效的规定。”第6条规定：“在他人土地上有通行权的，其道路宽度，直向为八尺，转弯处为十六尺。”第7条规定：“如供役地人未将道路保持在可供通行的状态时，则有通行权者得把运货车通过他认为适宜的地方。”从这些条文的内容来看，这些条文全部是强制性规定，毫无当事人意思自治可言，它是对土地利用的最低限度的限制。所以，以严格区分地役权与相邻关系的眼光来观察《十二表法》，它不但没有形式上的地役权，也没有实质意义上的地役权。因此，据此推断《十二表法》规定了地役权制度，

〔1〕 分别参见周枏：《罗马法原论》，商务印书馆1994年版，第325、394页。

缺乏说服力。当然，如果以相邻关系是法定地役权的眼光来观察《十二表法》，得出地役权产生于罗马时代的《十二表法》并不过分。因此，要判断罗马法上的地役权产生于什么时期应首先明确罗马法上的地役权是否包含法定地役权。

（二）罗马法关于地役权的规定

1. 查士丁尼之《法学阶梯》关于地役权的规定。查士丁尼的《法学阶梯》第2卷第3题专门规定了地役权。详细内容如下[1]：①I. 2. 3pr. 对乡村不动产的权利有这些：通行权、驱畜通行权、用路权和导水权。通行权是人通行和散步之权，但不是驱赶驮畜或车辆［通过］之权；驱畜通行权是驱赶驮畜或车辆的［通行］之权。因此，享有通行权的人，并不享有驱畜通行权。享有驱畜通行权的人，也享有通行权，他不带驮畜，也可行使此权。用路权为通行权、驱畜通行和散步之权。事实上，用路权本身既包括了通行权，也包括了驱畜通行权。导水权为借助他人土地导引水流之权。②I. 2. 3. 1对都市不动产的权利，是固着于建筑物之上的役权，之所以被说成是对都市不动产的权利，乃因为所有的建筑物，即使它们被建造于乡间，都被叫做都市不动产。同样，对都市不动产的役权有这些：此邻人支持彼邻人［房屋］的负担、允许在自己的墙上由邻人支搭梁木、某人在自己的房屋或庭院接受或不接受檐滴或水流、某人不加高自己的房屋，以免阻挡邻人的光线。③I. 2. 3. 2有些人正确地认为，取水、饮畜、放牧、烧石灰、挖沙权应正当地算做对乡村不动产地役权。④I. 2. 3. 3而这些权利之所以被称为对不动产的役权，乃因为没有不动产它们就不可能被设立。事实上，任何人，除非他有不动产，都不能获得对都市或乡村不动产的役

---

〔1〕［古罗马］查士丁尼：《法学阶梯》，徐国栋译，中国政法大学出版社2005年版，第239页。

权；任何人，除非他拥有不动产，也不会对都市或乡村不动产役权承担义务。⑤I. 2. 3. 4 如果某人希望为邻居设立某种权利，他应以简约和要式口约做此事。某人也可在遗嘱中迫使其继承人不加高（自己的房屋），以免阻挡邻人房屋的光线；或容忍（邻人）在墙上支搭梁木或引起檐滴；或容忍邻人步行或驱畜通过土地；或从土地导水。

从《法学阶梯》的规定来看，至少在查士丁尼那里，没有区分相邻关系与地役权，而是将相邻关系纳入地役权的行列，作为地役权的一种。与此相对应，地役权有法定地役权与约定地役权之分。

2. 查士丁尼之《学说汇纂》关于地役权的规定。查士丁尼的《学说汇纂》D.39，3 专门论述了雨水及排放雨水之诉；D.43，27 则论述了应砍伐的树木；D.43，28 则对土地通行权作了规定。[1] 而这些论述主要是关于相邻关系的，它们在本质上是对所有权的限制。查士丁尼的《学说汇纂》D.8，1～3；3，34 则是关于役权，尤其是关于地役权的规定。因此，《学说汇纂》在体系上对相邻关系与地役权作了区分，地役权作为役权的一种，在本质上是用益物权。相邻关系则在本质上是对所有权的限制或延伸，是所有权的内容。

（三）罗马法上地役权与相邻关系之关系的小结

从对查士丁尼的上述论断来看，在罗马法上，至少在查士丁尼那里，就没有对相邻关系与地役权之间的关系作出一个明确的界定和划分。这也许就是现代学者关于地役权与相邻关系之争的历史基础。

按照《法学阶梯》的相关论述来看，罗马法上的地役权包

〔1〕 可分别参见［意］斯奇巴尼选编：《物与物权》（第 2 版），范怀俊、费安玲译，中国政法大学出版社 2009 年版，第 80、96、110 页。

含法定地役权，即相邻关系属于地役权的有机组成部分。因此，客观地讲，罗马法的主流学者是将法定地役权作为地役权。从法定地役权属于地役权出发，认为地役权产生于《十二表法》是准确的，也比较符合罗马法的现实，查士丁尼将相邻关系明显地表现为把役权的概念扩大到对所有权的限制（法定役权）之中。〔1〕所以，罗马法上并没有明确区分地役权与相邻关系，最初的乡村地役权实际上就是相邻关系。

当然，正因罗马法对地役权与相邻关系之间的关系认识不清，导致学者对地役权的很多特性无法形成一致的意见。例如，按照《法学阶梯》的规定，地役权包括法定地役权，它没有期限性。所以，有的学者认为“其时的地役权具有永久性”〔2〕。但也有的学者认为，地役权是否应当有永久性，也就是说，按照最合理的解释，它是否应当满足需役地的永久需要或足以永久满足需要，这尚有争议。〔3〕其实，这个问题的争议很简单，如果认为地役权包括相邻关系，有些地役权当然具有永久性；如果认为地役权不包括相邻关系，地役权是有期限的，不具有永久性。

因此，从罗马法的考察来看，现代社会关于地役权与相邻关系的争论并不是什么新问题，罗马法已经为二者关系的争论提供了历史源泉。

二、地役权与相邻关系划分的比较法考察

（一）《法国民法典》中地役权与相邻关系之间的关系

1.《法国民法典》关于地役权的规定。根据《法国民法典》

---

〔1〕 参见［意］彼德罗·彭梵得：《罗马法教科书》，黄风译，中国政法大学出版社 1992 年版，第 244 页。

〔2〕 屈茂辉：《用益物权制度研究》，中国方正出版社 2005 年版，第 192 页。

〔3〕 参见［意］彼德罗·彭梵得：《罗马法教科书》，黄风译，中国政法大学出版社 1992 年版，第 254 页。

第 637 条规定，地役权是指，为使用与便利属于另一所有权人的不动产而对某项不动产强制所加的一种负担。地役权或者因场所的自然位置而产生，或者因法律强制规定的义务而产生，或者由诸所有权人之间的约定而产生。

因场所之自然位置产生的地役权，是因土地的具体地理环境决定的，地役权的设定不需要相邻土地所有权人的合意即可设立，是自然的地役权，该种地役权实际上就是我们所称之相邻关系。主要包括：①分界和围隔。《法国民法典》第 646 条的规定："一切所有人得要求其邻人在双方毗邻的土地上树立界石，树立界石的费用由双方共同负担。"即任何人均有对其土地进行分界的权利并可强制其邻人参与分界。《法国民法典》第 647 条规定："任何所有权人均可对其不动产设定围隔。"②围墙。《法国民法典》第 648 条规定："欲设立围栏、围墙的所有权人，按其划开之土地的比例，失去自由权与自由放牧的权利。"③自然排水。处于低位置的土地应当接受从高位置土地不假人工疏导的自然排水。低位土地的所有权人不得筑坝阻止流水下排；高位土地的所有权人不得有任何加重低位土地所负担之役权的行为。由于自然地役权为自然需要的结果，故其与法定地役权及协议地役权不同，其不会导致任何的补偿，这一原则的立法理由是：当事人不应为自然界承担责任。当然，并非任何情形当事人都不承担补偿责任。《法国民法典》第 641 条第 2 款规定："如因利用雨水或疏导排水加重第 640 条所指的水流下排之自然役权，对低地位土地的所有权人应当给予补偿。"这就是一种例外。

为公共利益、市镇行政区利益，或者个人利益，按照法律的直接规定可以设定地役权，此为法定地役权。它主要包括：①共有分界墙和分界沟；②某些建筑应当留有的距离与中间设施；③对相邻人的财产的眺望；④檐滴；⑤通行权。自然地役权、法定地役权具有混合性质：因不存在需役地，故其非真正的地役权。[1]

2.《法国民法典》中地役权与相邻关系之关系。从民法典的编纂体例看，《法国民法典》采纳的是教科书式的《法学阶梯》模式，这一点不仅体现在整部民法典的篇章体系结构上，对地役权的影响也是非常清楚的。从上述查士丁尼《法学阶梯》关于地役权的规定来看，地役权与相邻关系是不分的，相邻关系也属于地役权。《法国民法典》直接将其移植过来。当然，《法国民法典》在制定地役权制度时，也考虑到了本国的地理环境、历史传统等等。因此，法国民法并不区分地役权与相邻关系，将相邻关系作为地役权加以规定。

3.《法国民法典》关于地役权规定的缺陷。在法国现代社会，围绕地役权问题发生了诸多矛盾。这些矛盾不仅发生在所有权的“限制”和财产更好的利用之间，而且发生在“地役权固定不变”与“地役权应当发生变化”以及“地役权具有持久性”与“地役权具有暂时性”等相对立的学说之间，同时，还发生于农村地役权与城市地役权之间、私人的地役权与公众的地役权之间、设定地役权的法律与协议之间，以及时间对地役权产生的两种不同效力（权利取得与权利消灭）之间。甚而至于，地役权还引发了生态学上的矛盾：一方面，地役权保护了自然；但另一方面，地役权也同样地保护了交通以促进工业的发展，从而破坏了生态平衡！为了解决这些矛盾，民法有关地役权的法律制度，不可能不具有复杂性的特点。而正因为前述发展历史，地役权性质越来越复杂和“深奥”。笔者认为，《法

[1] 尹田：《法国物权法》，法律出版社1998年版，第413页。

国民法典》规定的地役权包含的范围太广，在如此众多的地役权中抽象出共性是非常困难的，这或许就是法国学者对地役权的性质争论颇多的原因。

当然，法国通过判例的方式发展了相邻关系，在司法实践中，对相邻关系与地役权作了区分。“对于所有人或者占有人而言，存在着一种不对邻人造成过分干涉的特殊义务。”〔1〕这种义务基于相邻关系而产生，某一不动产的所有人——他有权这样做——选择了某种特定的方式使用某财产，他造了一栋建筑物，设立了一个工厂并安装开动了机器，在此情况下，其邻居们遭受了或多或少的不适，建筑物的阴影使得邻人的院子成了“井底”，产生了烟尘、恶臭、噪音，判例认为：“上述不适的制造者应当向受害者赔偿损失，如果这些不适超出了相邻关系产生的正常不便。”〔2〕所以，《法国民法典》确立的地役权制度开始解体，司法实践朝着德国民法的方向发展。

（二）《德国民法典》中地役权与相邻关系之间的关系

《德国民法典》在“所有权的内容”一节对相邻关系作了规定，在立法上，将地役权与相邻关系分别作了立法，单列地役权一节，对地役权与相邻关系进行了明确的界分。

但是，虽然《德国民法典》对相邻关系与地役权作了明确区分，但目前德国的相关立法、判例及学者对此问题的论述则显示，地役权与相邻关系之间的区分并不是绝对的。譬如，有的德国学者在论述地役权时，提出了地役权的法定特殊形式，它是为必要通行权（《民法典》第917条以下），或者各州法上

---

〔1〕［法］雅克·盖斯坦、吉勒·古博：《法国民法总论》，陈鹏等译，法律出版社2004年版，第710页。

〔2〕［法］雅克·盖斯坦、吉勒·古博：《法国民法总论》，陈鹏等译，法律出版社2004年版，第709页。

的必要管线导引权（如《巴登—符腾堡州相邻关系法》第 7e 条）。对法定特殊地役权，部分准用《民法典》第 1018 条以下之规定。[1]所以，法定特殊地役权是由法律规定产生的地役权，从产生上看，它与其他相邻关系一样，但除此之外，应适用地役权的规定。因此，在《德国民法典》中，相邻关系与地役权虽然有明确区分，但在司法实践及有关州的立法中，地役权与相邻关系并不是泾渭分明。

《德国民法典》明确区分地役权与相邻关系，所以，德国学者对地役权问题的争论远远没有法国学者激烈。例如，《德国民法典》第 924 条规定了相邻权的无时效性，故法国学者对地役权是否具有永久性的争论在德国就不存在。《法国民法典》虽然不承认相邻关系与地役权的区分，但司法实践的做法已经发生了动摇，走上了德国式的道路。这从一个侧面说明德国民法对地役权与相邻关系的处理远胜法国民法一筹。

《德国民法典》对地役权与相邻关系的处理，直接影响了《瑞士民法典》、《日本民法典》及我国台湾地区“民法”。这些民法典对相邻关系与地役权也作了明确区分。要论证《德国民法典》对地役权与相邻关系的处理为什么有如此大的影响，而很少有国家走上法国式的道路，只能从相邻关系与地役权的差异出发，从地役权具有独立的存在价值出发，寻找答案。

（三）我国《民法通则》对地役权与相邻关系的处理

虽然有的人认为，我国《民法通则》规定的相邻关系包含了地役权的内容，但多数学者认为，我国《民法通则》并没有规定地役权，仅对相邻关系作了规定。《民法通则》第 83 条规定：“不动产的相邻各方，应当按照有利生产、方便生活、团结

---

〔1〕［德］鲍尔、施蒂尔纳：《德国物权法》（上册），张双根译，法律出版社 2004 年版，第 710 页。

互助、公平合理的精神，正确处理截水、排水、通行、通风、采光等方面的相邻关系。给相邻方造成妨碍或者损失的，应当停止侵害，排除妨碍，赔偿损失。”可见，《民法通则》不但没有规定地役权，而且对相邻关系的规定也非常粗糙、非常单薄。

最高人民法院按照该条的规定，在司法实践中发展了相邻关系的主要类型：[1]①相邻一方土地的施工临时占用权。相邻一方因修建施工临时占用他方使用的土地，占用的一方如未按照双方约定的范围、用途和期限使用的，应当责令其及时清理现场，排除妨碍，恢复原状，赔偿损失。②自然流水权。一方擅自堵截或独占自然流水影响他方正常生产、生活的，他方有权请求排除妨碍；造成他方损失的，应负赔偿责任。③排水权。相邻一方必须使用另一方的土地排水的，应当予以准许；但应在必要限度内使用并采取适当的保护措施排水，如仍造成损失的，由受益人合理补偿。相邻一方可以采取其他合理的措施排水而未采取，向他方土地排水毁损或者可能毁损他方财产，他方要求致害人停止侵害、消除危险、恢复原状、赔偿损失的，应当予以支持。④通行权。一方必须在相邻一方使用的土地上通行的，应当予以准许；因此造成损失的，应当给予适当补偿。对于一方所有的或者使用的建筑物范围内历史形成的必经通道，所有权人或者使用权人不得堵塞。因堵塞影响他人生产、生活，他人要求排除妨碍或者恢复原状的，应当予以支持。但有条件另开通道的，也可以另开通道。⑤滴水权。处理相邻房屋滴水纠纷时，对有过错的一方造成他方损害的，应当责令其排除妨碍、赔偿损失。⑥相邻一方在自己使用的土地上挖水沟、水池、地窖等或者种植的竹木根枝伸延危及另一方建筑物的安全和正

〔1〕 可参见《最高人民法院关于适用民法通则的若干意见》第97~103条的相关规定。

常使用的，应当分别情况，责令其消除危险，恢复原状，赔偿损失。

我国《民法通则》规定的相邻关系是对所有权的最低程度的限制，是对财产自由权的限制，这种限制应当由法律作出明确规定，但是，目前我国的法律却没有对其明确化，这不利于处理因相邻关系发生的纠纷，致使相邻关系在协调权利冲突方面发挥不了应有的作用。因此，人民法院根据司法实践创设了不同类型的相邻关系，这虽然为司法实践处理该类问题提供了法律基础，但是法院负担起创设法律的功能，并且由其司法解释来限制权利，其妥适性值得思考。

当然，相邻关系是对所有权的限制，相邻关系类型化立法之后，我们又必须面对另外的困难：所有权是不是仅受法律明确规定之相邻关系的限制？对于法律没有规定但确实有必要对不动产作出限制的情形，是否可以类推适用关于相邻关系的规定？如果从保护所有权的角度出发，所有权仅受来自法律明确规定的相邻关系的限制，如果法律没有作出规定，所有权将不受任何限制。如果从利益衡量的角度来说，所有权是否应受限制，主要在于相邻关系保护的权利所得利益是否大于相邻一方因负担该义务而遭受的损失。在前者大于后者时，所有权受到来自非法定的相邻关系的限制符合经济效率；反之，则否。因此，上述问题的答案应属立法政策衡量的范畴。

三、地役权与相邻关系划分的理论基础

（一）学术界关于地役权与相邻关系划分的争论

1. 相邻关系说。相邻关系说认为，就我国而言，法律应明确赋予相邻权以天然附属于不动产，为不动产利用提供方便的从属性物权效力，包括两方面内容：一为从属于不动产自身的

法定的自然权利（原来狭义上的相邻关系的内涵）；二为不排除不动产使用人双方在此基础上的约定并经登记来强化该从属性物权效力（即一般意义上的地役权内容），从而建立起以相邻关系吸收地役权并明确赋予相邻关系从属性物权效力的物权立法模式。其基本理由有如下几点：〔1〕

首先，地役权与相邻权调整范围的一致性。地役权就其基本内涵来讲与相邻权并无实质不同，亦即为自己不动产之便宜而使用他人所有或使用的不动产或对他人所有或使用的不动产的特定使用方式进行限制的权利。

其次，制度的选择，首先要符合本国的民情和习惯。这样才容易被本国市民理解和接受，才容易培养人们对法律的自觉遵守、自觉完善的法制环境。我国古代法上有“地役权”调整之内容，但无地役权制度之传统，而对此使用“相邻关系”的概念并不陌生。

再次，现实实践告诉我们，脱离习惯引进地役权制度不会成功。“地役权之设定究有多少，难以确知，但应属不多。”〔2〕那么试问，能见到在大陆上设定地役权的，又有几人呢？

最后，地役权也有自身不易被人们接受之弱点。①地役权成立的程序过于复杂；②严格意义上的地役权制度以需役地的便利为必要，大大限制了其适用范围，诸如采矿权、不动产用益役权、动产使用、消费借贷、租赁等新的制度逐渐从役权制度中独立出来，地役权制度呈现出衰落趋势；③地役权起源于相邻关系之调整。

笔者认为相邻关系说的论据是值得怀疑的，可以一一击破：

---

〔1〕 参见彭诚信：“相邻权与地役权的物权立法选择”，载吴汉东主编：《私法研究》（总第1卷），中国政法大学出版社2002年版，第136～149页。

〔2〕 王泽鉴：《民法物权》（1），中国政法大学出版社2001年版，第26页。

首先，地役权与相邻关系虽然在很多方面是一致的，例如，相邻土地的排水关系，相邻关系作为法定调整方式加以控制，地役权也可以进行调整；再如，相邻土地的通行关系，相邻关系和地役权也都可以进行调整。但是，当事人可以自由约定地役权的具体内容，这种约定可能会与相邻关系的类型发生重合，如上述两种法律关系，但当事人完全可以约定相邻关系类型之外的地役权类型，所以，地役权与相邻关系的调整范围并不总是一致的。

其次，相邻关系是法律出于社会利益的考量而对相邻土地作出的最低限度的限制，但当事人可以出于自身利益的考量而超越这个限度作出另外的约定。所以，它们二者存在的制度依据并不相同：前者的立法依据是社会利益；后者的依据则是自身利益。正因相邻关系保护的是社会利益，所以，原则上当事人不能约定排除法律对相邻关系的规定。

再次，民情和习惯固然重要，但民情和习惯有正确与错误之分，有好习惯也有坏习惯之别，且随着社会的发展，习惯也要扬弃。我国经历了长期的封建社会，私权神圣的观念并未形成，当事人的意志被排斥在法律之外，而国家对所有权的干预却是无处不在，因此，我国古代法上对“相邻关系”的概念并不陌生，这是我们的习惯。从古至今，我国对相邻关系并不陌生是正确的；但是，我国从清末变法图强以来，社会制度、经济制度、政治制度、思想观念等都发生了剧烈嬗变，地役权早就被引入我国，且培植成功。[1]因此，保持单一的相邻关系的习惯随着社会的发展已变成了我们追求进步的羁绊，这样的习惯只能舍弃而不能作为论证问题的论据。

---

〔1〕 我国台湾地区地役权制度的存在可以作为明证。

复次，相邻关系说认为地役权制度在我国台湾地区设立的并不太多，原因在于“脱离习惯引进地役权制度不会成功”，但是，正如苏永钦教授所言，台湾地区地役权制度之所以遭到冷遇，主要原因在于地役权登记的困难造成的，我非常赞同这种看法。这是因为，地役权最能反映当事人的意志，其具体内容由当事人约定，这不方便登记，但我国台湾地区却又采纳登记生效主义，所以，地役权登记制度流于形式，当事人登记设定地役权的数量自然会少。

最后，如前所述，任何一种法律制度都是有缺陷的，没有缺陷的、完美的法律制度仅存在于人们美好的想象之中。地役权也是一样，它确实存在很多缺陷，但我们可以不断改进这些缺陷，从而进一步完善它，我们不能因地役权制度存在一些缺陷就否定它存在的价值。

2. 地役权说。地役权说以《法国民法典》、《意大利民法典》为立法例，认为我国在制定物权法时，应当将相邻关系纳入地役权的范畴，由地役权统一调整，在法定地役权与协议地役权的基础上构筑地役权制度。依此，我国未来的物权法中的地役权分为法定地役权与约定地役权。法定地役权实际上就是相邻关系；约定地役权实际上就是《德国民法典》中的地役权。

这种观点虽然有立法例可以遵循，但不能为我国所采纳，这是因为：其一，《法国民法典》制定之时，自由主义处于兴盛时期，罗马法上曾经出现的“权利应受限制的思想”受到压制，所以，《法国民法典》不可能明确规定相邻关系是所有权的内容，也不承认相邻关系是对所有权的限制，否则，与其宣称的私权神圣格格不入。因此，在当时的历史条件下，将相邻关系置于地役权之中，作为地役权的一种从权利的角度进行立法，将所有权负担的义务——相邻关系作为权利进行规定，在当时的大背景下，是合适的。但是，在权利本位为主体，而社会本位为辅的现代社会，这种做法是否仍有其合理性有进一步思考的空间。其二，《法国民法典》虽然承认法定地役权与意定地役权的划分，但现在司法实务界与理论界都承认相邻关系的概念，这至少从另一个方面说明用地役权来统领相邻关系与地役权是不合适的。其三，我国没有法定地役权的传统。从清末立法开始，我国就走上了相邻关系与地役权并存的道路，新中国成立后颁行的《民法通则》第 83 条明确规定了相邻关系，而没有关于法定地役权的规定。其四，虽然地役权与相邻关系在功能上具有相似性，但它们之间在很多方面存在明显的区别，地役权统一说忽视了相邻关系与地役权的区别。

3. 地役权与相邻关系并存说。地役权与相邻关系并存说认为，我国《物权法》中不仅应当规定相邻关系，而且应当规定地役权。持这种观点的学者理由如下：

首先，有立法例可以遵循。《德国民法典》将相邻关系与地役权作了明确区分，《瑞士民法典》、《日本民法典》继之，有立法例可以遵循。并且，我国台湾地区“民法”也采纳了这种做法，我国有明确区分相邻关系与地役权的传统。

其次，地役权和相邻关系是有区别的，不能将地役权与相邻关系混同，我国《物权法》必须正视这种区别：[1]

第一，相邻关系与地役权的本质是不同的。相邻关系在本质上是对所有权的限制或延伸，是所有权的内容。地役权在本质上是物权，是用益物权而不是所有权的内容。

第二，是否需要通过当事人的约定来设立不同。相邻关系是法律为了维护社会生活的正常秩序而对另一方的所有权或使

〔1〕 参见王利明：《物权法论》，中国政法大学出版社 2003 年版，第 501 ~ 505 页。

用权实施必要的限制而产生的；换言之，相邻关系是由于法律规定而产生的。地役权则是由当事人约定产生的。从上引德国学者的论述中，我们可以得出，至少在德国法律创设不是相邻关系与地役权的根本区别；至于法国、意大利等国家明确承认法定地役权，更说明在这些国家法律创设不是地役权与相邻关系的根本区别。我国学者将地役权与相邻关系通过法律创设做了泾渭分明的区分，并且将其作为二者区别的重要依据，这是否合适，值得研究。德国判例及地方立法之所以将通行权等作为法定地役权，一个重要的原因是考虑到它们主要适用关于地役权的规定，且这些都是关于“权利”的规则，与相邻关系作为“所有权的限制”的本质不符。

第三，是否需要通过登记。相邻关系不是独立的物权，不需要登记。地役权是用益物权，需要登记。

第四，在提供便利的内容上有区别。根据相邻关系的规定，法律要求一方必须要为另一方提供便利，这种便利实际上是他人为了使自己的权利得到正常的行使，或者使自己能够维护正常的生活和生产，从而对相邻的另一方提出了提供便利的最低要求。地役权设立的目的并不是为了满足不动产权利行使过程中的最低要求，而是为了使自己的权利得到更大程度的行使，而对对方提出了更高的提供便利的要求，对他们的不动产要作出较大的限制。这种便利的获得是为了使自身获得更大的权利和利益，这并不意味着不提供这种便利，自己的不动产权利就不能得到行使。

第五，相邻关系强调相邻，地役权不一定相邻。

第六，相邻关系是事后发生作用，即发生纠纷以后才适用，在性质上属于裁判规范。而地役权通常是事先通过订立合同的方式来加以约定，从而能够将未来可能发生的纠纷事先作出安排，而相邻关系常常是双方很难通过合同来作出安排的。

第七，相邻权的取得都是无偿的，而地役权的取得大多都是有偿的。

正是由于这些不同，地役权与相邻关系在调整不动产之间关系上的地位和作用也逐渐形成了合理的分工，不能以其中的一项作为反对另一项制度的理由。因此，我国《物权法》效仿《德国民法典》，规定相邻关系与地役权两种不同的制度。

（二）地役权与相邻关系进行明确划分的必然性

我国学者围绕地役权与相邻关系的立法展开的论战，不过是罗马法的继续，而不是什么新鲜事。从上文对罗马法、法国法以及德国法的分析，我们至少可以得出“德国法对相邻关系与地役权的处理远胜法国法一筹”的结论。并且，从理论上讲，地役权与相邻关系确实存在很多差异，并且这些差异是根本性的。

《十二表法》对相邻关系就作了规定，它是法定的义务，是土地的负担；《法国民法典》制定之时，自由主义正处于兴盛时期，罗马法上曾经出现的“权利应受限制的思想”受到压制，所以，《法国民法典》不可能明确规定相邻关系是所有权的内容，而是将相邻关系置于地役权之中，作为地役权的一种作了规定。《德国民法典》诞生在垄断资本主义的形成阶段，绝对的自由主义思想受到挑战，所有权应当承担义务的思想渐渐深入人心，而义务本身已经成了所有权的内容，相邻关系作为对所有权的限制，自然就成了所有权的内容。所以，不论是法国法还是德国法，它们对相邻关系与地役权的处理，都符合它们所处的时代的要求。站在历史的角度衡量，无法判断它们的优劣。但是，在财产所有权中只体现了所有权个体方面，即个人利益归入方面，而所有权社会方面，即公共利益所指向的方面则在财产使用中有所体现。[1]我们今天主张社会本位修正了权利本位，实际上是继续了《德国民法典》开创的道路，并且在它的基础上更进一步。因此，在一个社会义务充斥于民法典的时代，相邻关系是所有权的内容的观点更符合社会现实。

我们可以转化角度思考问题，所有人的义务，恰恰就是另一个人的权利。相邻关系是对一方所有权的限制，这就是与之相对一方的权利，这种权利因法律的规定而产生。问题是，相邻关系限制了所有权，但它又使该所有权的内容增加了，因为法律同时也限制了其他的所有权。但地役权就是另外的情形了，地役权的设立，使一方的物权显著增加，受限的一方并没有使自己的物权增加，他最多不过取得契约之债权。

以上诸种理由或许可以在一定程度上解释地役权与相邻关系并存的原因，但是，地役权作为一项法律制度必须有其独立的价值，此乃地役权存在的生命，也是地役权制度存在的根本目的。

第三节　相邻关系与地役权之间的关系

相邻关系是基于自然位置而产生的，是法律对不动产自然位置的尊重，因此，相邻关系都是基于法律规定而产生，且不动产的自然位置相同，受到的法律限制应是平等的。但地役权虽然也强调需役地与供役地在地理位置上的密切性，但地役权则属于需役地人的权利。因此，相邻关系之内容，虽类似地役权，但基于相邻关系而受之限制，系所有权内容所受法律上限制，并非受限制者之相对人因此而取得一种独立之限制物权，

〔1〕［德］G. 拉德布鲁赫：《法哲学》，王朴译，法律出版社2005年版，第143页。

而地役权则为所有权以外之他物权，二者不能混为一谈。[1]

一、认定地役权与相邻关系之关系的困难所在

我国《物权法》最终引入了地役权概念，将地役权作为一种用益物权，而又在所有权部分规定了相邻关系。因此，我国关于地役权的立法模式显然采纳了以德国为代表的分离主义立法例，明确区分地役权与相邻关系。并且，为了有效区分地役权与相邻关系，日本、我国台湾地区以及我国大陆地区学者在论述地役权或者在论述相邻关系的时候，都会对地役权与相邻关系的不同进行详细说明，他们之间的差别是本质上的。但是，地役权与相邻关系之间难道真的没有任何关系？如果地役权与相邻关系没有任何关系，《法国民法典》就不会将相邻关系规定为法定地役权，德国理论界也就不会承认通行权这一法定特殊形式的地役权。因此，地役权与相邻关系之间可能还是存在某种内在联系的，但要把握二者之间的关系却又并非如此简单。

（一）功能上的相似性是二者难以划清界限的重要原因

早在罗马法时期，人们就已经认识到，对不动产所有权的绝对性必须给予必要的限制，以避免所有人绝对行使其权利而妨碍其他土地所有人的权利。所以，罗马法《十二表法》第七表就是通过相邻关系对土地所有权的行使进行了限制，以德国为代表的国家也都以相邻关系来限制不动产所有权的行使。作为一种限制物权，地役权是对所有权的限制，能够有效调节土地所有人之间因不动产的利用发生的冲突。因此，地役权与相邻关系都有调整不动产利用的功能，差别在于：相邻关系的创设旨在使相邻各方存在于不动产之上的权利行使得以正常化，

[1] 王泽鉴：《民法物权》(1)，中国政法大学出版社2001年版，第211页。

使物尽其应有的惯常效用，维持正常的生产、生活秩序，保障基本的社会生活，借此保证公益的实现。而地役权设定的目的并不是为了满足自己土地的惯常效用，而是要在现有惯常效用的基础上，增加自己土地的利益。地役权是对相邻关系的一种“度”的突破。[1]因此，相邻关系与地役权都具有调整不动产利用的功能，二者在功能上具有相似性，这正是难以明确区分地役权与相邻关系的根本原因。

（二）具体类型的相似性进一步混淆了二者之间的区别

据笔者观察，地役权与相邻关系虽然分别立法，但是，地役权与相邻关系之间的关系却非常复杂，尤其是在物权法定原则之下观察，我们会惊奇地发现，地役权的类型与相邻关系的类型竟然惊人地相似。不论将相邻关系作为所有权的限制或者延伸而将其视为所有权的内容，还是将相邻关系作为法定地役权，作为对不动产利用的最低限度的调整，各国法律对相邻关系的具体类型都作了较为详细的规定。虽然很多国家对地役权的具体类型未作任何规定，但正因二者在功能上的相似性，造成了地役权的具体类型与相邻关系的具体类型基本类似，甚至可以说，相邻关系的类型就是地役权的类型。

二、从功能论的角度看地役权与相邻关系之间的关联性

相邻关系在本质上是所有权的内容，是所有权的限制或延伸。法律规定相邻关系旨在达到物尽其用，维护正常的基本生活、生产关系，相邻关系只是对相邻不动产的利用所作的最低限度的调节，只能满足土地所有人为自己土地使用方便而利用邻人土地的最低限度。因此，未达到必要利用的程度，相邻关

---

〔1〕崔建远：《我国物权立法难点问题研究》，清华大学出版社2005年版，第196页。

系无适用余地。此时，为使用自己土地便利而使用他人土地可以通过两种途径解决：其一，通过合同调整，即通过债权利用权利用相邻土地；其二，通过物权调整，即通过地役权利用相邻土地。因此，设定地役权就有“补充”相邻关系不足的功能。这种功能决定了相邻关系的主要类型也就是地役权的主要类型，它主要包括：通行、引水、排水等。

物权法定原则实际上限制了当事人的意思自治，然而，从各国法律规定来看，各种地役权的具体内容是不同的，它能够充分体现当事人的意志，所以，在所有的用益物权中，地役权最能体现当事人的意志。作为理性动物的人，在设定地役权时，往往从自己利益的最大化出发，因此地役权制度远比其他用益物权更具效益性。甚至在特殊情况下，相邻关系可能反而造成资源效益的降低，此时设定排除相邻关系的地役权，又有“修正”相邻关系的功能。[1]当然，地役权“修正”相邻关系不能违背公序良俗，否则无效。

现代城市高楼林立，各城市为了有一个良好的建筑秩序，纷纷出台一些建筑法规、城市规划。这些建筑规划在一定程度上减少了因相邻关系而产生的纠纷，地役权弥补相邻关系的功能也因之大为减弱。但是，这些措施并不能满足市民个体的、现实的需要，地役权的功能并没有因此而消灭，而地役权由于其内容的广泛性和包容性，需役地人可以在供役地上设立内容不同的次类型地役权，从而满足多重需要。[2]诚如王泽鉴教授所言，此类地役权具有以私法补充公法上建筑法规的功能。[3]

---

〔1〕 苏永钦：“重建役权制度——以地役权的重建为中心”，载苏永钦：《走入新世纪的私法自治》，中国政法大学出版社 2002 年版，第 250 页。

〔2〕 屈茂辉：《用益物权制度研究》，中国方正出版社 2005 年版，第 186 页。

〔3〕 王泽鉴：《民法物权》（2），中国政法大学出版社 2001 年版，第 77 页。

在规划法规如此之多的现代社会，地役权弥补相邻关系不足的功能受到限制，但是，地役权弥补公法规范尤其是建筑法规的功能越来越成为地役权制度的主要功能。

三、地役权与相邻关系在类型上的关联性

（一）相邻关系具体类型的差异

1. 德国民法上相邻关系的主要类型。《德国民法典》规定的相邻关系的具体类型包括：①对超过法定范围的“不可称量物”侵入的排除请求权；②对邻地上有危害、威胁的设施的除去请求权；③要求相邻权人排除其土地上可能对自己造成危险的建筑物的权利；④限制邻地挖掘的权利；⑤对邻地伸入的树木枝根的权利；⑥自落的果实属于土地；⑦越界建筑；⑧通行权；⑨疆界。[1]同时，在司法实践中，以通行权为基础，发展出必要的能源供应管道权。[2]

2. 日本民法上相邻关系的主要类型。《日本民法典》规定的相邻关系的类型主要包括：①邻地进入权；②围绕地通行权；③自然排水的容忍义务；④疏通工事权；⑤预防工事请求权；⑥雨水泄注的禁止；⑦水流变更权；⑧污水排泄权；⑨流水用工作物的使用权；⑩堰的设置、利用权；⑪界标、围障设置权；⑫疆界线上的物；⑬共有墙；⑭越界竹木；⑮疆界线附近的建筑、挖掘。我国台湾地区“民法”规定的相邻关系的类型与日本民法之规定基本类似。

因此，从德国、日本等国家的规定来看，相邻关系的具体类型存在一定差异。其实，这种差异性集中体现在欧洲大陆国

〔1〕 参见孙宪忠：《德国当代物权法》，法律出版社1997年版，第196~197页。

〔2〕［德］M. 沃尔夫：《物权法》，吴越、李大雪译，法律出版社2004年版，第167页。

家的民法与东亚地区的民法之间。例如，在德国，相邻权设立的目的是尽可能地确保相邻人之间的和睦关系，法律关于相邻权的规定是在为相邻关系提供一个“理智的界限”。所以，德国法上的相邻权是因为权利人所处的自然位置而自然产生的权利。[1]而以日本为代表的东亚地区，相邻关系的类型非常庞杂，列举非常详细，我国台湾地区“民法”关于相邻关系的条文竟然达到物权法条文的1/8。

3. 东亚地区重视相邻关系的原因分析。东亚地区对相邻关系格外重视，究其原因在于：东亚地区从历史上来看就有相邻关系调整不动产利用的传统，而地役权作为舶来品并不受重视。相比较而言，东亚地区远较德国重视相邻关系，东亚地区的相邻关系法非常发达，相邻关系在很大程度上代替了地役权发挥调剂不动产利益的功能。并且，东亚地区以团体为本位（以家族为本位）的思想根深蒂固，个人自由的阳光刚刚照耀这片土地，却很快就受到热衷于权利的限制思想的钳制。笔者认为，相邻关系是一种基于相邻而产生的权利义务关系，“相邻”并非一定相互毗连，远距离的不动产也可能受到相邻法的调整，只要其不动产的影响能够延伸到远距离的不动产。[2]可见，相邻关系强调不动产的自然位置对私法的影响。因此，相邻关系的类型主要是相邻不动产的分界、自然之水的排泄等，并不强调供役地与需役地，相邻关系中也不区分何为供役地、何为需役地。因此，我国台湾地区“民法”、《日本民法典》中规定的很多相邻关系的类型实际上包含了地役权的类型，他们在本质上属于法定地役权。

---

〔1〕 孙宪忠：《德国当代物权法》，法律出版社1997年版，第196页。

〔2〕［德］M. 沃尔夫：《物权法》，吴越、李大雪译，法律出版社2004年版，第154页。

（二）法定特殊形式的地役权

在德国，法定通行权之供役地与需役地的区分非常明显，因此，通行权虽然属于相邻关系的范畴，但德国学者谈及通行权以及司法实践中的必要管线引导权时，认为“这属于一种法定特殊形式的地役权”，部分准用《民法典》关于地役权的规定。〔1〕因此，在相邻关系中，也存在地役权，这种地役权是法定特殊形式的地役权。在英美法中，地役权可依当事人的意志而产生，也可依法律规定而产生。〔2〕《意大利民法典》也承认强制地役权，即依照法律的规定土地的所有权人有权在他人土地上设定地役权。〔3〕《日本民法典》、我国台湾地区“民法”中规定的很多相邻关系如通行关系等，也属于这种法定特殊形式的地役权。我国《物权法》第 87 条规定的通行关系、第 88 条规定的管线铺设关系也属于这种法定特殊形式的地役权，除适用相邻关系的规定外，应当准用地役权的有关规定。

（三）地役权的类型与相邻关系的类型

既然地役权是相邻关系的度的突破，那么，在具体类型上，地役权的类型不过是相邻关系的类型的进一步发展。因此，很多学者认为，相邻关系的类型也就是地役权的类型。笔者认为，相邻关系是一种权利义务关系，不强调供役地与需役地，但并不排除受限制的不动产与受限制不动产的对方，它们在法律地位上非常类似于供役地与需役地。且在多数情况下，地役权的成立是以相邻关系为基础的。〔4〕因此，认为“相邻关系的类型

〔1〕［德］鲍尔、施蒂尔纳：《德国物权法》（上册），张双根译，法律出版社 2004 年版，第 710 页。

〔2〕 Diane Chappelle, *Land Law*, Longman UK Ltd., 1992, p. 236.

〔3〕 参见《意大利民法典》第 1032 条，见《意大利民法典》，费安玲等译，中国政法大学出版社 2004 年版，第 253 页。

〔4〕 王卫国：《中国土地权利研究》，中国政法大学出版社 1997 年版，第 217 页。

就是地役权的类型”的观点是正确的。但是，地役权的类型却不仅仅限于相邻关系的类型，这不仅从地役权的历史观察中可以得到印证，从地役权与相邻关系相互联系的角度观察，答案也是一样的。〔1〕

1. 与相邻关系的类型一致的地役权。各国民法大多规定了用水、排水、通行、铺设管线、通风、采光、日照以及禁止不可量物侵入等多种类型的相邻关系。如此一来，民事主体可以设定用水、排水、通行、铺设管线、通风、采光、日照以及禁止不可量物侵入等类型的地役权。但是，并非任何类型的相邻关系都有相对应的地役权类型。例如，在越界建筑中，可能的私法调整则为被越界土地所有人与越界土地所有人为移去或变更建筑物的约定，就此显然已经超过土地间的“便宜之用”而无法设定地役权。〔2〕

2. 与相邻关系的类型相反的地役权。相邻关系是所有权的内容，相邻关系的规定当事人可否通过约定而排除，从而形成与相邻关系类型相反之地役权？对此，各国立法及学术界所持的态度并不相同。

关于我国台湾地区“民法”规定的相邻关系是否可由当事人约定排除，存在激烈的争论。1986 年台湾上字第 947 号判例谓：“‘民法’第 787 条第 1 项所定之通行权，其主要目的，不仅专为调和个人所有之利害关系，且在充分发挥袋地之经济效用，以促进物尽其用之社会整体利益，不容袋地所有人任意预

〔1〕 在罗马法上，地役权的类型包括取土权等，它们就不是相邻关系。从功能论的角度观察，地役权是对相邻关系的“修正”，修正可能是补充，也可能是扩大或缩小相邻关系。

〔2〕 苏永钦：“法定相邻权可否预先排除?”，载苏永钦主编：《民法物权争议问题研究》，清华大学出版社 2004 年版，第 118 页。

为抛弃。"[1]史尚宽先生认为："然此等规定非强行规定，相邻人订立与此相异之债权契约者，自受其拘束。"[2]谢在全教授认为我国台湾地区"民法"关于相邻关系规定"期使不动产均能物尽其用，以增进社会经济之公益，故因该项规定而享有利益者，不得预先抛弃"[3]。王泽鉴教授认为，我国台湾地区"民法"关于相邻关系的规定，原则上非属强制性规定，主要理由在于："民法关于相邻关系的规定旨在规范相邻土地所有人间利害冲突，虽涉及公益，多属间接，应容留当事人私法自治空间，自行调整其权利义务关系，较诸将其权利义务关系强行化，更能充分发挥土地的经济效用，以促进物尽其用的社会整体利益。因此，我国台湾地区'民法'第777条虽然规定了不得将雨水直注于相邻之不动产，但当事人可以设定排雨水于邻地的地役权。此外，我国台湾地区'民法'第798条的规定也不是强制性规定，当事人可以约定果实自落于邻地者，其所有权仍属于原物所有人。"[4]苏永钦教授也认为，相邻关系规定的内容虽多为"不得"或"应"，其性质真正属于行为禁制规范者毕竟还是少数。除了这些少数规定，包括第774条、第775条第1项、第776条、第794条及第795条，大多数规定仅属单纯物权调整规范，当事人如为相异约定，虽仍可能因其他原因而不生法律效力，至少不是因违反强行法而无效。[5]因此，在我国台湾地区，学术界的主流认为，有些相邻关系的规定并非强制性的，

---

〔1〕 转引自王泽鉴：《民法物权》(1)，中国政法大学出版社2001年版，第212页。

〔2〕 史尚宽：《物权法论》，中国政法大学出版社2000年版，第87页。

〔3〕 谢在全：《民法物权论》(上)，中国政法大学出版社1999年版，第172页。

〔4〕 王泽鉴：《民法物权》(1)，中国政法大学出版社2001年版，第212~213页。

〔5〕 苏永钦："法定相邻权可否预先排除?"，载苏永钦主编：《民法物权争议问题研究》，清华大学出版社2004年版，第116页。

当事人可以通过设定地役权而加以排除。但是，当事人可以排除哪些相邻关系的规定，就很有进一步深入研究的价值。

《德国民法典》虽然没有对关于相邻关系的规定当事人能否约定排除作出明确规定。但笔者认为，《德国民法典》关于相邻关系的规定，当事人通常是可以约定排除的，主要原因在于：其一，“滴了几滴社会主义的油”的《德国民法典》，是极力排除公法对私法的过分干涉的，因此，相邻关系虽然是法定的权利义务关系，但这些规定并不具有公法规范的强制性，也就是说，私法上的相邻关系是在民法的框架内解决不动产的利用冲突，这与“所有权应当负担社会义务”毫无关系。所有权应当承担社会义务是指所有权的行使不得损害社会公共利益，而相邻关系调整的是私人之间的关系，并不直接体现公益，所以，民法关于相邻关系的规定并不是“所有权应当承担社会义务”的具体表现形式。德国著名法学家沃尔夫指出：“在相邻领域的妨害通常只直接妨害到居民的利益，可以让单个的人自己决定是否以及如何保障其权利，这里没有涉及足够的公共利益。因此，在这种场合，最好由私法调整。”〔1〕鲍尔、施蒂尔纳二位著名的法学家也认为：“地役权可服务于对相邻关系的具体构造，比如可由此而扩大可允许侵入之范围，或对侵入范围进行限制。”〔2〕因此，属于私人之间的相邻关系自然可以约定排除。其二，《德国民法典》第1018条对地役权界定时，对地役权的内容进行了勾画，地役权的内容包括：①使用对方土地；②一定的行为不得在该土地上行使；③某项权利的行使被排除。如果

---

〔1〕［德］M. 沃尔夫：《物权法》，吴越、李大雪译，法律出版社2004年版，第168页。

〔2〕［德］鲍尔、施蒂尔纳：《德国物权法》（上册），张双根译，法律出版社2004年版，第540页。

相邻关系的内容是限制一方使用对方的土地，当事人就可设定使用对方土地的地役权；如果相邻关系的内容是一方可以在另一方土地上实施某种行为，当事人就可设定排除该种行为行使的地役权；如果相邻关系的内容是某项权利的行使，则当事人可以设定排除某项权利行使的地役权。因此，从《德国民法典》关于地役权的内容的规定来看，相邻关系的规定也是可以约定排除的。其三，相邻关系中的有些规定，有时会牵扯到公众利益，不可量物的侵扰最为典型。例如，对水和大气污染所妨害到的人是无法用数字来统计的，大众的利益被侵害了。此时，当事人能否约定排除民法关于“不可量物的侵扰”的规定？对此，苏永钦教授认为，除了少数侵入与承受者都特定的情形，气响侵入涉及的范围往往较广，可能在一个大社区内会有多数侵入者与多数承受者，从而发生少数人的契约无法把所有成本效益内部化的问题，勉强为之，也可能产生相当高的交易成本。因此，苏永钦教授提出“团体契约”模式补充个人契约模式以解决诸如气响侵入之类涉及公众利益的相邻关系，通过“环境权”的交易来实现利益的最大化。[1]所以，在苏永钦教授看来，气响侵入类的相邻关系也是可以通过当事人的约定加以排除的，这符合经济效益的原则。但是，沃尔夫教授认为：“纯粹的经济分析，正如经济分析法学家们所倡导的法律适用模式所表明的那样，将导致只考虑经济上的好处和更高的生产价值、从而损害无法用金钱衡量的、被市场经济体制所遗忘的环境利益。因此，公法可以将那些被市场忽略的利益作为公众利益而作为调

〔1〕 苏永钦：“法定相邻权可否预先排除?”，载苏永钦主编：《民法物权争议问题研究》，清华大学出版社2004年版，第117页。

整对象。"[1]因此，在沃尔夫教授看来，气响等不可量物侵入通常情况下，当事人可以通过约定排除民法关于相邻关系的规范，但是，当气响等不可量物的侵入涉及公共利益时，公法的调整就很有必要。笔者认为，因气响侵入涉及的受害者众多，有时不可确定，"团体契约"中的"团体"代表的究竟是何人就很难确定。例如，在大气污染的情况下，虽然可以通过确定受污染地域的范围来确定受害者的大致范围，但人的流动性造成了实际人群的难以确定性。此时，从保护受害者、保护环境等角度出发，公法对不可量物侵入的介入是非常有必要的。但是，这些公法的介入并不能取代私法上的相邻关系的规定，它是对相邻关系的公法修正，它们是以特别行政法的形式存在并对私人生活产生影响的，而民法上的相邻关系属于私法的范畴，当事人自然可以约定排除。因此，私法上的相邻关系因为属于"私"的范围，如果不可量物的侵入仅限于私人之间而无关公共利益，当事人自然可约定排除。近年来经济发展迅速，人口拥挤，公寓林立，住宅区内混杂着商店工厂，资源过度利用，造成生活品质的恶化。为期改善，亟应加强公法规范。最近几年陆续公布实施的"大气污染防治法"、"水污染防治法"、"噪音管制法"、"废弃物清理法"等环保法规，与土地相邻具有密切关系，在某种意义上可称为公法上相邻关系的规定。[2]这种公法上的相邻关系牵扯到公共利益，当事人自然不能约定排除。

3. 补充相邻关系的类型。不动产之相邻关系相当复杂，虽然我国台湾地区"民法"已设有27条之详细规定，但仍不免有所疏漏，尤其在土地利用已由平面而向空间发展之际，高楼大

---

〔1〕［德］M. 沃尔夫：《物权法》，吴越、李大雪译，法律出版社2004年版，第169页。

〔2〕王泽鉴：《民法物权》(1)，中国政法大学出版社2001年版，第216页。

厦连云起，使得相邻关系益为参差错综，因此，我国台湾地区的谢在全先生认为，实有增加规定之迫切需要。[1] 我国《物权法》仅用9个条文对相邻关系作了勾画，规定极为简单，显然不能满足面积大且地理环境错综复杂的我国的实际需要。因此，增加新型的相邻关系的类型势在必行。但在修法之前，相邻不动产之所有人、用益物权人不妨设定地役权，以增进对不动产的利用，增加不动产的效用。

四、我国地役权与相邻关系的类型之间的关系

具体到我国《物权法》规定的各种相邻关系，是不是当事人都可约定排除并设定相应类型的地役权？笔者认为，我国《物权法》上关于相邻关系的规定，很多是不能约定排除，但有些是可以约定排除的，究其原因：我国《物权法》在起草过程中，对公法上的相邻关系与私法上的相邻关系并没有进行明确区分，《物权法》受到行政的干扰过大，将很多属于行政法上调整的公法上的相邻关系也纳入《物权法》。例如，我国《物权法》第89条规定："建造建筑物，不得违反国家有关工程建设标准，妨碍相邻建筑物的通风、采光和日照。"而国家关于工程建设标准恰恰就是公法，具有强制性，当事人不能约定排除。据此，在我国，违反国家有关工程建设标准的通风、采光和日照受相邻关系的调整，当事人不能设定违反国家标准的通风、采光和日照地役权，但可以约定设立高于国家标准的通风、采光和日照地役权。所以，在没有违反国家标准的范围内，当事人可以约定通风、采光和日照地役权或者禁止通风、采光和日照地役权。可见，必须对我国《物权法》上规定的相邻关系的

〔1〕谢在全：《民法物权论》（上），中国政法大学出版社1999年版，第173页。

类型进行具体分析，以决定何种相邻关系可以被当事人约定排除。

（一）用水、排水权

按照《物权法》第86条的规定，不动产权利人应当为相邻权利人用水、排水提供必要的便利。对自然流水的利用，应当在不动产的相邻权利人之间合理分配。对自然流水的排放，应当尊重自然流向。如果自然流水涉及的主体特定，当事人自然可以约定排除，设定改变自然流水方向的地役权或债权性的权利。例如，两块相邻土地因自然流水的流向达成协议，处于高位置的土地不再将雨水流于低位置的土地，低位置土地的所有权人给高位置土地所有人合理的对价，这时法律没有加以限制的理由。因此，当事人可以设定禁止排水、禁止用水的地役权。当然，当事人也可以设定超越相邻关系范围的用水、排水地役权。但是，自然流水，如长江、黄河等大江大河，历史悠久，牵扯到社会公共利益，当事人就不能通过特别约定修改自然流水的方向。

（二）通行权

我国《物权法》第87条规定，不动产权利人对相邻权利人因通行等必须利用其土地的，应当提供必要的便利。当事人能否通过特约排除袋地通行权？我国台湾地区学术界的争论是非常激烈的。但笔者认为，通行权牵扯袋地的通行，袋地所有人是否可以抛弃自己的通行权，或者将自己的通行权转让给提供承受通行的土地一方，这属于私人利益问题，无关社会公共利益，即使体现社会公益，那也是间接的，因此，通行权的规定是可以通过约定加以排除的。因此，以相邻关系产生的通行权为基础，当事人约定可以产生以下两种地役权：①排除法定通行权之地役权；②扩大通行权之地役权。

1.“必须利用”的内涵。袋地之法定通行权以必须利用为条件，否则，在相邻土地之间不可基于相邻关系而产生法定通行权。此处的“必须利用”是何意义？对此，学术界认为，如果某不动产缺少通往公共道路的通道（“袋地”就属于必须利用的情形），此时，法定通行权即可存在。仅仅具有舒适性或者特殊目的性对干预邻居的所有权而言是不够的。〔1〕因此，为了通行的舒适性或者特殊目的性，并不存在法定通行权。例如，某房地产开发商开发一处山间别墅，欲修一条从镇政府至别墅的公路，在此案例中，开发商修筑公路的目的并不具有“必须利用”的属性，因为他修筑公路的目的具有“特殊性”——提高别墅的价值。

2. 地役权与建设用地使用权的区分。在上述案例中，开发商欲修筑公路，应当取得建设用地使用权还是地役权？如果要正确回答这一问题，必须明确建设用地使用权与地役权的区别。从表面观察，地役权与建设用地使用权至少存在两点非常明显的区别：其一，二者的权利目的不同。建设用地使用权是以在他人土地上建造建筑物、构筑物及其附属设施为目的；而地役权是为了需役地的便利而使用他人土地的权利。其二，二者是否具有从属性不同。地役权具有从属性、不可分性等特征，而建设用地使用权则不具备。但是，地役权是在供役地上设定的负担，这种负担包括为行使地役权的需要而在供役地上建造建筑物、工作物或栽种种植物。〔2〕因此，地役权也含有在他人土地上建造建筑物、构筑物及其附属设施的权利。这样一来，地

---

〔1〕［德］M. 沃尔夫：《物权法》，吴越、李大雪译，法律出版社2004年版，第166页。

〔2〕 参见王卫国主译：《荷兰民法典》，中国政法大学出版社2006年版，第127页，“第五编第71条”。

役权与建设用地使用权之间的区分就不那么显而易见了。笔者认为，地役权是从属于需役地而在供役地上设定的负担，不论在他人土地上建造建筑物、构筑物及其附属设施，还是在他人土地上栽种种植物，只要存在“为了使用需役地的便利”这一特征，都属于地役权的范畴，而不属于建设用地使用权或土地承包经营权的范围。在上述案例中，房地产开发商修筑公路的目的在于提高山间别墅的价值，具有从属性，开发商取得应当是通行地役权而不是建设用地使用权。

（三）铺设管线权

我国《物权法》第88条规定，“不动产权利人因建造、修缮建筑物以及铺设电线、电缆、水管、暖气和燃气管线等必须利用相邻土地、建筑物的，该土地、建筑物的权利人应当提供必要的便利”。超越“必须利用”的范围，人们可以设定铺设管线地役权，当然，人们也可设定禁止铺设管线之地役权。

在德国，铺设管线权属于一种特殊的通行权。因此，“必须利用”是按照通行权的判断标准进行的。但在我国，铺设管线权属于相邻关系的一种，因此，必须存在一个“必须利用”的判断标准。例如，甲承包了一处远离村庄的水库，为提高水库的经济价值，欲将电从村庄输送到水库。此时，需要经过乙、丙、丁三人的承包地，甲能否基于相邻关系取得架设电线的权利？如果不能，甲可设定何种类型的权利以满足自己的需要？如果能，甲可否与乙、丙、丁约定抛弃自己的权利而要求乙、丙、丁给予补偿？

笔者认为，在我国，“必须利用”的判断标准应当是当地通行的，即铺设管线在当地是通行的，才可构成“必须利用”。在上述案例中，如果当地通常认为应当为水库输送电力，甲即可依“必须利用”基于相邻关系而取得铺设管线权，甲如果抛弃自己的权利，乙、丙、丁由此受益，应当给予适当的补偿。反之，甲可通过设定铺设管线地役权或债权利用权的方式使用他人土地。

（四）禁止不可量物侵入权

我国《物权法》第90条规定："不动产权利人不得违反国家规定弃置固体废物，排放大气污染物、水污染物、噪声、光、电磁波辐射等有害物质。"从该条的措辞来看，我国《物权法》是严格禁止"违反国家规定的不可量物"侵入他人之生活。因此，凡违反国家规定排放的污染物因与国家的公法规范相抵触，〔1〕当事人不能约定排除该条款的适用，亦即相邻当事人不能约定"超过国家规定标准的不可量物侵入地役权"。〔2〕如果不可量物的侵入超过国家规定的界限时，当事人虽然不能设定不可量物侵入之地役权，但可以设定禁止不可量物侵入地役权。如果不可量物的侵入尚未达到违反国家规定的程度，当事人之间可以设定不可量物侵入地役权或者禁止不可量物侵入地役权以规制当事人之间的生活空间。

---

〔1〕《大气污染防治法》、《水污染防治法》等都属于公法规范，当事人不能约定排除。

〔2〕在德国等其他国家，不可量物的侵入是否适用相邻关系法，采纳的判断标准是"当地是否通行"。不可量物的侵入如果是当地通行的，一般认为就是可以忍受的；反之，可以基于相邻关系法要求不可量物制造者采取适当措施。在我国，不可量物的侵入是否适用相邻关系法，采纳的判断标准是"违反国家规定"，过多地体现了公法对私人生活的干预。

第五章 地役权的变动

地役权的变动是指地役权的发生、变更或者消灭，简而言之，就是地役权的得、丧、变更。本章将对地役权的取得、地役权的变更以及地役权的消灭制度结合我国物权法的实际立法进行分析。

第一节 地役权的取得

地役权的发生是指物权与主体的结合，从主体角度而言，属于地役权的取得。地役权的取得是指地役权归属于特定的权利主体，地役权取得制度是地役权法律制度的核心内容之一，地役权的取得包括了地役权的原始取得与继受取得。原始取得是指非基于他人既存的权利，而独立取得地役权，如地役权的善意取得。继受取得是指以他人的权利为基础而取得地役权。继受取得又进一步分为移转型继受取得和创设型继受取得。通过地役权的转移而取得地役权的，为地役权的移转型继受取得；供役人与需役人通过地役权设立合同的方式取得地役权的，为创设型继受取得。地役权的取得制度中，最为核心的内容乃地役权取得方式，地役权的取得方式也是各国物权法中地役权法律制度的重要内容。纵观各国物权法，地役权的取得方式主要有合同、合同之外的其他单方法律行为如遗嘱、继承、依法强制设立等，我国《物权法》第156、157条的规定来看，我国物权法仅规定了地役权的合同取得方式，而对其他取得方式则没有作出规定。这显然不利于地役权的设立，也与通过法定继承或遗嘱继承能够取得地役权的现实情况不符，更与各国关于地役权取得方式之多样化规定存在差距。本章将对地役权的合同取得、时效取得、继承取得、强制性取得等取得方式进行分析，以期对我国物权法的解释适用、物权法修法提供理论支撑。

一、地役权的合同取得

早在罗马法时就规定“如某人有意为邻人的利益设定地役权，他必须以约定和要式口约的方式为之”[1]所以，法律行为是地役权取得的传统方式之一。地役权可以通过法律行为取得，法律行为分为单方法律行为与双方法律行为。以单方法律行为设定地役权的典型是以遗嘱的方式设定地役权；以双方法律行为设定地役权则是以地役权合同设立地役权。从我国《物权法》的规定看，地役权只能以地役权合同取得，而不能通过遗嘱取得。笔者认为，供役地人可以通过遗嘱为需役地设定一项地役权。因此，遗嘱应为地役权取得的方式。但鉴于以合同方式取得地役权乃地役权取得主要形态，本书将主要对以合同方式取

〔1〕［古罗马］查士丁尼：《法学总论》，张企泰译，商务印书馆1989年版，第60页。

得地役权进行研究。学术界对地役权合同设立问题进行了很多研究与讨论，并取得了一系列成果，但地役权的合同取得尚有以下几个方面的问题需要进一步澄清：其一，谁可以为需役地设定地役权，谁又有权为供役地设定地役权负担？其二，地役权设立合同的内容包括哪些？其三，按照我国《物权法》第158条的规定，地役权自地役权合同生效时设立。当事人要求登记的，可以向登记机构申请地役权登记；未经登记，不得对抗善意第三人。那么，谁为善意第三人？

（一）需役地人

有的学者认为，地役权从属于需役地，需役地具有独立的法律地位，是民事主体。因此，地役权的主体是需役地。但是，享有权利的必须具备权利能力，在法律没有承认需役地为权利主体的情况下，地役权的主体是需役地的各时之所有人。学者普遍认为，在已经设有地役权的需役地上，地上权人、永佃权人、典权人、不动产租赁权人〔1〕在其权利存续期间享有地役权。例如，日本的判例认为，需役地所有权，地役权之受让人，得以所有权之移转，对抗供役地所有人；亦得以地役权之移转，对抗供役地所有人。〔2〕

地上权人、永佃权人、典权人能否于不超过其权利存续期间为其使用的土地设定地役权，各国立法并不相同。《德国地上权条例》第11条规定，地上权准用关于土地的规定。因此，德国法承认地上权人能够为自己使用的需役地设定役权。《日本民法典》第267条规定，地上权准用相邻关系的规定，但没有规

〔1〕 不动产租赁权人与租赁权人存在天渊之别，地役权仅存在不动产之间。因此，租赁权人也必须限定于不动产租赁权人。

〔2〕［日］三潴信三：《物权法提要》，孙芳译，中国政法大学出版社2005年版，第132页。

定地上权人准用地役权的规定，这为学者留下了争论的余地。有的学者认为，民法关于地役权的规定重在保障不动产所有人的利益，且民法直接规定“地上权人准用相邻关系之规定”，而法律没有明文规定地上权人能够准用地役权的规定，地上权人、永佃权人自然不能以其使用的不动产为需役地设定役权。有的学者认为，《日本民法典》虽然没有明文规定，但是应作同于德国法的解释，承认地上权人、永佃权人能够设定地役权，这种观点已经成了日本的通说。〔1〕原来我国台湾地区的“民法”与《日本民法典》一致，规定了地上权人对相邻关系的准用而没有规定对地役权的准用。但是，我国台湾地区的通说始终认为，地上权人、永佃权人、典权人能够设定地役权。〔2〕且我国台湾地区“民法”修订中明确增订用益权人之不动产役权，承认需役地人可以为“以使用收益为目的之物权或租赁关系而使用需役地不动产者”。笔者认为，地役权是以调整不动产的利用为目的的权利，因此，应当对此予以认可为好。

关于不动产租赁权人能否设定地役权，学说上也存在不同观点。有的学者认为鉴于土地租赁权物权化的倾向，就地役权之关系，亦应与地上权人同等视之。我国台湾地区最近新修订的“物权法”第859条：“基于以使用收益为目的之物权或租赁关系而使用需役不动产者，亦得为该不动产设定不动产役权。”因此，我国台湾地区“民法”承认物权人或租赁权人可以其使用的不动产为需役地的设定役权，就是这种观点在立法上的体现。笔者认为，不动产租赁权人对不动产的利用在性质上与地

---

〔1〕参见［日］三潴信三：《物权法提要》，孙芳译，中国政法大学出版社2005年版，第133页。

〔2〕参见史尚宽：《物权法论》，中国政法大学出版社2000年版，第229页；曹杰：《中国民法物权论》，中国方正出版社2004年版，第120页。

上权、永佃权已经非常类似，因此，应当允许他们设定地役权。我国台湾地区有的学者进而认为，观念上既已打破由所有人自己设定的原则，又为什么要限制“使用者”来设定范围，而使用者中又排除了借贷人、买受人乃至占有人呢？开放非所有权人的买受人和利用人设定地役权即可，没有必要对其范围做任何限制。〔1〕笔者对此深表赞同。需役地是享受役权的不动产，地役权能给需役地之权利人带来利益，即使设定地役权的需役地人不是该不动产的所有权人也不会产生不良影响。因此，需役地人，他可以是不动产的任何权利人，包括所有权人、用益物权人、不动产的债权利用人等，而没有必要将其限定为用益物权人，也没有必要将债权利用人仅限于租赁关系者，可以将其扩大至不动产之借用人等。所以，需役地的债权利用人也完全可以设定并享有地役权。我国《物权法》第 161 条虽然是关于用益物权人设定地役权之期限的规定，但该规定则从侧面说明需役地之用益物权人可以为需役地设定地役权，而债权利用人则不包括在内。笔者认为从立法论上，我国在未来制订民法典或者修订物权法时应该将需役人扩大至债权利用人。

（二）供役地人

保罗在《论告示》第21卷D.8，2，1，1中认为：“如果我拥有所有权而你拥有用益权的建筑物将支撑邻居（的建筑物），那么只能向我提起诉讼，对你则没有任何方式起诉。”〔2〕可见最初，仅有所有权人可以为自己的不动产设定地役权，其他权利人不论用益物权人还是债权利用人都不能在其使用的他人不动

---

〔1〕 苏永钦：“重建役权制度”，载苏永钦：《走入新世纪的私法自治》，中国政法大学出版社 2002 年版，第 264～265 页。

〔2〕《学说汇纂》（第 8 卷·地役权），陈汉译，中国政法大学出版社 2009 年版，第 21 页。

产之上设定地役权。我国台湾地区虽然将地役权之客体扩大至建筑物，承认用益权人之不动产役权，但“对供役不动产得设定不动产役权之人，仍仅限于该不动产之所有人，而不及于该不动产之用益物权人、承租人。”这是因为：不动产役权之设定行为乃为处分行为，故须对供役不动产有处分权之人始得为之，此为民法之基本原则，盖不动产役权之设定，足使供役不动产造成负担，对供役不动产所有人不利，而现行法又未授予地上权人、农育权人、典权人或承租人此项权能，是自非此等用益权人所能为，因之此等用益权人均不得就其用益之不动产为他人不动产之便宜，设定不动产役权。[1]结合我国物权法第161、163条的相关规定，尚有如下问题需要进一步思考：其一，不动产所有人设定地役权的，是否需要取得用益物权人的同意？其二，建设用地使用权人、土地承包经营权人、宅基地使用权人设定地役权时是否需要取得土地所有人的同意？

1. 不动产所有人设定地役权原则上无须取得用益物权人的同意。地役权的设定毕竟是在供役不动产上的一项负担，后设立的地役权可能对用益物权人使用、收益产生不利影响。所以，我国《物权法》第163条规定：“土地上已设立土地承包经营权、建设用地使用权、宅基地使用权等权利的，未经用益物权人同意，土地所有权人不得设立地役权。”根据本条的规定，不动产所有人设定用益物权后，再设定地役权时，应当取得用益物权人的同意。否则，其无权设立地役权，坚持设立的，用益物权人可以起诉到人民法院保护自己的合法权益，人民法院应该根据这一规定，认定土地所有人与第三人设立的合同因违反

〔1〕 谢在全：《民法物权论》（中册），中国政法大学出版社2011年版，第519页。

法律的规定无效。[1]我国已经有学者认识到第163条之规定存在的缺陷，认为“在土地上已经存在用益物权（地役权除外）时，一刀切地严格禁止所有权人设立地役权是不科学的。一般情况下，之所以作此限制是因为各用益物权都以占有为前提因而难以共存，这是用益物权的性质、特征决定的。但我们也不能绝对化，并且不应忽视地役权的特质——部分地役权不以占有为权利行使、实现的必要条件，这样地役权与其他用益物权就有了共存的空间，如在一块土地上设立土地承包经营权后，还可以就近设立以眺望为权利内容的地役权。”所以，有学者建议第163条应该修改为：“在土地上已设立土地承包经营权、建设用地使用权、宅基地使用权等权利时，后设立的地役权影响用益物权人行使权利的，未经用益物权人同意，土地所有权人不得设立。”[2]笔者认为，第163条之规定对用益物权人赋予了更多保护，限制了所有权人设定地役权，与传统地役权理论不一致，也不符合现实，且查各国并无要求取得用益物权人同意之立法，该条有进一步修订的空间。原因如下：

不动产所有人于其不动产设定用益物权后，并未丧失其处分权能，仅系再处分后，该不动产上存有用益物权之负担或限制，一旦用益物权消灭，所有权又回复原状，此正系所有权弹力性之特征。例如，用益物权设定后，可再设定抵押权，或设定抵押权后，无碍于所有人之抵押物让与，或于设定抵押权、典权后，所有权人仍具有标的物之让与权，即可见其然。[3]所

〔1〕 黄松有主编：《〈中华人民共和国物权法〉条文理解与适用》，人民法院出版社2007年版，第484页。

〔2〕 耿卓：“比较法视野下的我国乡村地役权及其立法”，载《当代法学》2011年第5期。

〔3〕 谢在全：《民法物权论》（中册），中国政法大学出版社2011年版，第521～522页。

以，传统地役权理论认为，只有供役不动产的所有人可以设定地役权。此其一。

在土地所有权人在土地上设定建设用地使用权、土地承包经营权或者宅基地使用权后，所有权人再设定地役权的，并不必然有害于供役地之用益物权人，甚至有些国家物权法规定，供役地所有人或者用益人在不妨碍地役权人行使地役权下，也有权使用供役部分，如供役地用益物权人在不妨碍需役地人通行的情况下，有权使用设定通行地役权之道路通行。这时，对用益物权人无害而有利，设定地役权又何以要取得用益物权人的同意呢？此其二。

如果后设立的地役权对在先设立的用益物权产生不利影响，通常因与物权的排他效力相违背，而地役权不得设立。例如，供役地上设定建设用地使用权后，土地所有人再设定以占有为内容之地役权时，基于物权的排他效力，应禁止该地役权的设立。此其三。

在现代社会，土地分层利用已经是一个不争的事实，地下、地表、地上皆可单独设定用益物权。例如，土地所有人在地下设定通行地役权，地上设定建设用地使用权等。从实践来看，法律也没有禁止土地所有权人在设定用益物权之后再设定地役权的恰当理由。此其四。

值得一提的是，供役不动产所有人在将供役不动产出租后，设立地役权的，该地役权可能对租赁权人造成损害，甚至造成租赁权不能行使，法律上反而没有规定“应当取得租赁权人的同意”，其中缘由不得而知。此外，供役不动产尚有其他债权利用方式，那么，所有人在设定地役权时，是否也要取得这些“用益人”的同意呢？笔者认为，“买卖不破租赁”的基本规则说明在一项不动产上，租赁权与所有权、其他用益物权的效力应该按照其设定时间的先后确定，如果后设立的地役权对先设立的租赁权的行使产生妨害的，地役权人不得行使权利。而对于其他债权利用人，地役权人仍可以行使地役权，受害人可以债权利用合同向供役地所有人主张赔偿责任。

所以，我国台湾地区"民法"第851条之一规定："同一不动产上有不动产役权与以使用收益为目的之物权同时存在者，其后设定物权之权利行使，不得妨害先设定之物权。"该条规定，明显比我国《物权法》第163条的规定先进，承认同一不动产上可以同时存在不动产役权与其他用益物权。借鉴我国台湾地区的立法，我国《物权法》第163条可作如下修订：土地上已设立土地承包经营权、建设用地使用权、宅基地使用权、租赁权等权利的，土地所有权人可以设立地役权，但后设立的地役权不得妨碍权利的行使。但本条在适用上应该注意以下两个方面的问题：①本条没有区分不动产役权与其他用益物权在权利内容上是否冲突，如果冲突，则有悖物权排他效力，则地役权与其他用益物权不得同时设立，自然无本条之适用；②如果后设立的地役权对在先设立的用益物权之行使产生不利影响，但该地役权的设立不违反物权之排他效力的，这时应取得用益物权人的同意以设定地役权。例如，土地所有人在设定用益物权之后，又为他人设定雨水排放地役权时，该地役权之设定对先设立的用益物权人之利益有碍，应当取得其同意。但所有人擅自设定地役权的，该设定行为虽然有效，地役权纵然有效设立，但地役权的行使不得妨碍先设立的其他用益物权，否则对用益物权人造成损害的，应当承担相应的责任。

2. 供役地的用益物权人是否有权设定地役权。我国之土地要么属于国家，要么属于集体，而海域只能属于国家。如果将供役地人仅限定为所有权人，每设定一笔以土地或海域为标的物的地役权都要与国家或集体组织签订合同，可行性微乎其微；更何况，国家只有一个，集体组织虽然不少，但远比法人、自然人数量少，如将供役地人限定为所有权人，地役权的设定数量势必更少，地役权制度还有什么意义？因此，符合我国国情的做法是承认不动产物权人可以作为供役地人。我国《物权法》第161条规定："地役权的期限由当事人约定，但不得超过土地承包经营权、建设用地使用权等用益物权剩余的期限。"本条虽然是关于地役权存在期限的规定，但从另一侧面说明用益物权人可以成为地役权的供役地人。在土地公有下，土地所有人设定地役权的现象比较少，在我国建设用地使用权、土地承包经营权、宅基地使用权等用益物权已经承担起所有权的部分功能，实现了不动产在市场上的流通。因此，建设用地使用权等用益物权人可以在他人之不动产上设定地役权。但是，按照"役权之上不能设定役权"的规则，地役权人不能在役权之上设定地役权。

从我国《物权法》第161条的规定来看，用益物权人在使用的他人不动产上设定地役权时，无需取得地役权人的同意。有学者认为，这是因为"至于建设用地使用权人等何以有权以他人所有的土地上为需役地人设立地役权，可以解释为土地所有权人已经向建设用地使用权人等用益物权人授予了设立地役权的权利。"[1]笔者认为，地役权是存在于不动产之上的用益物权，在用益物权之上通常不得再设定用益物权，亦即用益物权不可能成为地役权的客体，地役权的客体只能是土地或者建筑物本身。例如，通行地役权是在供役地上通行的权利，搭梁地役权是在供役建筑物上搭梁的权利。他们是对土地或者建筑物

〔1〕崔建远："地役权的解释论"，载《法学杂志》2009年第4期。

的使用，而非对用益物权的使用。所以，地役权是在不动产之上设定的负担，用益物权人在他人之不动产上设定地役权的，应当取得供役不动产所有权人的同意。但是，是不是用益物权人在供役不动产上设定的所有的地役权都需要经其所有权人的同意呢？笔者认为，只有在供役地上设定的负担对所有权人产生“实质性”影响时，需要取得供役不动产所有人的同意。否则，用益物权人在其使用的他人不动产上设定地役权时，无需取得所有人的同意。例如，建设用地使用权人在取得建设用地使用权后为需役地设定眺望地役权而限制自己建造的建筑物高度，则该地役权与土地所有权人没有关系，该眺望地役权没有对所有权人之利益产生“实质性”影响，这时建设用地使用权人设定该眺望地役权的，无需取得土地所有权人的同意。但是，建设用地使用权人在取得建设用地使用权后，为他人设立道路通行地役权时，如果道路通行地役权之行使将对所有权人之所有权的行使产生实质性影响时，该地役权之设立需要土地所有权人的同意。

（三）地役权设立合同的内容

按照《物权法》第157条的规定，设立地役权，当事人应当采取书面形式订立地役权合同。它一般应包括下列条款：①当事人的姓名或者名称和住所；②供役地和需役地的位置；③利用目的和方法；④利用期限；⑤费用及其支付方式；⑥解决争议的方法。

1. 地役权合同双方当事人的姓名或者名称和住所。有相互负有义务和享有权利的当事人，是合同成立的必要条件，合同具有相应当事人，才能构成完整法律关系。因此，地役权合同首先要包括合同的当事人，包括合同当事人的姓名和住所。

2. 供役地和需役地的位置。明确供役地和需役地的位置，是为了使双方供役地和需役地特定化，为实现地役权落实物质基础。因此，地役权合同中需要明确约定需役地和供役地的位置。

3. 利用目的和方法。地役权是一个概括性的用益物权，其缺乏具体的内容。因此，地役权合同中需要对地役权利用的目的和方法等地役权的内容作出约定，便于当事人按照合同约定的内容行使权利、履行义务，便于登记机关进行地役权登记。

4. 利用期限。地役权是为需役地而存在的，它与谁是需役地所有人没有关系，所有人仅享受地役权带来的利益，所有人生命的有限性并不影响地役权的存续。因此，罗马法上允许设定永久性的地役权。对此问题，学术界也存在不同的认识。我国台湾地区谢在全教授认为："此自近代用益物权为限定物权，存续期间应属有限，俾与所有权之永久性无违之理论而言，自应持否定之见解，然基于罗马法以来得设永久不动产役权沿革之理由，以及不动产役权对于所有权之限制程度甚低，并不全然剥夺所有人对供役不动产之利用，故通说均承认得设定永久之不动产役权，不动产役权之作用既在调节土地之利用，肯定之见解应属正当。"〔1〕在我国大陆地役权主要由用益物权人设定，但也不排除土地所有人设定地役权的可能。然而，有学者提出：《物权法》应该明确规定"地役权不得为永久期限的约定"，一是因为这样规定并不违反《宪法》的相关规定；二是也有利于其他法律法规的制定和执行。〔2〕

（1）不动产所有人之间是否有权设定永久性地役权。不动

---

〔1〕 谢在全：《民法物权论》（中册·修订5版），中国政法大学出版社2011年版，第520～521页。

〔2〕 陈耀东、赵秀清："地役权本质与存在原则的法律与经济分析"，载《政法论丛》2006年第2期。

产范围甚广，主要包括土地、海域以及房屋。在我国，土地属于国家或者集体所有，海域属于国家所有，在允许自己地役权的背景下，土地或海域的所有权人处于地役权具有规划不动产利用的功能的实际需要，在理论上不能排除所有人设定永久性地役权的可能，如果设定，应当认为有效。

房屋多有存续期限，房屋所有人可否设立永久性地役权则很有疑问。笔者认为，“永久性”是指地役权得与供役地和需役地共命运，只要存在供役地与需役地地役权继续存在，供役地或者需役地灭失的，地役权消灭。据此，在我国建设用地使用权的有期限性决定了我国城镇房屋所有权存在的有限性，但这并不能作为说明房屋所有人不可以设立永久性地役权的根据，房屋所有人可以就自己的房屋为他人房屋设定搭梁地役权或者管线铺设地役权等，并约定其期限为永久。该约定应有效，永久性地役权仍可设立。

(2) 需役地之用益权人〔1〕设定地役权的期限。需役地之所有人设定的地役权，其期限可以为永久。但是，需役地之用益物权人或债权利用人设定地役权时，所面临之问题为：用益权人所设定之地役权，究系为需役之不动产所有权人而设，抑或系为自己而设？其若为自己而设，是否用益权消灭时，地役权亦随之消灭，如承租人为租赁之需役地设定地役权后，于租赁关系消灭时，地役权是否亦随之消灭？其若为不动产所有权人而设者，是否用益权消灭时，地役权仍为需役之不动产继续存在？

我国《物权法》第161条规定：“地役权的期限由当事人约定，但不得超过土地承包经营权、建设用地使用权等用益物权

---

〔1〕这里为了行文的方便而使用了“用益权人”的概念，意思是指通过用益物权或者债权利用他人不动产的人。下文的“用益权”则包括用益物权或者债权。

的剩余期限。”这里所谓的剩余期限，是指设定地役权的供役地和需役地在设定地役权时其用益物权所剩余的年限。[1]准此一言，用益物权人之间设定地役权的，只能取其中剩余期限最短的期限作为地役权的存续期间。例如，设定地役权时，甲之建设用地使用权剩余20年，乙之建设用地使用权剩余30年，不论甲、乙之建设用地使用权何者为供役地或需役地，地役权的存续期间为20年。所以，不论用益物权人作为需役地人设定地役权还是作为供役地人设定地役权后，该地役权也随用益物权的消灭而消灭，土地所有人无权享受地役权或承受地役权负担。

从第161条的规定来看，用益物权人设定的地役权，不是为需役地设立的，而是为自己的利益设定，需役地之用益物权人设定的地役权期限不得超过用益物权的剩余期限。在土地承包经营权人、建设用地使用权人或宅基地使用权人以其承包地、建设用地或宅基地作为需役地而设立地役权的场合，按照《物权法》第161条的规定，当事人约定的地役权的期限不得超过土地承包经营权、建设用地使用权等用益物权的剩余期限。因为土地承包经营权、建设用地使用权等用益物权的存续期限届满，用益物权归于消灭，承包地、建设用地或宅基地不再是需役地，地役权因无需役地而归于消灭。这也体现出地役权的从属性。可见，约定地役权的存续期限超过土地承包经营权等用益物权的剩余期限没有意义，不会有积极的法律价值。[2]我国台湾地区“民法”第859条之三第2项规定：“前项不动产役权（指用益权人之不动产役权）因以使用、收益为目的之物权或租赁关系之消灭而消灭。”

---

〔1〕 黄松有主编：《〈中华人民共和国物权法〉条文理解与适用》，人民法院出版社2007年版，第479页。

〔2〕 崔建远：“地役权的解释论”，载《法学杂志》2009年第2期。

但《葡萄牙民法典》第1575条规定："用益权人设定之积极地役权不因用益权之终止而消灭；同样，永佃权人设定的积极或消极地役权亦不因租地退还给地主而消灭。"笔者认为，地役权是从属于需役地之权利，一旦设定就与需役地不可分离。所以，当用益物权人或债权利用人设定地役权后，该地役权不因用益物权或债权之消灭而消灭。

用益物权人、租赁权人可以作为需役地人设定地役权，这一点已经得到很多国家立法与实务的支持。但是，用益物权人、租赁权人作为需役地人设定地役权后，该地役权就脱离了设立人而依附于需役地，地役权怎么可能因为用益物权或租赁权的消灭而消灭呢？如果允许其随着需役不动产之上用益物权或租赁权的消灭而消灭，地役权岂不成了为特定人设立的"人役权"了？所以，用益物权人或租赁权人作为需役地人设立地役权的，该地役权在用益物权或者租赁权消灭后仍应存续，其存续期间为当事人约定的地役权存续期间。当事人约定的地役权的存续期间可以长于需役地上用益物权的剩余期间。

（3）需役地所有人与供役地之用益物权人设定地役权的期限问题。我国有学者指出，《物权法》第161条的规定，不应适用于土地所有权人以其土地作为需役地而设立地役权，以及以建筑物、构筑物及其附属设施作为需役地而设立地役权的场合。因为，于此场合土地承包经营权等用益物权因存续期限届满而消灭时，需役地依然存在，不动产所有权人和供役人约定的地役权存续期限长于土地承包经营权等用益物权的存续期限，也不妨碍地役权的目的及效能。[1]笔者认为，这种看法确实有道理，说明第161条的规定有其适用范围上的限制。那么，如果

〔1〕崔建远："地役权的解释论"，载《法学杂志》2009年第2期。

用益物权人以自己使用的他人不动产作为供役地与土地所有权人以其土地作为需役地而设立地役权，以及以建筑物、构筑物及其附属设施作为需役地而设立地役权的，地役权存在的期限仍应该受到《物权法》第161条的限制，地役权存续期间不得超过供役地之用益物权的剩余期限。

但作为一项负担，供役地之用益物权人设定地役权时，其期限不能长于用益物权的剩余期间，否则将该负担由土地所有人承受，自然不公平。供役地之用益物权人取得所有权人同意而设定地役权时，这时同于供役地所有人设定地役权，地役权期限可以长于供役地之剩余期限。

（4）供役地所有人与需役地之用益物权人设定地役权的期限。需役地之用益物权人与供役地所有人设定地役权的，作为负担义务的一方，所有人可与需役地之用益物权人设定任意期限的用益物权，甚至可以设定永久性地役权。这是因为，地役权对需役地之土地所有人有益而无害，即使需役地上之用益物权期限届满，其所有人仍可行使该地役权。这时，显然不受《物权法》第161条的限制。

虽然法律对宅基地使用权的期限没有作出明确规定，但其作为一种用益物权自应有期限，而且现行《土地管理法》的规定又并未绝对禁止宅基地使用权的有限流动，再考虑到宅基地使用权制度变革趋势，应作上述修改。本条原有规定如果有意把宅基地使用权排除在外既有违逻辑也不合现实需求；反之，如果是立法疏忽，从解释论的角度，应作目的性扩张，在条文中的“等”字上做文章。[1]而《物权法》第161条规定：地役权的期限由当事人约定，但不得超过土地承包经营权、建设用

〔1〕耿卓：“比较法视野下的我国乡村地役权及其立法”，载《当代法学》2011年第5期。

地使用权等用益物权的剩余期限。所以，第161条应改为："地役权的期限由当事人约定，但不得超过供役地之土地承包经营权、建设用地使用权、宅基地使用权等用益物权的剩余期限。但取得供役地所有人同意的除外。"

5. 费用及其支付方式。地役权合同可以是有偿的，也可以是无偿的，但一般来讲，地役权合同是有偿的。地役权合同为有偿时，合同当事人得对设定地役权的费用以及支付方式作出约定。这是地役权合同的主要条款和主要内容。

6. 解决争议的方法。地役权合同的双方当事人在履行合同的过程中，难免会产生纠纷。在合同条款中约定解决争议的方法，有利于当事人继续履行合同。一旦产生纠纷，也便于纠纷的解决。

7. 地役权合同的内容不得违背公序良俗及法律的强制性规定。公序良俗原则是公共秩序与善良风俗原则的简称，是现代民法的一项重要法律原则。很多大陆法系国家都在民法典中确立了公序良俗原则。《日本民法典》规定第90条规定，以违反公共秩序和善良风俗的事项为标的的法律行为，无效。我国《民法通则》虽然没有直接使用公序良俗这一概念，但学者普遍认为，《民法通则》第7条规定"民事活动应当尊重社会公德，不得损害社会公共利益，破坏国家经济计划，扰乱社会经济秩序"，就是关于公序良俗原则的规定。《德国民法典》虽然没有确立公共秩序的概念，但是该法典第138条规定违反善良风俗的行为无效；第826条规定"违反善良风俗的方法对他人故意施加损害的人，对受害人负有赔偿损害的义务。"这也确立了善良风俗原则。但对公序良俗原则的具体含义，学者的看法迥异。笔者认为，公序良俗原则，是指民事法律行为的内容及目的不得违反公共秩序或善良风俗。具体到地役权而言，如果地役权的内容或目的违反了公序良俗，该地役权即无效。例如，设定了一项旨在使供役人承担徭役义务的地役权；或者设定地役权的目的是为了需役地从事一项不符合公序良俗的行为，如为开设赌场而在使用邻地作为停车场。

设定地役权也不得违背法律的强制性规定。法律的强制性规定与任意性规定的区分具有重要意义。因为，违反强制性法律规定的法律行为是无效的；反之，则为有效。但是，一个法律规范是属于强制性规定还是属于任意性规定，进行严格的区分是相当困难的，更何况还存在一些强制性规范与任意性规范的中间地带呢！但是，还是有学者对此做了一些尝试性的工作，认为强制性规范包括三类：①规定私法自治以及私法自治行使的要件的规范，如行为能力、意思表示生效的要件以及合法的行为类型（限于对行为类型有强制规定的情况）；②保障交易稳定、保护第三人之信赖的规范；③为避免产生严重的不公平后果或为满足社会要求而对私法自治予以限制的规范。[1]最高人民法院《关于适用〈中华人民共和国合同法〉若干问题的解释（一）》（法释〔1999〕19号）第4条规定："合同法实施以后，人民法院确认合同无效，应当以全国人大及其常委会制定的法律和国务院制定的行政法规为依据，不得以地方性法规、行政规章为依据。"最高人民法院《关于适用〈中华人民共和国合同法〉若干问题的解释（二）》（法释〔2009〕5号）第14条规定："合同法第52条第5项规定的'强制性规定'，是指效力性强制性规定。"何谓"效力性规范"，有的学者指出，应当根据不同情况区别对待：①法律明确规定为无效的，应当无效。②法律未明确规定为无效的，应区分该强制性规范的性质。如

〔1〕［德］拉伦茨：《德国民法通论》，法律出版社2003年版，第43页。

属管理性规范，则不能当然认定为无效，如属违反效力性规范，则应认定其无效。[1]也就是说，民事法律行为违反民法上的强制性规范的，除非法律明确规定该行为无效，否则不能当然认定无效，而应根据该强制性规范的立法目的是否为效力性规范加以确定，如果是效力性规范则无效；反之，应为有效。例如，《城市房地产管理法》第53条规定："房屋租赁，出租人和承租人应当签订书面租赁合同，约定租赁期限、租赁用途、租赁价格、修缮责任等条款，以及双方的其他权利和义务，并向房产管理部门登记备案。"该条的规定就不是效力性规定，房屋租赁合同没有采用书面形式或者没有办理登记备案的，合同仍有效。通常情况下，为了保护社会公共利益或者国家利益而制定的强制性法律规范都属于效力性规范。《物权法》中的规定则大部分是强制性规范，这是因为物权几乎总是会涉及第三人的利益。如果地役权的设置违背了上述强制性规范，无效，且不能因当事人的补正而为有效。

（四）地役权设定合同的形式

1. 合同形式的宗旨。①形式有利于维护法律行为当事人的利益。形式能够有效防止法律行为当事人操之过急而受损害；形式为法律行为的成立与内容提供证据。②形式有利于维护第三人的利益。第三人虽然不是法律行为的当事人，但是有些法律行为与他们存在利害关系。例如，物权的对世效力要求物权公之于众，以使第三人对物权的状态有清晰的认识。③形式有利于维护公共利益，如有利于档案管理或审批程序的监控，有利于征收税金。

2. 合同形式的类型。按照形式的来源可以分为法定形式与

[1] 魏振瀛主编：《民法》（第4版），北京大学出版社、高等教育出版社2010年版，第166页。

约定形式；而按照形式的表现手段，可以分为口头形式、书面形式、公证证书。当然，不同国家因立法政策的选择不同，法律行为的形式也存在一些差别。例如，德国规定法律行为的形式包括书面形式、电子形式、文本形式、裁判上的和解、公证证书、公证认证及当事人约定的形式等。而在我国，法律行为的形式主要是口头形式、书面形式、电子形式及公证形式。

3. 合同形式瑕疵的法律后果。形式存在瑕疵，各国法律作出了不同的规定。例如，《德国民法典》第125条规定："不使用法律所规定的形式的法律行为，无效。不使用法律行为所定的形式，有疑义时，同样导致无效。"亦即如果违反了法律规定的形式，原则上无效；若缺少当事人约定的形式，在发生疑义时，也无效。有的学者认为："如果当事人一方明知法律规定应当采用特定的形式并且利用这种形式进行恶意欺诈，以达到不承担有效义务的目的。此时，应当按照诚实信用原则进行补正：虽然合同不应当完全有效，即欺诈人也有权要求履行合同，但是，被欺诈人应当有权在合同无效和有效之间做出选择。如果双方当事人都知道形式要件存在瑕疵，那么其从事的法律行为就应毫无例外地无效。如果双方约定遵守一定的法定形式，但由于疏忽大意而没有遵守，原则上也是无效的。"〔1〕当然，德国学者对此问题的看法也不是铁板一块，毫无争议，有些学者认为，凡不具备法律规定之形式的法律行为，都是无效的。有的学者指出，在解释形式的规定时，应当特别强调立法者所追求的目的，如果形式的目的仅仅是为了保护一方当事人免受操之过急带来的危害，那么，如果他已经履行了他应承担的义务，形式瑕疵即可补正。〔2〕

〔1〕［德］梅迪库斯：《德国民法总论》，法律出版社2001年版，第470～474页。
〔2〕［德］拉伦茨：《德国民法通论》，法律出版社2003年版，第556页。

我国有的学者认为，如果形式的立法目的在于维护社会公共利益或者第三人利益，那么，违反形式就不能因为履行了合同义务而成为有效。[1]因此，当事人之间的法律行为违背了法律规定的形式，其效力并不当然无效，这时应按照立法目的进行解释：如果立法目的涉及社会公共利益或第三人利益，是绝对无效，不能因履行而补正；反之，则可因履行而得以补正。我国《合同法》第 36 条的规定应作如此解释。

当事人约定必须采用特定形式的，如果当事人违反了，其效力如何呢？笔者认为，原则上当事人可以通过协议予以补正。如果无法达成补正意见的，有的学者认为，首先，其效力如何应当按照约定形式的目的进行解释，如果当事人约定特定形式的目的是作为权利义务存在的证据时，就不能认为合同不生效力。其次，即使形式是作为合同生效的要件，当事人可以明示或默示的方式改变或者废止先前的有关形式的约定，以避免无效后果的发生。[2]

4. 地役权设定合同的法定形式。我国《物权法》第 157 条规定："设立地役权，当事人应当采用书面形式订立地役权合同。"但是，法律没有规定，如果当事人不具备书面合同时，其效力状态如何。很多国家对地役权设立合同的形式及违背形式的后果作了明确规定。《瑞士民法典》第 732 条规定："关丁设定地役权的合同，必须采用书面形式，始生效力。"甚至有些国家对地役权设定合同的形式采取了更为严格的态度。例如，按照《德国民法典》第 873 条第 2 款规定地役权的设立合同仅在

〔1〕 李永军：《合同法》，法律出版社 2004 年版，第 241 页。

〔2〕 李永军：《合同法》，法律出版社 2004 年版，第 242 页。

已将意思表示做成公证证书时，当事人才受合意的约束。〔1〕按照我国台湾地区“民法”第760条规定，地役权之移转或设定，应以书面为之。〔2〕应予注意，要求地役权之设立或移转应采纳书面形式的国家，多认为如果不采用即为无效，如上述的瑞士、德国。但是，在欠缺法律规定的形式要件时，其效力可以通过履行得以补正，我国《合同法》第36条也有类似之规定。笔者认为，法律之所以规定地役权设立合同应采纳或书面，或公证证书等形式，主要是因为地役权与第三人或社会利益有莫大关系，因此，原则上不能通过当事人的履行行为而补正；但是，在地役权之设立已经完成登记之后，公示方式即已完成，第三人对地役权的存在即可从外部予以察觉，此时，即使没有书面形式，也应认地役权设立合法有效。

而《日本民法典》则对不动产物权的设定或移转的形式未作专门规定。笔者注意到，上述要求不动产物权之设立或移转要求采用书面形式的国家都要求登记作为地役权设立或移转；而采纳登记对抗主义的日本则对地役权之设定或移转的形式采取了更为宽松的态度。这种“严则更严、宽则更宽”的对立是否隐含着什么，确实是个值得认真思考的问题。

（四）地役权设立合同是否因地役权设立而消灭

地役权合同之目的在于设定物权性的地役权，按照我国

〔1〕 公证证书是《德国民法典》中最为严格的形式，指的是全部合同条文由公证人做成证书，它是一种严格的书面形式，而公证证书的做成是当事人受到其合意约束的标志。

〔2〕 该法典修正之第166条也认为，契约以设定不动产之移转、设定或变更之义务为标的者，应由公证人做成公证书。所以，第166条规定的形式远比第760条的严格，但因第166条的修正“理想多于现实”，因此，该修正并没有实施。参见黄立：“‘民法’第一六六条之一的法律行为形式问题”，载《民法七十年之回顾与展望纪念论文集》，第76页。

《物权法》第158条之规定，地役权自地役权合同生效时设立，地役权设立后，地役权合同是否因该合同之目的已经达成而消灭呢？按照《合同法》基本理论，合同因履行而消灭，地役权的设立乃供役人的一项基本义务，需役地人的一项基本权利，该项权利与义务因地役权的设定而使合同中关于地役权设立部分的内容因为履行而消灭。那么，地役权合同是否还继续存在呢？从《物权法》第168条的规定来看，在地役权设立后，供役地人可以基于以下两种情形而有权解除地役权合同：①需役地人违反法律规定或者合同约定，滥用地役权；②需役地人没有按照约定的付款期限付款，在合理期限内经两次催告仍未支付费用。从该规定来看，地役权合同并未因地役权之设立而消灭，该合同在当事人之间仍然具有约束力。该合同的约束力体现为两个方面：其一，地役权人应当按照合同的约定行使地役权；其二，地役权人应当按照合同的约定支付费用。人民法院在姚建民诉姚友军、姚书庆、姚建国地役权纠纷案〔1〕中也持肯

〔1〕 2001年7月25日，姚某、张某、朱某为拓宽道路便于通行，提高自己不动产效益，同李某签订协议约定拆除李某部分房屋。姚某、张某、朱某承诺为李某审批一所100平方米的宅基地，并补偿原告损失4000元，如一方违约，违约方应赔偿对方损失费5000元，承担相应的法律责任。协议签订后，李某按照约定履行了自己的责任，并督促姚某、张某、朱某履行义务，但姚某、张某、朱某未能履行为李某办理宅基地的义务，给李某造成了很大的经济损失。李某故诉至法院，请求：①解除原告与三被告之间的地役权合同；②判令被告排除妨害，恢复原状；③三被告赔偿原告自2001年7月25日至2009年7月25日的租金损失8000元；④三被告按照协议向原告承担违约金5000元；⑤诉讼费由三被告承担。人民法院经审理后认为，我国物权法规定，地役权人有权按照合同约定，利用他人的不动产，以提高自己的不动产的效益。三户被告为自身出行便利，通过与原告自愿协商，拆除了原告住宅东夏房，拓宽了通行道路。双方之间的协议是双方真实意思表示，没有违反法律相关规定，双方应当遵守。双方在履行该协议中产生纠纷，属地役权纠纷。三被告应当按照合同的约定补偿原告损失。可见，在本案中，人民法院也认为，地役权设立后，地役权合同仍然有效，当事人仍应当按照合同的约定履行义务。参见http：//china. findlaw. cn/data/fcjf_ 2815/6/19675. html.

定性态度。

笔者认为，本条之规定尚有如下几个问题需要进一步理清：①地役权合同对需役地之受让人或供役地受让人是否有约束力，即第168条规定之地役权人是否限于与供役地人订立合同的地役权人，是否包括地役权移转而享有地役权之人？供役地权利人是否限于与需役地人订立合同者，是否包括供役地之受让人？②地役权一旦登记，地役权合同中关于地役权内容的规定是否对当事人还有约束力，该约束力是否及于需役地的受让人？③地役权登记内容与合同约定内容不一致的，以何者为准？

1. 地役权合同约束合同当事人。合同具有相对性，因此地役权合同仅对订立合同的当事人具有约束力。所以，《物权法》第168条中规定的“地役权人”应该是订立地役权合同的地役权人，地役权之受让人不受地役权合同的约束。而本条中的“供役地权利人”也应作同样的解释。

2. 地役权合同对受让人的约束力。地役权之受让人是否需要按照合同的约定行使地役权呢？笔者认为，地役权虽然可以随需役地的移转而发生移转，但地役权之受让人取得的地役权与转让人之地役权的范围一致。如果受让人滥用地役权的，属于权利滥用的行为，根据民法上“权利不得滥用，否则将失去权利”的原则，供役地权利人可以请求法院除去地役权，但这时并非地役权合同的解除问题，因为该地役权合同对地役权之受让人无约束力，这时属于物权滥用问题。

地役权合同中，当事人关于相关费用的规定对需役地或者供役地之受让人是否具有约束力呢？相关费用一次性支付的地役权，需役地的受让人自然无费用支付义务，供役地的受让人不能再向地役权人请求（因负担地役权，通常土地的买卖价款会减少）。分期支付相关费用的，日本有判例认为，地租支付义务不构成地役权的内容，所以有偿的地役权不能对抗第三人。[1]笔者认为，地役权合同是需役地人与供役地人之间订立的合同，按照合同效力相对性理论，需役地之受让人无按照合同约定支付地役权合同中约定的费用之义务。如果设定地役权之人没有按照合同的约定支付费用的，供役地权利人可以解除地役权合同，消灭地役权。那么，地役权之受让人可否以自己的行为代替原地役权人支付相关费用而保有地役权呢？从立法政策上衡量，应该允许。在地役权登记的情形下，供役地之受让人虽然也承受地役权负担，但其并非地役权合同的当事人，因此其无权要求地役权人支付相关费用。且在地役权已经登记或地役权虽然未登记但供役地受让人明知存在地役权仍受让供役地的，供役地之上存在的负担已为受让人所知，取得该供役地之价款定有所考虑。所以，只有订立供役地合同的供役地人才有费用支付请求权，受让人则无此项权利。

3. 地役权登记的内容效力上高于地役权合同的约定。地役权设立登记时，合同当事人多同时到登记机关办理登记。登记机关应该按照地役权合同的约定进行登记，记载地役权设定的目的和范围、权利行使方式等。地役权登记内容与地役权合同中关于地役权之约定应该保持一致。因此，地役权设立登记后，地役权人应当按照登记内容行使权利，尤其是在需役地发生移转的情形下，地役权人并非合同当事人，只能按照地役权登记的内容行使权利。

登记乃国家公权力对地役权内容的确认，具有严肃性，登记机关登记时需要征询当事人的意见，为保障登记机关的权威性，如果地役权登记内容与地役权合同之约定不一致时，应以

---

〔1〕［日］近江幸治：《民法讲义Ⅱ物权法》，王茵译，北京大学出版社2006年版，第212页。

登记之内容为准。

（五）地役权的设立登记

关于地役权设立是否必须登记以及登记的效力如何，各国规定并不一致。有的国家规定，地役权的设立不仅需要设立合同，还需要办理地役权登记这一事实行为，地役权方可有效设立，如瑞士。有的国家基于债权行为与物权行为的分离，认为地役权的设立需要债权合同与一个以登记为表征的物权合同，登记是地役权设定的生效要件。如德国、我国台湾地区即是。[1]不论如何，上述国家皆认为地役权必须经登记方可有效设立。但是，法国、日本等国将登记作为对抗要件，如果不登记，不妨碍地役权的设定，但是不能对抗第三人。我国《物权法》第158条规定："地役权自地役权合同生效时设立。当事人要求登记的，可以向登记机构申请地役权登记；未经登记，不得对抗善意第三人。"可见，我国《物权法》就地役权设立登记的效力定位于登记对抗主义，与《日本民法典》做法相同。鉴于地役权登记制度的复杂性与特殊性，本书将在我国地役权登记制度一章做专门研究，在此不再展开。

二、地役权的其他取得方式

自罗马法设时效制度以来，时效即包括取得时效与消灭时

---

〔1〕 在物权行为主义下，对法律行为形式的规定是指债权行为，还是物权行为就很有研讨的必要。而物权行为与登记之间的关系也很难进行界定。有的学者认为，物权行为是以设定、移转或消灭物权为目的的法律行为；有的学者认为，物权行为是以登记或移转占有为外在表现形式，以设定、移转或消灭物权为目的的法律行为。关于是物权契约还是债权契约适用书面形式的争议，可参见王泽鉴：《民法物权·通则·所有权》，中国政法大学出版社2001年版，第103页。关于登记与物权契约的关系之争论，参见王泽鉴：《民法学说与判例研究》，中国政法大学出版社2001年版，第241页。

效，且从罗马法历史上观察，取得时效在前，消灭时效在后。[1]取得时效是指无权利的人以一定的状态占有他人的财产或者行使他人的财产权利，经过法律规定的期间，即依法取得其所有权或其他财产权的制度。[2]该法律规定的期间为取得时效，以时效而取得所有权或者其他财产权利的，为时效取得。梅因曾正确地指出："时效取得实在是一种最有用的保障，""法学专家制定的这个时效取得，提供了一个自动的机械。通过这个自动机械，权利的缺陷就不断得到矫正，而暂时脱离的所有权又可以在尽可能短的阻碍之后重新迅速地结合起来。"[3]所以，时效取得具有维护物的新的归属、使用秩序的价值，为很多国家物权法明确规定。我国物权法没有规定取得时效制度，此为该法的重要缺憾，在立法论上应给予否定性评价，通说认为将来制定民法典而将现行《物权法》纳入其中作为一编规定时，应追加规定取得时效。[4]因此，讨论地役权的时效取得有其积极意义。

（一）地役权时效取得

地役权的时效取得是指需役地人为了提高自己土地的效益而在供役地上设定了一项负担，该负担即使没有取得供役地人的同意，但该项负担持续一段时间之后，需役地人即可取得该项地役权。地役权的时效取得是法律基于利益衡量的一种制度安排，他实际上以牺牲供役地人的利益为代价保护现有的财产

〔1〕取得时效源于《十二表法》，消灭时效源于裁判官的命令。至中世纪，注释法学派与教会法始将二者合称为"时效"。参见李太正："取得时效与消灭时效"，载苏永钦主编：《民法物权争议问题研究》，清华大学出版社2004年版，第90页。

〔2〕梁慧星、陈华彬：《物权法》（第5版），法律出版社2012年版，第142页。

〔3〕［英］亨利·萨姆奈·梅因：《古代法》，高敏、瞿慧虹等译，九州出版社2007年版，第359～361页。

〔4〕梁慧星、陈华彬：《物权法》（第5版），法律出版社2012年版，第142页。

使用秩序。因此，地役权的时效取得必须有严格的构成要件。从各国关于地役权时效取得构成要件的规定来看，地役权时效取得构成要件包括：

1. 时效取得的适用对象有严格的限制。时效取得适用的对象限于“持续且为表见性的地役权”。例如，我国台湾地区“民法”第852条规定：“不动产役权得因时效而取得者，以继续并表见者为限。”《法国民法典》第690条也规定：持续的、表见的役权，依证书取得，或者依30年占有而取得。非持续与表见的地役权以及持续与非表见性地役权都不能适用取得时效。《日本民法典》第283条也作了类似的规定。

2. 时效取得需要一定期间的经过。时效取得地役权需要一定期间的经过，该期间的长短由法律明确规定。该“期间”是否考虑取得人主观上是否存在恶意或者善意，则存在不同的立法例。有的立法不问取得人主观上是否存在善意或者恶意，适用统一的长期时效。如《法国民法典》规定时效取得的期间为“必须经过30年”。有的立法则考虑取得人主观上的善意与否，善意者取得时效短，恶意者取得时效长。例如，《澳门民法典》规定：占有属善意者，由登记日起计继续达10年；占有即使属恶意者，由登记日起计继续达15年。

需役地人对供役地的使用经过了取得时效期间，且在此期间内没有发生时效中断或中止的事由。

3. 时效取得中“占有”的要求。时效取得中要求取得人占有供役地，占有必须是善意占有、和平占有、持续占有。

（二）地役权的善意取得

为保证交易安全，保护善意第三人的合法权利，多数国家的民法确立了善意取得制度。最初，善意取得是动产所有权的取得方式，但后来很多国家基于登记制度的公示公信力，也承认不动产物权的善意取得。我国学者普遍认为，应当建立不动产物权的善意取得，《物权法》对此采纳了肯定态度。地役权的善意取得实际上是以限制原所有权人的利益来保护善意第三人的利益。因此，地役权之善意取得必须具备一定的要件，通过要件限制第三人的善意取得，在原权利人与善意第三人之间寻找平衡。地役权善意取得需要下列要件：

1. 无权处分人在他人不动产之上设定地役权。无权处分人是指没有处分权或者事后仍没有取得处分权的人。他可能是不动产的合法占有人，也可能是非法占有人；他可能是不动产的共有人，也可能是第三人。

2. 需役人必须是善意的。需役人的善意应从两个方面进行判断：其一，在设定地役权时不知道或者不应当知道对方无处分权；其二，以合理的价格有偿设定，合理的对价往往成为判断其“善意”的最佳客观标准，明显不合理的价格要求需役人承担更高的注意义务。

3. 已经办理了地役权登记。登记是地役权的生效要件，如果没有登记，第三人尚未建立公示方式，当然不能善意取得。

4. 地役权设定合同不能被撤销。善意取得是否需要以合同有效为前提。有的学者认为，一个合法的交易需要一个有效的合同为前提，以有效合同为基础进行的交易才是一个值得保护的交易。因此，无权处分他人之物的合同有效应该是善意取得的构成要件，合同有效是善意取得的前提条件。〔1〕还有很多学者认为，转让合同有效并非善意取得的构成要件，善意取得仅与无权处分有关，且在合同有效的情况下，受让人可以通过一个有效的合同即可继受取得物权，无须借助善意取得。〔2〕善意取得下的转让合同应认

〔1〕 参见王利明：“善意取得制度的构成”，载《中国法学》2006年第4期。

〔2〕 参见崔建远：《物权法》，清华大学出版社2009年版，第83页。

定为无效。[1]但也有学者采取了逆推方式认为，无权处分他人之物的合同本来效力处于待定状态，只有第三人善意取得的，合同才有效。[2]甚至有学者进一步指出，善意取得可以成为合同效力的补充要件，即便原权利人拒绝追认，转让合同也是有效的。[3]这种观点将善意取得作为转让合同的有效条件。那么，合同有效是否善意取得的前提要件还是善意取得是合同有效的条件呢，抑或合同有效与善意取得没有任何关系？

这就需要从无权处分他人之物的合同的效力谈起。无权处分他人之物的合同效力如何是学术界普遍关注的问题之一。有些学者认为，无权处分他人之物的合同是效力待定的。持这种观点的学者又因该效力待定合同在何种原因下有效又进一步分为两派：一派学者认为，无权处分他人之物的合同效力待定，在原权利人追认或者无权处分人事后取得处分权之后，合同有效。反之，合同无效。[4]另一派学者则将第三人善意取得作为效力待定的合同向有效合同转化的原因，明确第三人善意取得财产后，合同视为有效。[5]有些学者认为，无权处分他人之物的合同是有效的。[6]不论持上述何种观点，这些学者都能例举

---

〔1〕 贾先川："善意取得法律效力研究——以转让合同的效力确定为基点"，载《西南交通大学学报》（社会科学版）2012 年第 1 期。

〔2〕 参见李先波、杨志仁："善意取得中转让合同效力问题研究"，载《湖南师范大学学报》2007 年第 6 期。

〔3〕 参见王利明："善意取得制度的构成——以我国物权法草案第 111 条为分析对象"，载《中国法学》2006 年第 4 期。

〔4〕 参见崔建远：《合同法》，法律出版社 2010 年版，第 119 页；梁慧星："如何理解合同法第五十一条"，载《人民法院报》2000 年 1 月 8 日。

〔5〕 参见李先波、杨志仁："善意取得中转让合同效力问题研究"，载《湖南师范大学学报》2007 年第 6 期。

〔6〕 参见刘家安："善意取得情形下转让行为的效力"，载《法学》2009 年第 5 期。

很多理由作为论据。2012年，最高人民法院《关于审理买卖合同纠纷案件适用法律问题的解释》（法释〔2012〕7号）第3条则规定：“当事人一方以出卖人在缔约时对标的物没有所有权或者处分权为由主张合同无效的，人民法院不予支持。出卖人因未取得所有权或者处分权致使标的物所有权不能转移，买受人要求出卖人承担违约责任或者要求解除合同并主张损害赔偿的，人民法院应予支持。”从买受人要求出卖人承担违约责任的规定看，表面上支持了有效说。但仍有学者认为，《关于审理买卖合纠纷案件适用法律问题的解释》第3条并非对《合同法》第51条的解释而是对《合同法》第132条的解释，因此不能以解释第3条论证无权处分他人之物的合同是有效的。[1]

笔者认为，无权处分他人之物合同的效力包括对缔约人的效力与对原权利人的效力。在缔约人都为善意时，属于认识错误的问题；在转让人为恶意而受让人为善意时，合同的效力为可撤销；在双方恶意时，合同原则上无效，原权利人则有权决定其有效。对原权利人而言，权利人通过对无权处分行为的追认代替转让人成为合同当事人，针对权利人的追认权，法律应赋予受让人的撤销权。转让合同无效的，受让人不能善意取得；善意取得能够排除受让人的撤销权，转让合同有效，但不能以此说明转让合同有效是善意取得的要件；受让人撤销合同的，将排除其善意取得，也不能以此说明善意取得是转让合同的要件。善意取得是原始取得还是继受取得与无权处分合同是否有效没有直接关系。

需役人具备了上述要件，即可善意取得地役权。原不动产所有人只能向无权处分人要求赔偿责任，请求权的基础可能是

---

〔1〕 梁慧星：“买卖合同特别效力解释规则之创设”，载梁慧星主编：《民商法论丛》（第52卷），法律出版社2013年版，第197页。

侵权，也可能是违约，甚至是不当得利。

（三）地役权的强制取得

地役权的强制取得是指地役权以法律强制性方式在他人之供役地上设立。以此种方式取得的地役权称之为强制地役权。强制地役权所指就是当需役地权利人对供役地的利用具有重大利益，但是，供役地权利人又不愿意以合理的条件与需役地权利人协商达成设立有关地役权的安排时，可以根据需役地权利人的请求，在供役地上强制设立地役权，同时由地役权人向供役地的权利人支付合理费用的制度安排。[1]法律规定强制地役权之目的在于法律对相邻不动产当事人之间利益的衡平。我国有学者正确指出：“在这些情况下一概要求不得到邻人的同意，则不能对邻人的不动产进行利用，似乎在利益的衡量上又过于偏向邻人，因为的确在不少情况下，当事人除利用邻人不动产之外，别无其他选择。强制地役权的设立既解决了对他人不动产的有效利用，有利于整体经济效益的提高，又保障了供役地权利人的合法利益，不要求其做出过分的牺牲。”[2]

我国《澳门民法典》等很多民法典都对地役权的强制性取得进行了规定，例如《澳门民法典》第1422条规定：“①地上权之设定，导致为工作物之使用及收益所必需之地役权亦被设定；在设定地上权之有关凭证中未指定行使地役权之地点及其他条件者，依协议定出，无协议时，则由法院定出。②仅在设定地上权时，属其标的之房地产已属被包围者，方可在第三人之房地产上强制设定通道地役权。”所以，为了保障地上权的实

[1] 薛军：“地役权与居住权问题——评‘物权法草案’第十四、十五章”，载《中外法学》2006年第1期。

[2] 薛军：“地役权与居住权问题——评‘物权法草案’第十四、十五章”，载《中外法学》2006年第1期。

现，地上权人享有相应的地役权。其取得方式属于特殊的法定取得。详言之，某一主体在行使地上权时，如果使用的工作物及收益必须利用他人土地时，可以设定地役权。至于地役权的地点和条件可在地上权的有关凭证中注明，否则依协议适用，无协议时，则由法院规定。另外在设定地上权时，如果其标的之房地产已被包围，可在第三人之房地产上强制设定通道地役权。[1]

土地本自然之物，浑然不分。虽然被出让或被转让使用权的土地已标明界线，但在利用该建设用地时，存在需要支配他人土地的情形，如通道、汲水等。特别是公共设施，如电缆，输油管道等的建设不借助于邻地是不能有效地实现目标。虽然，相邻关系也是调整相邻不动产之利用关系的制度，但类似项目的建设对邻地的使用是相邻关系不能承受之重。有效地实现建设用地使用权的目的，应规定建设用地使用权人可以取得与之相应的地役权。此类型的地役权是根据法律的规定而直接取得。

（四）基于取得需役地的所有权而取得

我国《物权法》第162条规定："土地所有权人享有地役权或者负担地役权的，设立土地承包经营权、宅基地使用权时，该土地承包经营权人、宅基地使用权人继续享有或者负担已设立的地役权。"本条的规定有两个方面：其一，地役权从属于需役地，是需役地上的一项权利，土地所有人因享有需役地的所有权而享有地役权，土地所有人在该需役地上设定土地承包经营权、宅基地使用权时，土地承包经营权人、宅基地使用权人也享有地役权。其二，地役权是供役地上设定的负担，土地所有人将自己的土地设定地役权负担的，在土地所有人在该供役

---

〔1〕 张鹤："澳门地役权取得方式的思考及借鉴"，载《政法论丛》2013年第10期。

地上设定土地承包经营权、宅基地使用权的，该土地承包经营权人、宅基地使用权人继续负担已设立的地役权。

本条存在以下几个方面的问题：为何不包括建设用地使用权？如果地役权未登记的，供役地的土地承包经营权人、宅基地使用权人是否需要承受地役权负担？

1. 需役地之物权利用人或债权利用人都可附随取得地役权。地役权是从属于需役地的一项用益物权，谁使用需役地，谁就享有地役权。因此，土地所有人在该需役地上设定土地承包经营权、宅基地使用权、建设用地使用权时，土地承包经营权人、宅基地使用权人、建设用地使用权人也享有地役权。在土地承包经营权等用益物权转让的场合，受让人也享有地役权。需役地的债权利用人，如承租人，因租赁合同而对需役地加以利用，也应该享有地役权。所以，《物权法》第 162 条有进一步扩大适用范围的空间。

2. 供役地之物权利用人或债权利用人要负担地役权。地役权是在供役地上设定的负担，供役地上设定地役权后再设定土地承包经营权、建设用地使用权或宅基地使用权等用益物权后，用益物权人需要承受地役权负担。供役地以债权方式由他人使用的，如供役地人将供役地出租给他人使用的，承租人也要承受地役权负担。当然，按照《物权法》第 158 条之规定，地役权未经登记，不得对抗善意第三人。供役地的受让人、用益物权人或承租人都属于第三人的范畴，他们是否为“善意第三人”则需要根据个案进行判断。

第二节　地役权的变更

地役权的变更有广义与狭义之分。广义的变更是指地役权主体的变更、客体的变更或者内容的变更。狭义的变更则是指地役权的客体与内容的变更。由于主体的变更实际上是指地役权的取得或者消灭。因此，地役权的变更通常是指狭义的变更，即客体与内容的变更。客体的变更是指地役权在标的物量上的变动，即增加或者减少，如供役地面积增加等；如果需役地或者供役地发生变更，将导致新地役权之设定及旧地役权之消灭。[1]地役权内容的变更则是地役权在质上的变化，如当事人约定将地役权的期限延长或缩短等。按照变更的原因不同，地役权的变更分为当事人约定变更与依法变更。

一、地役权的协议变更

协议变更是指地役权当事人通过合意方式变更地役权的内容或地役权标的物。它是最常用的一种变动方式。

二、地役权的法定变更

鉴于地役权的特殊性，很多国家的民法典对地役权的法定变更作了规定。例如《葡萄牙民法典》第1568条规定：“①供役地所有人不得妨碍地役权之行使，但得随时要求将之转移至有别于原来所定之地点或其他房地产上，只要该转移既对供役地所有人有利又不损害需役地所有人之利益，且供役地所有人支付有关费用；如获得第三人同意，则可将地役权转移至该人之房地产上。②地役权之转移亦得应需役地所有人请求及由其负担费用而作出，只要该转移对需役地所有人有利且不损害供役地之所有人。③只要符合以上两款所指之要件，行使地役权之方式及时间亦得应供役地或需役地之所有人之要求而改变。”

---

〔1〕《葡萄牙民法典》第1545条第2款。

再如《荷兰民法典》第五编第80条规定："因不可预见的情形地役权永久性或暂时不能行使的，或者需役地所有权人在地役权上所享有的利益发生较大减少的，法官可以根据需役地所有权人的请求，以能够恢复行使地役权的可能性或恢复需役地所有权人的初始利益的方式变更地役权的内容，但此种变更须为根据合理和公平准则可以施加于供役地所有权人。"同时该法典第78、79条也对地役权的法定变更或废止作了规定。从上述规定来看，地役权的法定变更主要是指客观情势变化引致地役权变更。

三、事实关系之变化与地役权的变更

在通行权设定之时，需役地人经营的，是拥有6匹马的搬运公司。而如今他孙子经营的，是拥有5辆卡车的搬运公司。[1]这时是否可以调整地役权的使用范围？

（一）事实关系的变化能否引起地役权的范围变动

需役地与供役地之间的事实关系发生变化时，地役权的内容是否会随之发生适当的调整，学术界的看法并不一致。《德国民法典》第1019条规定："地役权只能给需役地的使用带来利益的负担。不得超出这一范围而扩张该项役权的内容。"因此，从法律条文的规定来看，地役权只能在"能够为需役地的使用带来利益"的范围内行使。即使事实关系发生变化，鲍尔、施蒂尔纳认为："地役权原则上存在。地役权只要依原所确定之内容，对地役权仍可以进行行使，则在需役地或供役地上发生事

〔1〕该案例见［德］鲍尔、施蒂尔纳：《德国物权法》（上册），张双根译，法律出版社2004年版，第718页。

实关系之变化时，该变化不影响地役权之存续。”〔1〕但是，事实关系的变化会影响地役权的范围，这是因为，地役权范围之确定，是以需役地各时之需求为准，而不是以地役权设定之时的情势为准。若需役地上事实关系之变化，因权利人之任意而引起，或对变化完全无法预见，则就该变化而产生的对供役地之使用，供役人不须忍受。〔2〕德国判例也持这一观点。

《瑞士民法典》第739条规定：“即使需役地的需要发生变更，亦不得增加义务人的负担。”可见，按照《瑞士民法典》的规定，即使需役地的事实关系发生变化，原则上不影响地役权的内容。但是，作为例外，如果需役地或者供役地灭失，地役权消灭，地役权的内容也即不复存在。《意大利民法典》第1067条也规定：“需役地的所有人不得进行加重供役地负担的变更。供役地的所有人也不得进行减少地役权的行使范围或者使地役权行使不便的事项。”可见，瑞士、意大利民法主张如果增加供役地负担或者供役地人减少自己的负担的，应以设定时的使用范围为标准确定地役权的范围，不允许随着需役地或供役地的需要的变化而有所变化。

东亚地区对此问题没有明确规定，日本学者三潴信三认为：“日本民法无明文规定，原则不应依需要之增减，而变更其范围，应依当事人意思解释定之，系事实问题”。〔3〕我国台湾地区学术界的看法并不一致。史尚宽先生认为：“以余所见，需役地之需要，自然的增加时，地役权之范围，亦随而增大。例如因

〔1〕［德］鲍尔、施蒂尔纳：《德国物权法》（上册），张双根译，法律出版社2004年版，第718页。

〔2〕［德］鲍尔、施蒂尔纳：《德国物权法》（上册），张双根译，法律出版社2004年版，第719页。

〔3〕［日］三潴信三：《物权法提要》，孙芳译，中国政法大学出版社2005年版，第146页。

人口之增加，而增加汲水量。因工厂之扩张，而扩大道路之宽度。但需役地需要之增加，系因土地利用之变更而生者，不得要求相当于其增加部分之地役权行使之扩张。”〔1〕谢在全先生认为：“地役权为不动产物权，应依登记内容为其效力范围，故惟于登记内容就地役权具体范围有所约定时，按照约定，没有约定时，在需求自然增长之情形下，地役权之扩大应得为之。”〔2〕王泽鉴教授也认为：“应认设定行为已明确订定其使用目的范围者，依其所定。其未明确订定者，需役地的需要自然增加时，地役权的范围也随之扩大。”〔3〕因此，在我国台湾地区，学者普遍认为，地役权的范围因自然原因而导致需役地需要的变化而变化，但人为因素引起的事实关系的变化而增加需役地的需要的，地役权的范围不受影响。

笔者认为，事实关系的变化包括两个方面：其一，需役地事实关系的变化；其二，供役地事实关系的变化。因此，应从这两个方面分析论证事实关系的变化对地役权范围的影响。

（二）需役地事实关系的变化对地役权范围的影响

自然原因引起需役地事实关系发生变化的，如果这种变化增加供役地的负担，原则上应当取得供役人的同意；在无法取得供役人同意的情况下，此时，地役权的范围可否扩张确实是一个不能回避的问题。笔者认为，地役权是为需役地的特定目的之使用而存在，如果目的发生变更而增加供役地的负担的，供役地人有权拒绝需役地人行使权利。例如，需役地人与供役地人约定了一项日常出入的通行地役权，但后来，需役地人将

〔1〕史尚宽：《物权法论》，中国政法大学出版社2000年版，第242页。

〔2〕谢在全：《民法物权论》（中册·修订5版），中国政法大学出版社2011年版，第528页。

〔3〕王泽鉴：《民法物权》（2），中国政法大学出版社2001年版，第88页。

自己的房屋改造成餐馆，此时，增加了供役地的负担，对增加的部分，供役地人有权拒绝继续提供供役地，并要求需役地人赔偿损失。但是，如果地役权的目的发生变更而没有增加供役地负担的，此时地役权仍然存在，且不受影响。例如，需役地人在自己的土地上开设了一家影院，需役地人与供役地人约定了一项影院通行地役权，但后来，需役地人将自己的土地改造成餐馆，此时，设定通行地役权的目的虽然发生变更，但供役地的负担并未因此而增加，通行地役权不受任何影响。当然，设定地役权的目的未发生变更，而因自然原因导致地役权负担加重的，供役地人应当容忍。因此，在通行权设定之时，需役地人经营的，是拥有 6 匹马的搬运公司。而如今他孙子经营的，是拥有 5 辆卡车的搬运公司。因在需役地上经营之营业，就其类型来说仍保持一致，故而，供役人对搬运公司拖斗卡车之通行，必须容忍。反之，若在需役地人将原来 6 匹马的搬运公司改造为一家大型停车场，则供役人对其通行，无须忍受。〔1〕

需役地因事实关系的变化可能导致负担减轻，此时，供役人依其情势，可请求供役地负担范围之变更。例如，我国台湾地区“民法”第 859 条规定，地役权无存续之必要时，法院经供役地人之声请，得宣告地役权消灭。当然，需役人能够证明变更地役权行使地点可以给自己带来显著的利益并且不会给供役地造成损害的，为保证不动产的充分利用，需役人可以提出变更地役权设定地点的请求。

（三）供役地事实关系的变化对地役权范围的影响

供役地事实关系发生变更的，原则上不应影响地役权。但是，供役地灭失的，地役权消灭。

---

〔1〕 该案例见［德］鲍尔、施蒂尔纳：《德国物权法》（上册），张双根译，法律出版社 2004 年版，第 718 页。

供役地被分割，地役权不受影响，地役权的行使被限制于供役地特定部分的，在行使范围以外的部分免除该项地役权。《德国民法典》第1026条、《日本民法典》第282条第2款都作了如此规定。我国《物权法》第167条规定："供役地以及供役地上的土地承包经营权、建设用地使用权部分转让时，转让部分涉及地役权的，地役权对受让人具有约束力。"该条规定也存在第166条上文所述的缺陷，不再赘述。

四、地役权设定地点的法定变更

需役地的需要自然增加的，需役人可以要求扩张地役权的范围。需役人能够证明变更地役权行使地点可以给自己带来显著的利益并且不会给供役地造成损害的，为保证不动产的充分利用，需役人可以提出变更地役权设定地点的请求（《意大利民法典》第1068条第3款)。《葡萄牙民法典》第1568条对供役地所有人之地役权设定地点变更请求权作了规定。我国《物权法》对此没有规定，在解释论上应当持肯定态度。

第三节 地役权从属性与地役权的变动

一、地役权从属性的含义

何谓地役权的从属性，学术界也存在不同的认识。有的学者认为地役权的从属性是指地役权依附于需役地，与需役地共命运，当需役地所有权或使用权转移时，即使双方当事人未声明地役权是否转移，地役权当然随之转移于他人。[1]地役权的

---

〔1〕 朱广新："地役权概念的体系性解读"，载《法学研究》2007年第4期。

存续以需役地的存在为前提，与需役地的所有权或其他不动产物权同其命运，与抵押权、质权或留置权从属于主债权而存在的情形正属相同。[1]也有学者认为，地役权虽为服务土地，但土地毕竟为权利客体而非权利主体，对于土地之利用，得享受其利益者，应为权利主体之土地所有权人，而非土地，因此所谓地役权从属于土地者，应系指从属于土地“各时”之所有权人。[2]还有学者认为，地役权从属于需役地之所有权。[3]

前两种观点的差别之处在于：第一种观点认为，地役权是从属于需役地的。第二种观点认为地役权是从属于需役地人的。那么，地役权是从属于需役地还是从属于需役地人呢？笔者认为，从权利的归属角度而言，第二种观点具有科学性。这是因为：只有民事主体才享有民事权利，作为一种民事权利，地役权应该是需役地人享有的用益物权。但地役权并不能脱离需役地而存在，因此地役权依附于需役地从而归属于需役地人。但是，从与其他用益物权比较的角度而言，与建设用地使用权等其他用益物权不同，地役权是一项从属于需役地的权利，它与需役地共命运，离开了需役地，地役权将失去存在的价值，而建设用地使用权等其他用益物权则不存在一块被称为“需役地”的土地，仅存在一块承受负担的土地。所以，传统民法理论认为地役权的从属性是指地役权从属于需役地而非从属于需役地人。第三种观点认为，地役权乃从属于需役地所有权，这种观点与第二种观点非常相似。但是，所有权人有权为自己的不动

---

〔1〕 谢在全：《民法物权论》（中册·修订5版），中国政法大学出版社2011年版，第514页。

〔2〕 苏永钦：“重建役权制度”，载苏永钦：《走入新世纪的私法自治》，中国政法大学出版社2002年版，第265页。

〔3〕 ［日］近江幸治：《物权法》，北京大学出版社2006年版，第208页。

产的利用设定地役权，用益物权人甚至债权利用人也有权就其使用的他人之不动产的利用设定地役权，且按照《物权法》第166条规定，需役地以及需役地上的土地承包经营权、建设用地使用权部分转让时，转让部分涉及地役权的，受让人同时享有地役权。这是否说明地役权之从属性包括了地役权从属于需役地之用益物权或利用债权呢？笔者认为，地役权从属于需役地，并非从属于需役地上的权利，所以不宜将地役权之从属性界定为“从属于需役地之所有权”。

当然，还有学者指出，“地役权总是附属于有关的土地，他们不可能直接或者间接地与土地分离：需役地的用益权人或抵押权人由地役权而获得利益，供役地的用益权人或抵押权人则承受其不利益。”[1]我国《物权法》第167条规定：“供役地以及供役地上的土地承包经营权、建设用地使用权部分转让时，转让部分涉及地役权的，地役权对受让人具有约束力。”本条虽然是对地役权不可分性的规定，但本条是否说明地役权的从属性也包含“地役权从属于供役地”的因素呢？地役权是在他人不动产之上存在的负担，没有供役地则无地役权赖以设定的不动产基础。因此，供役地也是地役权不可缺少的因素。但是，笔者认为，地役权并非从属于供役地的一项用益物权，而是在供役地上设定的负担。我国《物权法》第167条规定，供役地转让的，受让人仍要承受地役权负担，这实际上是对物权追及效力适用于地役权的细化规定。换句话说，不论供役地流转给何人，需役地人都可追及至受让人并向其主张权利。因此，地役权的从属性并不包括“地役权从属于供役地”之内容。

---

〔1〕 尹田：《法国物权法》（第2卷），法律出版社2009年版，第419页。

二、地役权从属性的体现

从《物权法》第164、165条的规定来看，地役权的从属性体现为：其一，转让的从属性，即地役权不得单独转让；其二，地役权不得单独成为其他权利的客体。笔者认为，地役权的从属性的外延主要体现上述两种情形，但不以此为限。地役权的从属性尚包括设立上的从属性、消灭上的从属性等。

（一）地役权设立的从属性

地役权是从属于需役地的权利，离开需役地则缺少地役权的服务对象，则无法设定地役权。因此，地役权的设定具有从属性。当事人违反地役权的从属性而设定地役权的，其法律效果如何呢？地役权的从属性属于地役权本身的性格，属于物权法定的重要内容，如果违反物权法定原则，不能设定地役权，但这时是否意味着当事人之间的地役权合同仍然有效呢？笔者认为，违反物权法定原则虽然不能发生物权法上的法律效果，但不影响当事人之间的债权合同的效力，一方可以依照地役权合同的约定要求对方承担违约责任。但地役权之从属性说明，如果允许地役权设立合同有效，其后果是一方当事人可以按照合同的约定要求另一方履行合同内容，但这种履行显然因不存在“提高效益”的不动产而毫无意义。因此，不存在需役地而订立的地役权合同本身就不成立。

离开需役地不得设立地役权，但并不妨碍为将来之需役地设定地役权，此为“将来地役权”。将来地役权是指为尚未存在的未来的不动产的利益而设定的地役权。罗马时期著名法学家彭波尼在《论萨宾》第33卷中论述道：“人们可以为一栋尚不存在的未来的建筑物上设定或取得役权。"[1]拉贝奥在《雅沃伦整理拉贝奥遗作》第4卷D.8，1，19也认为："笔者认为可以在一块即将出售的土地上设立一项役权，即使对设立人没有任何利益。"[2]因此，在罗马法时期，就已经存在将来地役权。《意大利民法典》第1029条第2款规定："在待建建筑物上或者在将要取得的土地上设立地役权也同样被允许；但是，上述地役权的设立仅自完成建筑或者取得土地之日起生效。"因此，在意大利也承认了地役权的预先设定。地役权的预先设定是否说明地役权可以脱离需役地而独立存在？笔者认为，承认地役权能脱离需役地的预先设定，从深层分析，该种地役权仍然没有脱离"需役地"而成为"人役权"，因为这种地役权设立的目的仍然是为了某一不动产的使用而不是为了某一人的利益，且承认地役权脱离需役地的预先设定能够适应社会生活的不同诉求，[3]也是对不动产当事人财产自由的尊重。但是，地役权的预先设定，并非意味着地役权可以脱离需役地而独立存在，而仅仅说明地役权可以先于需役地的存在而设定，但当事人预先设定的地役权要发生效力，必须以需役地的客观存在为要件，因此，地役权的预先设定不过是以需役地的客观存在为停止条件。将来地役权更能满足人们的现实需求，虽然我国《物权法》没有明确规定将来地役权，但可以通过扩大解释需役地的范围的方式达到承认将来地役权的目标。

---

〔1〕［意］桑德罗·斯契巴尼选编：《物与物权》（第2版），范怀俊译，中国政法大学出版社1999年版，第158页。

〔2〕《学说汇纂》（第8卷·地役权），陈汉译，中国政法大学出版社2009年版，第17页。

〔3〕例如，开发商在房屋尚未建成之前，即与其周围的土地所有人约定"禁止建设高层建筑以阻挡将来建成的房屋之采光、通风等地役权"，以满足将来之需要。

(二) 地役权不得单独转让

我国《物权法》第164条规定:“地役权不得单独转让。土地承包经营权、建设用地使用权等转让的,地役权一并转让,但合同另有约定的除外。”本条之理解存在很大困难,集中体现在以下三个方面:其一,地役权不得单独转让之具体含义为何?其二,第二句与第一句是什么关系?第三,“合同另有约定”是什么意思?

1. 地役权不得单独转让的含义。地役权要求存在两个不动产:一为需役地,一为供役地。这里的“地役权不得单独转让”是指地役权不能脱离需役地而单独转让还是不能脱离供役地而单独转让,抑或是二者都包括在内?笔者认为,作为一种权利,地役权从属于需役地。因此,地役权不得单独转让是指地役权不能脱离需役地而单独转让。地役权人违反该条关于“地役权不得单独转让”的规定,地役权的转让无效,受让人不能取得地役权,地役权仍为需役地而存在。[1]

2. “用益物权转让的,地役权一并转让”的含义。地役权的从属性说明,地役权随需役地之移转而移转,“地役权不得单独转让”。但是第164条第二句又规定“土地承包经营权、建设用地使用权等转让的,地役权一并转让”,乍看之下,本条的意思是:地役权只能随土地承包经营权、建设用地使用权等的转让而转让,不包括地役权随需役地所有权的移转而移转这种情形。这句话是否可以作这种理解呢?笔者认为,结合我国物权法上下文来看,这句话应该作如下理解:其一,地役权从属于需役地,随需役地移转而移转;其二,需役地人在设定地役权后,又在需役地上设定用益物权或其他债权利用权的,用益权

---

〔1〕 崔建远:“地役权的解释论”,载《法学杂志》2009年第2期。

人也享有地役权；其三，土地承包经营权人等用益物权人以使用的不动产为需役地而设定地役权的，在其将用益物权转让给他人时，受让人也享有地役权；其四，需役地的债权利用人，也有权行使地役权。可见，第二句是对第一句的特殊规定，它是针对“地役权从属于需役地上之用益物权”而作出的特别规定。

3. “合同另有约定”的含义。我国有学者从五个方面论证了地役权之从属性是地役权的固有属性。[1]笔者也认为，地役权在本质上是从属于需役地的一种用益物权，其从属性是地役权的固有特征。离开了需役地，地役权将不再存在。因此，当事人之间不能作出违背地役权从属性的约定，如果承认这种约定的效力，将产生一项不依赖于需役地的地役权。这与地役权存在于两块不动产之间的固有特征相互矛盾。因此，当事人之间关于地役权不得随需役地的转让而转让的约定通常是无效的。但是，我国《物权法》第164条则规定“合同另有约定的除外”，那么这里的“合同”是谁与谁订立的合同呢？从第164条的规定来看，本条隐含了两个合同：其一，地役权合同；其二，

---

〔1〕 其一，从地役权的概念入手，地役权乃为需役地的便宜而存在的权利。由此决定，地役权不得与需役地分离而单独存在，换言之，地役权为需役地的从权利。其二，从构成着眼，地役权的发生恒以存在两个土地为前提，否则，地役权无以成立。其三，从历史审视，地役权滥觞于罗马法，《法学阶梯》1.2.3.3规定：地役权等役权“之所以被称为对不动产的役权，乃因为没有不动产它们就不可能设立。事实上，任何人，除非他有不动产，都不能获得对都市或乡村不动产的役权；任何人，除非他拥有不动产，也不会对都市或乡村不动产役权承担义务。”由此可见地役权离不开需役地。其四，从本质揭示，不论对地役权之本质做何种界定，关于地役权本质的各种学说十分明显地反映出没有需役地便无地役权的现象和道理。其五，就地役权与相关权利的关联观察，没有需役地，奴役供役地而成立的权利，要么是人役权，要么是债权，不会是地役权。参见崔建远：《物权：规范与学说——以中国物权法的解释论为中心》（下册），清华大学出版社2011年版，第617～618页。

需役地上之建设用地使用权、土地承包经营权等用益物权转让合同。

(1) 地役权合同中关于地役权不随需役地移转之约定的效力分析。如果地役权合同中约定“地役权不得随需役地的移转而移转”或者约定“需役地之用益物权人不享有地役权”，那么，这种约定是否有效呢？从地役权为需役地的固有属性角度观察，地役权合同当事人之间的约定显然违背了地役权的固有属性，行为无效；但是，从现实角度而言，如果当事人作出上述约定，需役地被移转的，需役地受让人是否取得地役权呢？这时可以有两种不同的解释：一种解释是当事人之间的约定是无效的，地役权的从属性不因当事人之间的约定而受影响，需役地的受让人仍可以取得地役权；另一种解释是在需役地及其权属转让的场合，而约定地役权仍保留于地役权人之手，需役地权属的转让固属有效，但地役权失去存在的根基，产生了消灭的原因。[1]《日本民法典》第281条第1款规定：“地役权，应该作为需役地（指地役权人的土地从他人土地得到便利者）的所有权的从属权利，随其所有权移转，或者作为需役地上存在的他项权利的标的。但以设定行为作出特别约定时，不在此限。”可见，日本民法在例外的情形下允许地役权合同当事人通过约定排除地役权的从属性，且该约定是有效的。笔者认为，从属性虽然是地役权的固有属性，但是地役权合同当事人之间关于地役权不随需役地移转而移转的约定并不违背地役权的从属性，而应将其解释为地役权消灭的原因。

(2) 需役地上之建设用地使用权、土地承包经营权等用益物权转让合同中关于地役权不随用益物权移转之约定的效力分

〔1〕 谢在全：《民法物权论》（中册），中国政法大学出版社2011年版，第514页。

析。用益物权人享有地役权，该地役权可能是需役地所有人设立的，也可能是用益物权人本人设立的，用益物权人在将其用益物权转让给第三人时，如果与第三人约定“地役权不随之移转”，该地役权是否因缺少存在的需役地而丧失呢？笔者认为，这时应该具体分析地役权设立合同由何人订立：如果地役权是需役地所有权人订立的，用益物权人与第三人之间的约定并不能导致地役权的消灭，而仅产生用益物权之受让人不能行使地役权的效果，需役地所有人仍有权行使地役权。当需役地上设定用益物权时，需役地人可与用益物权人约定保留地役权，这时因土地所有权没有移转，需役地仍然存在，土地所有权人保留其地役权的约定没有违反地役权从属于需役地的性质，故该约定应当有效。[1]如果地役权是需役地之用益物权人与供役地人订立的，该地役权一旦设定，即属于需役地的从权利，而不是用益物权的从权利，在解释论上仍为“用益物权之受让人不能行使地役权的效果，但地役权仍存在于需役地上，待用益物权消灭后，需役地所有人仍有权行使地役权”。[2]

那么，“合同另有约定”中的“合同”是用益物权人与第三人之间合同中的约定还是需役地人与供役地人在地役权合同中的约定呢？从日本民法第 281 条第 1 款“设定行为作出特别约定”这一用语看，这里的合同显然仅指“地役权合同”。笔者

---

〔1〕 崔建远：“地役权的解释论”，载《法学杂志》2009 年第 2 期。

〔2〕 但是，也有学者认为，如果地役权系土地承包经营权人、建设用地使用权人或宅基地使用权人为其承包地、建设用地或宅基地的便宜而设立的场合，土地承包经营权、建设用地使用权或宅基地使用权转让，当事人以合同特约地役权不随之转让，则违反了地役权从属于需役地的性质，应当归于无效。参见崔建远：“地役权的解释论”，载《法学杂志》2009 年第 2 期。笔者认为，这种观点实际上将地役权作为用益物权的从权利了。其实，地役权不论由何人设立，它都是需役地的从权利，用益物权人转让用益物权而约定地役权不随之转让的，地役权仍存在于需役地之上，该约定为有效约定。

认为，这里的合同包括上述两种合同，且这两种合同关于地役权从属性的约定从根本上将并不违背地役权的从属性。因此，其效力并非无效而是有效的。

（三）地役权不得单独成为其他权利的客体

我国《物权法》第165条规定："地役权不得单独抵押。土地承包经营权、建设用地使用权等抵押的，在实现抵押权时，地役权一并转让。"而《日本民法典》第381条第2款规定："地役权不能与需役地分立作为其他权利的标的。"显然，日本民法之规定具有更高的抽象性。首先，地役权不能脱离需役地而成为其他权利的标的，如地役权不得单独抵押等。其次，需役地成为其他权利标的的，基于从属性，地役权也成为其他权利的标的。例如，需役地抵押的，地役权一并抵押。但是，当事人在地役权合同中作出特别约定或者抵押合同中约定地役权不能随之抵押的，地役权不是抵押财产。最后，需役地之上存在的建设用地使用权等用益物权抵押的，地役权是否随之抵押呢？笔者认为，地役权是需役地的性格而非用益物权的性格，因此地役权并未随之抵押，抵押人在行使用益物权时，仍有权行使地役权。当抵押权人行使抵押权时，建设用地使用权被依法转让的，受让人也享有地役权，但抵押权人对地役权的价值不得优先受偿。当然，需役地设定抵押的，地役权也一并设定抵押的，抵押权人对地役权的价值享有优先受偿权。因此，我国《物权法》第165条第2句之规定显然将地役权视为土地承包经营权、建设用地使用权等用益物权的从权利，其合理性有待进一步考证。

（四）地役权消灭的从属性

地役权消灭的从属性是指地役权随需役地之消灭而消灭。地役权合同中约定地役权存续期间的，如果在存续期间，需役地灭失的，地役权也随之灭失。有学者指出：在土地承包经营权人、建设用地使用权人以其承包地、建设用地或者宅基地作为需役地而设立地役权的场合，按照《物权法》第161条的规定，当事人约定的地役权的期限不得超过土地承包经营权、建设用地使用权等用益物权的剩余期限。因为土地承包经营权、建设用地使用权等用益物权的存续期限届满，用益物权归于消灭，承包地、建设用地或宅基地不再是需役地，地役权因无需役地而归于消灭。这也体现出地役权的从属性。[1]笔者认为，需役地之土地承包经营权人或建设用地使用权人可与供役地人设定期限超过需役地剩余期限的地役权，且地役权从属于需役地，需役地之物权使用人甚至债权利用人与供役地人约定地役权的期间为用益物权或债权的存续期间的，在用益物权或债权存续期间届满时，地役权消灭，这时并非因用益物权或债权灭失而导致地役权消灭，并非地役权的从属性使然，而是地役权因存续期间届满而消灭。如果需役地之物权使用人或债权利用人与供役地人约定地役权的期间超过用益物权或债权的存续期间的，这种约定仍然是有效的，在土地承包经营权、建设用地使用权等用益物权消灭后，地役权仍然存在。

第四节　地役权的不可分性与地役权的变动

地役权的不可分性，从需役地角度看，毋宁说是地役权从属性的另一延伸。因为地役权既然从属于需役地而存在，自系

〔1〕 崔建远：《物权：规范与学说——以中国物权法的解释论为中心》（下册），清华大学出版社2011年版，第621页。

从属于全部而非特定的某部分。[1]我国《物权法》第166、167条被看做我国地役权不可分性的主要立法根据。但是，这两条的规定并不能反映地役权不可分性的全貌，而仅是其中的两个方面。

一、地役权不可分性的概念

地役权的不可分性，是指地役权的发生、消灭或享有应为全部，不得分割为部分或仅为一部分而存在。有学者指出：我国不存在土地共有，地役权的不可分性仅发生于需役地、供役地的使用权为共有的场合。[2]笔者认为，地役权之不可分性固然主要体现为需役地或者供役地共有的场合，但地役权是从属于需役地的一项用益物权，需役地的任何使用人或者共有人都有权行使地役权，需役地之部分使用人或所有权人也有权行使全部地役权。同时，地役权又是在供役地上设定的负担，地役权应该及于供役地的全部。又由于物权法上的供役地和需役地均可为建筑物、构筑物及其附属设施，建筑物等共有的现象并不鲜见，地役权的不可分性在这些场合也发挥着作用。[3]所以，在我国研究地役权的不可分性仍具有重要意义。

二、地役权不可分性的表现

（一）地役权设立的不可分性

地役权设立的不可分性主要体现在两个方面：一方面，需

〔1〕 谢在全：《民法物权论》（中册·修订5版），中国政法大学出版社2011年版，第515页。

〔2〕 王利明、尹飞、程啸：《中国物权法教程》，人民法院出版社2007年版，第406页。

〔3〕 王利明、尹飞、程啸：《中国物权法教程》，人民法院出版社2007年版，第406页。

役地为共有的，共有人不能仅为自己之专有部分设定地役权，一旦设定地役权，该地役权将及于需役地的其他部分，其他共有人也享有地役权。例如，共有人之一因时效取得地役权的，其他共有人也一同取得地役权。地役权是为需役地的便宜而设定，自不可能为需役地之一部分而存在，也不能为特定人而存在，亦即需役地人不能仅为自己之部分土地设定地役权。另一方面，地役权之设立应该基于供役地的全部，当供役地为数人共有时，其中一个共有人在共有不动产之应有部分上设定地役权的，该地役权将及于供役地之全部。其道理在于，地役权是对供役地具体性的直接利用，不可能存在于抽象的“物”上，而应有部分系所有权享有的一定比例，是抽象的，故地役权只能设立于供役地的整体上，不会设立于应有部分。〔1〕当然，地役权之行使可仅及于供役地的一部分。我国《物权法》对地役权设立中的不可分性未作规定，但在解释上应当予以确认。

乌尔比安在《论告示》第17卷中指出：“共有建筑物的共有人之一不能单独（在共有物上）设立役权。”〔2〕笔者认为，共有之供役地设定地役权的，属于对供役地的处分行为。我国《物权法》将共有物区分按份共有物与共同共有物。根据《物权法》第97条的规定，共有人之一在共同共有之不动产上设定地役权的，需要取得其他共有人的一致同意；在按份共有之不动产上设定地役权的，应当经占份额2/3以上的按份共有人同意。如果共有人设立地役权没有取得其他共有人同意，且不符合《物权法》第97条的要求时，如果需役地人符合地役权善意取得构成要件，则仍取得地役权，且该地役权将及于供役地的

〔1〕 姚瑞光：《民法物权论》，海宇文化事业有限公司1995年版，第185页。

〔2〕《学说汇纂》（第8卷·地役权），陈汉译，中国政法大学出版社2009年版，第3页。

全部。

（二）需役地分割中的地役权不可分性

需役地分割中的地役权不可分性是指需役地分割时，地役权也具有不可分性，即需役地分割为若干部分的，需役地各部分之所有人都享有地役权。但是，如果地役权的行使仅涉及部分需役地，地役权将仅对该部分而存在。我国《物权法》第166条规定：需役地以及需役地上的土地承包经营权、建设用地使用权部分转让时，转让部分涉及地役权的，受让人同时享有地役权。有学者认为，本条承认了地役权在享有上的不可分性。[1]本条可以细化为以下三种情形：其一，需役地部分转让的，转让部分涉及地役权的，受让人同时享有地役权；其二，需役地上的土地承包经营权、建设用地使用权部分转让时，转让部分涉及地役权的，受让人同时享有地役权；其三，需役地之一部分为他人设定土地承包经营权、建设用地使用权的，该部分如果涉及地役权的，土地承包经营权人、建设用地使用权人同时享有地役权。我国台湾地区“民法”第856条规定：“需役不动产经分割者，其不动产役权为各部分之权益仍为存续。但不动产役权之行使，依其性质只关于需役不动产之一部分者，仅就该部分仍为存续。”有学者指出，为使第167条规定的适用更加合理，不妨将所谓“转让部分涉及地役权的”解释为含有“如果地役权的行使，依其性质只关于需役地的一部分的，地役权仅就该部分继续存在”之义。[2]

（三）供役地分割中的地役权不可分性

供役地分割中的地役权不可分性是指供役地被分割的，地

[1] 崔建远：《物权：规范与学说——以中国物权法的解释论为中心》（下册），清华大学出版社2011年版，第624页。

[2] 崔建远：“地役权的解释论”，载《法学杂志》2009年第2期。

役权就其各部分继续存在。我国《物权法》第167条关于“供役地以及供役地上的土地承包经营权、建设用地使用权部分转让时，转让部分涉及地役权的，地役权对受让人具有约束力”的规定，已经承认了地役权在负担上的不可分性。本条也具有以下三层含义：其一，供役地部分转让时，转让部分涉及地役权的，地役权对受让人具有约束力；其二，供役地上的土地承包经营权、建设用地使用权部分转让时，转让部分涉及地役权的，地役权对受让人具有约束力；其三，供役地之一部分上设定土地承包经营权、建设用地使用权等用益物权时，该部分涉及地役权的，地役权对用益物权人具有约束力。我国台湾地区“民法”第857条规定：“供役不动产经分割者，其不动产役权为各部分之权益仍为存续。但不动产役权之行使，依其性质只关于供役不动产之一部分者，仅就该部分仍为存续。”崔建远教授指出：为使该条规定的适用更加合理，不妨将所谓“转让部分涉及地役权的”解释为含有“如果地役权的行使，依其性质只关于供役地的一部分的，地役权仅对该部分继续存在”之义。[1]

（四）地役权消灭上的从属性

地役权是为需役地而存在的，需役地部分灭失的，地役权不受影响而仍然存在。地役权对个别需役地共有人消灭的，该消灭的效力不及于其他需役地的共有人。就共有人中一人发生的混同，地役权也不消灭。

供役地人系以供役地的全部为需役地设定的负担，所以供役地之共有人也不得按其应有部分除去地役权的负担。

---

〔1〕 崔建远：“地役权的解释论”，载《法学杂志》2009年第2期。

第五节 地役权的消灭

一、地役权消灭的原因

地役权是不动产物权的一种，不动产物权消灭的原因对其自然适用。但是，地役权又具有从属性、不可分性等特征，甚至有些地役权具有非占有性的特征。故物权之共通消灭原因适用于不动产役权，亦有稍异其趣之处。〔1〕

（一）不动产征收

不动产征收是国家通过强制性手段取得不动产，属于物权的原始取得，不动产一旦被征收，其上存在的所有负担均归于消灭。因此，当供役地被依法征收时，不动产役权自难逃消灭之命运。〔2〕但古罗马时期的保罗在《论萨宾》第15卷D.8，3，23，2中认为："如果一块供役地或者需役地被没收，役权仍然存在。因为土地在被没收后，其所处的法律地位不变。"〔3〕笔者认为，地役权之情形比较复杂，有些地役权不以占有为要件，尤其在征收不动产之使用目的与地役权内容不冲突的情形下，这时地役权是否因征收而消灭是一个非常值得研究的问题。从充分发挥物之经济效用的角度观察，应该容许特定条件下的地役权继续存在。征收者为需役地时，需役地具有从属性，国家在取得需役地之所有权的同时，也取得地役权。

〔1〕 谢在全：《民法物权论》（中册·修订5版），中国政法大学出版社2011年版，第536页。

〔2〕 谢在全：《民法物权论》（中册·修订5版），中国政法大学出版社2011年版，第536页。

〔3〕《学说汇纂》（第8卷·地役权），陈汉译，中国政法大学出版社2009年版，第93页。

（二）存续期间届满

在罗马法上，地役权具有永久性特征。但是，现代民法多承认地役权的有期限性，即地役权合同中可以约定地役权的存续期间。且在我国，土地公有，建设用地使用权等发挥着代替土地所有权流通的功能，用益物权人设定地役权的现象自不在少数，如果用益物权人以自己使用之不动产作为供役地设定地役权时，地役权的期限不得超过用益物权的剩余期限。因此，在我国，地役权多具有期限性，期限届满的，地役权消灭。

（三）当事人约定的消灭事由成就

当事人约定以特定事由之发生为地役权消灭原因的，在该特定事由成就时，地役权归于消灭。

（四）混同

需役地与供役地同归一人所有时，地役权因混同而消灭。我国土地公有，在供役地与需役地皆为土地的情形下，地役权因混同而消灭的可能性几乎不存在；当供役地与需役地皆为建筑物时，地役权将因需役地与供役地同归一人而消灭；当需役地之用益物权与供役地之用益物权归一人所有时，地役权是否因混同而消灭呢？笔者认为，这时应该考虑地役权之存续是否对所有人或第三人有法律上之利益，如果存在法律上之利益，地役权不因混同而消灭。例如，《荷兰民法典》第五编第 83 条规定："当需役地和供役地归同一个人所有时，如果第三人租赁了其中的一块土地或者对其中的一块土地上享有其他的具有人身性质的使用权，则仅在第三人的权利消灭时，地役权才因混同而消灭。"〔1〕

如果供役地之一部分转让给需役地人的或者需役地之一部

〔1〕 但也有民法典直接规定，需役地与供役地同归一人所有的，地役权消灭。例如，《葡萄牙民法典》第 1569 条、《西班牙民法典》第 546 条。

分转让给供役地人的，地役权并不因此而混合，地役权仍然得到保留。

（五）抛弃

需役人抛弃需役地的，地役权也随之消灭。需役人也可以随时对地役权单独抛弃。但是，抛弃地役权的，应当及时通知供役人，以防不动产之荒废，造成社会浪费。有的学者认为，地役权的取得为有偿，应当支付全部对价。[1]笔者认为，地役权既已抛弃，供役人有取得供役地的全部使用价值，如果让需役人支付全部对价，似乎不妥，需役人赔偿的范围应以其因抛弃地役权而致供役人受到的实际损失为限。当需役地设定抵押时，抛弃可能影响抵押权人的利益。抛弃时应当取得抵押权人的同意。

（六）因需役地灭失而消灭

地役权从属于需役地，需役地灭失的，地役权消灭。但需役地部分灭失的，地役权仍存在于需役地的剩余部分，此为地役权的不可分性使然。例如，我国台湾地区"民法"第895条第2款规定："不动产役权因需役不动产灭失或不堪使用而消灭。"

（七）裁判废止

人民法院可以裁判方式废止地役权。例如《荷兰民法典》第五编第78条规定："在下列情形下，根据供役地所有权人的请求，法官可以变更或废止地役权：①由于不可预见的情形，根据合理和公平准则，不能再向供役地所有权人要求原有的地役权保持不变；②如果自地役权设立经过至少20年，并且将原有的地役权保持不变有悖于整体利益。"第79条又进一步规定：

---

〔1〕［日］三潴信三：《物权法提要》，孙芳译，中国政法大学出版社2005年版，第149页。

"如果地役权已经不能行使或需役地的所有权人对地役权的行使已经不再具有合理的利益，并且地役权的行使或合理利益的享有不可能恢复，则法官可以根据供役地所有权人的请求废止地役权。"我国台湾地区"民法"第 895 条也规定："不动产役权之全部或一部分无存续之必要时，法院因供役不动产所有人之请求，得就其无存续必要之部分，宣告不动产役权消灭。"

（八）依法解除地役权合同

我国《物权法》第 168 条规定："地役权人有下列情形之一的，供役地权利人有权解除地役权合同，地役权消灭：①违反法律规定或者合同约定，滥用地役权；②有偿利用供役地，约定的付款期间届满后在合理期限内经两次催告未支付费用。"

二、地役权消灭的法律效果

我国《物权法》对地役权消灭的效果未作明确规定，我国台湾地区"民法"第 859 条则对不动产役权的消灭后果作了规定。一般而言，地役权消灭的应当注销地役权登记，地役权人在供役地上设置的工作物等应当移除以恢复供役地的原状。

第六章 地役权的类型化

从罗马法以来，地役权通常有其命名，如罗马法在将地役权区分为乡村地役权和城市地役权的基础上，分别列举了乡村地役权和城市地役权的主要类型，近现代以来的民法多承认地役权有一定的名称，该命名足以反映地役权的目的或者内容，如道路通行地役权、眺望地役权、搭梁地役权、取水地役权等。尹田教授正确地指出："法国民法上的地役权均有其命名，其在设定时，为适应其各自的经济要求，分别有其具体规则，这与通过订立合同而对债权的一般原理进行某种改变的做法，具有一些共同之处。……较之法律命名的地役权，合同命名的地役权只能算是例外。"[1]但是，我国《物权法》并没有对地役权的内容作出更为具体的规定，更没有明确规定各种不同名称的地役权，地役权

〔1〕 尹田：《法国物权法》（第2版），法律出版社2009年版，第418页。

仅为“合同约定的便宜”，法律如果不对地役权的权利内容作进一步的规定或者当事人不对其内容作出约定，不只可能因为高估其利用，而使对价无合理订定，供役地还剩下多少自由使用的空间，都将陷于高度不确定。因此，我国台湾地区的苏永钦先生认为：“当初（我国台湾地区）‘民法’引进这个欧陆的古老制度，可能真的太陌生，竟不知道所谓‘便宜之用’，如果不具体列举，就一定要由供需役地两方就两地‘如何’供役做出具体约定，否则，供役地所有权将因负担的不明确而陷于无法规划利用的窘境，偏偏民法漏把地役‘目的’约定及登记定为成立要件，究竟是人车的通行、还是管线的通过，是不盖高楼的采光地役权，还是不做工厂使用的景观地役权，这样概括定分的地役权，谁敢设定?”〔1〕因此，在苏永钦先生看来，我国台湾地区“民法”规定之地役权之所以少有问津，原因之一是地役权没有类型化的指导。盖类型化都有一定之目的，地役权类型化也不例外，对观察的对象进行类型化时，便已有基本的价值取向在里面。〔2〕因此，对地役权进行类型化已经包含着对地役权制度进行了必要的价值判断。而需要进一步类型化而不类型化，其在概念或类型之建构上的谬误，即为过度舍弃规范对象的特征，它和逻辑上所称之过度一般化的谬误相当。〔3〕因此，地役权是否应进行类型化以及类型化的程度如何就很有研究的价值。

---

〔1〕 苏永钦：“物权法定主义下的民事财产权体系”，载苏永钦：《民事立法与公私法的接轨》，北京大学出版社 2005 年版，第 330 页。

〔2〕 黄茂荣：《法学方法与现代民法》（第 5 版），法律出版社 2007 年版，第 70 页。

〔3〕 黄茂荣：《法学方法与现代民法》（第 5 版），法律出版社 2007 年版，第 70 页。

第一节 地役权类型化的价值

一、类型化是一种思考地役权的方式

美国著名法学家博登海默认为："概念乃是解决法律问题所必须的和必不可少的工具。没有限定严格的专门概念，我们便不能清楚地和理性地思考法律问题。没有概念，我们便无法将我们对法律的思考转变为语言，也无法以一种可理解的方式把这些思考传达给别人。"〔1〕然而，当人们形成和界定法律概念之时，他们通常考虑的是那些能够说明某些特征概念的最为典型的情形，而不会严肃考虑那些难以确定的两可性情形。〔2〕并且，进行社会科学研究的主体不可避免地有着不同的动机，同时研究对象本身又具有无限多样性，所以，社会科学中的概念必然无法完全重现全部的具体现实。〔3〕因此，当抽象——一般概念及其逻辑体系不足以掌握某生活现象或意义脉络的多样表现形态时，大家首先会想到的补助思考形式是"类型"。〔4〕学说上依不同的标准构成各种不同的类型以作为思考上的工具或方式。阿图尔·考夫曼强调："事物的本质的思考是一种类型学的思

〔1〕［美］博登海默：《法理学——法律哲学与法律方法》，邓正来译，中国政法大学出版社1999年版，第486页。

〔2〕［美］博登海默：《法理学——法律哲学与法律方法》，邓正来译，中国政法大学出版社1999年版，第501~508页。

〔3〕吴晓："论类型化方法对宪法学研究的意义"，载《政法学刊》2006年第1期。

〔4〕［德］卡尔·拉伦茨：《法学方法论》，陈爱娥译，商务印书馆2003年版，第337页。

考。"[1]因此，类型化的研究和分析问题的方法日益受到人们的重视。甚至有学者认为，在当下的人文社会科学中，绝没有任何一个范畴，像"类型"一样受到人们的青睐。[2]地役权是凡具有"依附于需役地而在供役地上的负担"的特征的所有物权的集合，其本身隐含的制度信息具有广泛性与不确定性，例如，地役权的具体内容为何，哪些地役权能够时效取得，哪些地役权能够善意取得等，都具有不确定性，这模糊了对地役权本身的认识，继而影响了对地役权法律制度的适用。而借助类型化的思考方式，各种地役权的不同特征就如"雨后春笋"般凸现出来，这对我们观察地役权、认识地役权与研究地役权，乃至地役权法律制度的适用都起到指导作用。因此，借助类型化的思考方式，我们可以更加清晰地认识地役权。

二、地役权体系的建构要求地役权类型化

（一）地役权体系化的价值

法律概念通常被认为是组成法律规范的基本单位。法律是一个体系化的东西，是在概念的基础上堆积而成的一个具有生命的系统。而法律概念之位阶性，是体系化的基础。[3]法律概念的位阶性来自于法律概念的类型化，因此法律体系的构架也是在类型化的基础之上的，没有法律的类型化，法律体系无从构建。例如，没有公法与私法的划分，没有民法与刑法的区分，法律体系将是一团糨糊。在法律体系之下包含的民法体系也是

---

〔1〕 转引自拉伦茨：《法学方法论》，陈爱娥译，商务印书馆2003年版，第347页。

〔2〕 杜宇："再论刑法上之'类型化'思维——一种基于'方法论'的扩展性思考"，载《法制与社会发展》2005年第6期。

〔3〕 黄茂荣：《法学方法与现代民法》（第5版），法律出版社2007年版，第125页。

一个自我完善的体系，这一体系的构建是将各种法律规范按照其调整对象进行类型化的基础上实现的。构成民法体系的物权法，也有自己的次级层次的类型化，而这一类型化是在物权法定原则之下实现的。那么，作为构成物权体系的一分子的地役权，有没有对其更为详细地加以类型化的价值呢？答案是肯定的。因为，地役权虽然是一个非常基本的概念，但本身绝对不是事物的终点，不是事物的基本细胞，它有自己的生命体系。如果将地役权看做一个体系，在体系的构建上，从外部结构观察，有垂直的上下位阶关系，有水平的类型关系。上下的位阶性之存在基础为概念之逻辑的抽象程度或价值的根本性；水平的类型关系之存在基础为概念所含特征之交集及差异。[1]因此，地役权之上下位阶关系体现为：地役权按照不同的标准进行类型化，例如，按照地役权是否具有外在的表现形式，地役权分为表见地役权与非表见地役权，表见地役权、非表见地役权之下又包含各种更下位的地役权。而水平的类型关系表现为：采光地役权、通风地役权、通行地役权、取土地役权等在同一位阶上的交集及差异。

一个只着重于个别问题的科学，不可能由发现存在于问题间之更大、更广的关联，进一步发现蕴藏其间的原理、原则。它也不能在法的比较中，认识存在于不同立法例之制度和规定间之“功能上的类似性”[2]。地役权体系化不仅对地役权法律资料的鸟瞰和实务有帮助，也是重新认识既存之关联，进一步发展地役权的基础。因此，我们应当继续致力于地役权体系化

---

〔1〕 黄茂荣：《法学方法与现代民法》（第5版），法律出版社2007年版，第130页。

〔2〕 黄茂荣：《法学方法与现代民法》（第5版），法律出版社2007年版，第572页。

的工作。

著名历史法学家梅因指出："社会的需要和社会的意见常常或多或少地走在'法律'的前面的，我们可以非常接近地达到他们之间缺口的接合处，但永远存在的趋势是要把这个缺口重新打开来，因为法律是稳定的，而我们所谈到的社会是进步的。"〔1〕因此，地役权作为一个体系，并不是封闭性的，它不过是对已经产生的各种类型的地役权进行一个暂时的总结，它不能解决所有的问题。利用各阶段对地役权体系的反省，重新检讨，探寻新的地役权类型。地役权体系必须保持开放的状态，在法律发展过程中，不断完善。所以，黄茂荣先生正确指出："体系化之总结过去，演进新知的功能，不但说明了新知之产生的过程（归纳），而且也指出法律发展之演进性"。〔2〕。

（二）地役权体系化的方法

法律体系的形成以概念为基础，以价值为导向，其间以归纳或具体化而得之类型或原则为其联结上的纽带。所以，类型化为体系形成上使抽象者接近于具体，使具体者接近于抽象的方法。利用此种（类型化）方法，使价值与生活容易相接。因此，利用类型模块，可以实现体系化。〔3〕所以，地役权体系的构建也必须以地役权的类型化为前提。

从地役权类型化的角度观察，地役权就是一个自我完善的体系。因此，对地役权进行类型化，构架地役权的体系，能够促进地役权制度自身的完善，实现地役权制度自身发展，对理

〔1〕［英］梅因：《古代法》，沈景一译，商务印书馆1995年版，第15页。

〔2〕黄茂荣：《法学方法与现代民法》（第5版），法律出版社2007年版，第573页。

〔3〕黄茂荣：《法学方法与现代民法》（第5版），法律出版社2007年版，第575页。

解地役权制度意义重大。

三、物权法定原则的弥补要求地役权类型化

物权法定原则要求物权的类型确定，但是，正如前文所探讨的，地役权的类型化并不彻底。从物权法定原则的视角观察，地役权应当类型化。如果地役权采纳绝对的类型化，其修正物权法定原则的功能将大打折扣，如此一来，物权法定原则的僵化性将难以通过地役权加以弥补。因此，德国著名学者维甘德正确地指出："物权的封闭系统是有问题的，因为它很难持续地满足交易的需求。"〔1〕所以，地役权的类型化并非意味着地役权的类型体系是一个封闭性的独立体，而是随社会的发展而不断完善的一个体系；否则，难以满足交易的需求。因此，地役权所作的类型化和债法上的各种有名契约一样，只是所谓的任意规定，对人们设定地役权起指导性作用，而非地役权类型化的自我满足与封闭。因此，地役权的类型化并非满足物权法定原则的刚性需求，而是为了抵消物权法定原则的绝对而不得不采纳的一种手段。

四、地役权类型化有助于减少交易成本

地役权是一个内容并不确定的法律概念，当事人虽然可以自由约定地役权的内容，但是，过度的意思自治至少会产生以下消极后果：①意思自治是在民事主体地位平等的条件下实现的，但在现代社会，民事主体抽象平等的不现实性、契约自由理论所假定的契约自由原则赖以生存的客观条件的丧失、政治

---

〔1〕［德］沃尔夫冈·维甘德："物权法定原则——关于一个重要民法原理的产生及其意义"，迟颖译，载张双根、田士永、王洪亮主编：《中德私法研究》(2006年第2卷)，北京大学出版社2007年版，第102页。

价值观念的变化以及法律对交易结果的积极干预等四个方面导致了契约自由原则的衰落。[1]在现代社会，对契约自由的绝对放任，就会使契约自由背离其内核——契约正义，甚至对契约正义造成侵害；而对契约自由的过分干预，就可能缩小私法自治的空间，侵害私人权利，私法公正将会被另一种意义上的公正所替代。[2]②过度意思自治将增加交易成本。契约的签订是一个磋商谈判的过程，在这个过程中，需要大量的成本作为先期投入，如果没有地役权类型化的指引，全凭当事人自由约定，势必增加磋商、谈判成本。③过度的契约自由并不利于地役权关系的明确。签订契约的双方当事人可能对法律毫无了解，或者是对法律一知半解，他们在签订合同时，往往有考虑并不周密之处，因此，我国《合同法》特别规定了第62条作为候补性条款以弥补当事人的考虑不周。作为一项新引进我国大陆的民事权利，当事人签订地役权合同时，考虑不周之处在所难免，因此过度的契约自由对地役权法律关系的明确并不是“福音”。地役权合同固然要体现契约自由，但也要体现契约正义。公法对地役权合同的干预对实现契约自由固然重要，但通过地役权制度自身的完善、通过私法对地役权合同自由的干预对实现契约正义可能更具有价值，因为笔者坚信“在公权力无处不在的中国大陆，私法范围内解决问题远比公权力干预解决问题更具意义”；“仅由国家订立一定数量的任意性质的物权，而让民间法去承担部分标准化的功能，才是最有效率的制度设计。”[3]因此，地役权的类型化能够进一步明晰地役权法律关系，对当事

〔1〕 李永军：《合同法》，法律出版社2004年版，第62~68页。

〔2〕 李永军：《合同法》，法律出版社2004年版，第69页。

〔3〕 苏永钦：“物权法定主义下的民事财产权体系”，载苏永钦：《民事立法与公私法的接轨》，北京大学出版社2005年版，第222页。

人签订地役权合同具有指导性价值，这对明确地役权法律关系、减少磋商与解决争议的成本具有重要价值。在地役权类型化的基础上，这种可使土地及建筑物发挥高度资源效益的地役权，将会很快受到民众的青睐。

五、类型化有利于地役权的保护

（一）罗马法上的地役权之物权保护方式

罗马法学家乌尔比安认为："就役权而言，我们有权（比照适用于用益权的诉讼）提起对物之诉——排除妨碍之诉与确认役权之诉。确认役权之诉由主张役权归其享有的人提起，排除妨碍之诉由否认役权存在的所有人提起。""该诉讼只能由需役房屋的所有人提起，且只能对供役房屋的所有人提出。"〔1〕据此，罗马法发展出了役权保护的两种方式：役权确认诉与准役权确认诉。〔2〕亦即罗马法上确立了地役权人的役权确认请求权、妨害除去请求权以及妨害防止请求权。

（二）德国法上的地役权之物权保护方式

《德国民法典》第1027条明确规定："地役权被侵害的，地役权人享有第1004条所规定的权利。"而第1004条规定："所有权被以侵夺或扣留占有以外的方式侵害的，所有人可以向妨害人请求除去侵害。有继续侵害之虞的，所有人可以提起不作为之诉。"因此，按照《德国民法典》的规定，需役人享有妨害除去请求权以及不作为之诉。妨害除去请求权中的"妨害"是由供役人所为，还是由其他第三人所实施，均不影响需役人上

---

〔1〕乌尔比安：《论告示》D.8，5，2，pr.；D.8，5，6，3. 转引自［意］桑德罗·斯奇巴尼选编：《物与物权》，范怀俊译，中国政法大学出版社1999年版，第159页。

〔2〕周枏：《罗马法原论》，商务印书馆1994年版，第410页。

述权利的成立。在妨害人有过错时，还可以成立损害赔偿请求权。如果供役人的行为损害了需役人的利益，需役人可以提出不作为之诉。例如，需役人在供役人之土地上享有排他性的采取砾石的地役权，供役人偷偷运走砾石，此时，需役人即可提起不作为之诉与损害赔偿之诉。〔1〕而如果地役权人根据役权例外地有权占有土地，也享有第985条规定占有返还请求权。另外，按照《德国民法典》第1029条的规定，地役权人还可能受到权利占有人的占有保护请求权的保护。

日本学术界认为，地役权在性质上只能产生妨害排除请求权，返还请求权无适用余地。〔2〕例如，日本学者我妻荣先生认为："由于地役权是于一定范围内影响供役地直接支配之物权，所以，当其受到妨碍时，就产生了排除妨碍之物上请求权。可是——由于并不伴有应占有供役地之权利——没有相当于所有物返还之权利，仅是妨害除去请求权和妨害预防请求权。"〔3〕可见，《日本民法典》与《德国民法典》的规定一致，否认地役权可以受到返还请求权的保护。

（三）我国台湾地区法上的地役权之物权保护方式

我国台湾地区"民法"明确规定，需役人享有以下几种物权救济方式：①返还原物请求权；②妨害除去请求权；③妨害防止请求权。〔4〕我国台湾地区"民法"学界基于"民法"的规定，多认为需役人享有原物返还请求权。有的学者认为："准用并非完全适用，仅是就其性质相近者，依其权利之性质而为适

〔1〕参见［德］鲍尔、施蒂尔纳：《德国物权法》（上册），张双根译，法律出版社2004年版，第727页。

〔2〕史尚宽：《物权法论》，中国政法大学出版社2000年版，第240页。

〔3〕［日］我妻荣：《日本物权法》，［日］有泉亨修订，李宜芬校订，台湾五南图书出版公司1999年版，第388～389页。

〔4〕参见我国台湾地区"民法"第858、767条。

用，是以地役权之内容如需占有供役不动产，而其供役不动产又被他人无权占有，致地役权人全然丧失供役不动产之占有，无从使用地役权时，需役人应有请求该他人将供役不动产交还需役人占有或管领之必要，此固非将供役不动产交还需役人，与占有为单纯之事实，需役人则有占有之权能，概念上亦属有异，且供役不动产既在需役人手中，被他人侵夺以去，则不单诉请其迁出（排除侵害），而请求将之交还需役人，于理论上亦无不可，故承认需役人之返还请求权应有采取之价值。"[1]因此，我国台湾地区"民法"与《德国民法典》关于需役人之物权救济方式最大差别在于是否承认其享有返还请求权。

（四）我国法上的地役权之物权保护方式

在我国大陆，有学者指出："地役权的具体种类非常复杂，有的地役权含有占有权能，有的地役权不含有占有权能；含有占有权能的地役权，有的占有权能具有独占性，有的不具有独占性；含有独占性占有权能的地役权，地役权人享有返还占有请求权。"[2]这种观点认为，在区分不同的地役权的基础上，来决定哪种地役权适用占有返还请求权。笔者认为，地役权有的以占有供役不动产为权利的行使要件，如开辟通道之通行权；也有的不以占有供役不动产为权利的行使要件，如眺望地役权。在后者，如果第三人侵占供役地而损害其地役权时，因需役人不以占有供役不动产为权利行使要件，自然不受占有制度的保护，也不能适用返还请求权。此时，需役人可以通过排除妨害请求权、损害赔偿请求权得到救济。在前者，地役权具有从属

[1] 谢在全：《民法物权论》（中册·修订5版），中国政法大学出版社2011年版，第532页。

[2] 房绍坤：《物权法·用益物权编》，中国人民大学出版社2007年版，第286页。

性与不可分性，它并不随供役地的分割或移转而当然移转，当然也就不会因第三人侵占供役不动产而当然受到侵害，此时可分两种情形讨论：其一，如果第三人将供役不动产侵占，可能并未妨害地役权的行使，并非当然侵害了地役权。此时，若允许需役人行使返还请求权，有越俎代庖之嫌。其二，需役人之地役权可能存在于供役不动产的全部，也可能存在于供役不动产的一部分。如果需役人以对全部供役地的占有为役权的行使要件，此时第三人侵占供役不动产，势必损害地役权，需役人可提起占有返还之诉。如果需役人以对供役不动产的部分占有为役权的行使要件，此时第三人仅侵占了供役不动产的其他部分而没有侵害供役部分，需役人对第三人无权提起请求；若第三人侵占了供役部分，此时需役人享有占有返还请求权。但是，需役人并不是所有权人而是合法的占有人，所以，他没有权利提出所有物返还请求权。因此，笔者认为，需役人可以受到占有制度的保护而不能受到所有物返还请求权的保护。

我国《物权法》可能认为地役权应受同于所有权一致的保护，对地役权制度的保护未作准用性规定，而专门规定了“物权的保护”一节。笔者认为这是不准确的。其实，就所有的用益物权人而言，他们享有返还请求权，但是请求返还的是什么？是所有权（所有物）吗？如果是所有权，用益物权人没有取得不动产的所有权，又何来所有物返还请求权？是用益物权本身吗？但用益物权不能被他人以有形的形式侵占，何来返还之说？《德国地上权条例》第11条规定，基于所有权而生的请求权准用于地上权。而《德国民法典》第985条规定的返还请求权是占有返还请求权，但是人们还是使用所有物返还请求权这个概念，这是因为所有权人的返还请求权来自所有权。[1]既然是“准用”就不是所有物返还请求权，只能是按照所有物返还请求权的保护方式保护地上权人，亦即地上权人享有的是占有返还请求权而不是所有物返还请求权。因此，他们请求返还的是占有，通过占有返还之诉而达到占有不动产的目的，从而保障其用益物权的实现。但是我国台湾地区“民法”第767条规定的是所有物返还请求权而不是占有返还请求权，与德国民法的规定相去甚远。德国法是对占有返还请求权的准用；我国台湾地区则是对所有物返还请求权的准用。所以，二者都规定地上权可准用相关规定，但是“准用”却有天渊之别。因此，用益物权人占有返还请求权的行使应按照占有部分的规定而不是按照所有权部分的规定。具体到我国《物权法》，应当规定用益物权人按照《物权法》第245条规定的占有返还请求权保护权利而不能按照《物权法》第34条的规定行使所有物返还请求权。

因此，地役权人享有占有返还请求权、除去妨害请求权、妨害预防请求权及损害赔偿请求权。如果地役权人为行使地役权而在供役不动产上建造了建筑物，这些建筑物若被侵占，需役人当然享有所有物返还请求权。所以，地役权的类型化有助于地役权保护方式的选择与适用。

六、类型化有利于防止地役权过度抽象化带来的不利后果

所谓过度抽象化，系指在概念化上将所描述之对象的特征作了过多的舍弃。[2]在概念的构建上，其抽象化是否过度，本

---

〔1〕［德］M. 沃尔夫：《物权法》，吴越、李大雪译，法律出版社2004年版，第92页。

〔2〕黄茂荣：《法学方法与现代民法》（第5版），法律出版社2007年版，第81页。

身属于价值判断的问题。过度抽象化的情形可能发生在法律规定之构成要件或法律效力上。当其发生在构成要件，必须依据其规范意旨，将其类型化后，利用区别待遇予以补救；当其发生于法律效力，则主要根据其规范意旨，将其类型化后，利用衡平原则加以具体化或调整。〔1〕笔者认为，地役权就是一个过度抽象化的概念，且过度抽象化发生在法律构成要件以及法律效力两个方面。其一，地役权在构成要件上过度抽象化。就规范目的论之，地役权构成要件如果过度抽象化，其外延到底多大，极难确定，例如，按照我国《物权法》第165条的规定，地役权的是“在供役地”上的负担，建设用地使用权、宅基地使用权、土地承包经营权也是在土地上的负担，唯一差别在于“地役权是依附于需役地”的，此时地役权的范围到底多大，难以判断。其二，地役权在法律效果上的过度抽象化。在法律效果上的过度抽象化的最为明显的例子是：地役权可否适用返还请求权，只能在类型化的基础上加以回答，而不能一概而论。因此，地役权类型化对防止地役权过度抽象带来的不利后果具有积极意义。

第二节　地役权类型化的难点

一、类型自身的复杂性决定了类型化的困难

类型分为经验的类型、逻辑类型和规范类型。经验的类型包括两类：其一，因长期间一再重复出现而依其频率或不断出现之平均特征构成类型；其二，以某一种类之物或事物之特征

〔1〕黄茂荣：《法学方法与现代民法》（第5版），法律出版社2007年版，第81页。

为基础所构成之类型。逻辑类型虽然来自于经验的类型，但逻辑类型属于思考方式上的一种想象的存在，学说上可以利用它，经由类型特征之增减建立各种可能只在思想界存在的模式。当逻辑类型经由评价被赋予规范上的意义，就成为规范类型。一个类型可以属于上述类型的其一，或者同属于上述类型。例如，按照地役权的客体为标准，地役权可以类型化为土地与土地之间、房屋与土地之间、房屋与房屋之间的地役权，这种类型即属于经验的类型，又属于逻辑类型与规范类型。在立法上，除了以经验为基础，单纯接受现实上存在之类型，以建立频率性或平均性类型，取舍现实上之特征以建立整体的或形态的类型外，还可超出现实特征之取舍，经由“特征之赋加”建立类型，卡尔·拉伦茨先生将其称为“法的结构类型”〔1〕。它实际上是一种特殊的规范类型。此种类型有些是法学的产物，如主观权利的类型，但大部分是由法律交易中产生的，全部的债权契约的类型均属此。可见，类型本身就是一个非常复杂的事物，这决定了进行类型化的困难。

二、类型化标准的选择是地役权类型化的直接困难

经验的类型基本上都以“共同特征”为类型的划分标准。因此，对某一事物进行经验意义上的类型化，必须掌握事物的全部，然后按照事物的共同特征进行类型化。但是，掌握现实生活中某一事物的全部是非常困难的，这是因为，某一事物的典型代表我们很容易发现，也很容易理解，但对一些处于边缘地带的事物往往难以作出一个“非此即彼”的判断。人们因价值判断的不同必然对这些“非此即彼”的事物在归类上产生不

〔1〕［德］卡尔·拉伦茨：《法学方法论》，陈爱娥译，商务印书馆2003年版，第342页。

同的影响，所以，类型化的对象因观察者身份的不同而各异。例如，正常的人都是人，这很容易加以判断，但植物人、胎儿等“边缘人”的存在模糊了人的范围。基于不同价值判断的考虑，有的观察者在考虑“人”时排除了胎儿、植物人，有的观察者则将其包括在内。具体到地役权而言，在罗马社会，采矿权属于地役权；但在今天，学术界对采矿权是否仍属于地役权就很有争议。更何况地役权的内容由当事人自由约定，因此，地役权的范围究竟有多大，多在当事人的“一念之间”，用“非此即彼”的类型化思考方式思考地役权的直接困难就根源于此。

即使我们有幸能够掌握地役权范围的全部，但寻找类型化的标准——“共同特征”又非常困难。根本原因在于：组成事物的个体存在的差异性决定了找到“共同特征”的难度。并且事物的特征有些是外现的，有些是内存的，对外现的特征我们极易把握，对内存的特征我们只能通过长期观察、科学实验等得出。类型最初发生在生活中，类型来自于生活，离开了生活，规范意义上的类型就不再存在。因此，法的结构类型来自于经验的类型。然而，观察者不同，“共同特征”的选取就会存在一定的差异，但我们必须找到一种最为确切的标准以观察事物。哪种标准是最为确切的标准呢？卡尔·拉伦茨教授认为：“掌握法的构造类型应以法律或该当契约（假使所涉及的是法律外的契约类型）对此类型的整体规整为出发点。”[1]因此，类型化的标准应从事物的整体进行把握，惟其如此，各种类型之间，在某种程度上，其彼此互为条件，或者其彼此至少可以共存不

〔1〕［德］卡尔·拉伦茨：《法学方法论》，陈爱娥译，商务印书馆2003年版，第342页。

悖。[1]所以，在寻找地役权类型的标准时，必须从整体上把握地役权制度，而不能就具体地役权而论。

三、混合类型地役权的存在增加了类型化的难度

在经济及商业交易作缜密区分的阶段，“混合类型”殆属不可避免的现象。[2]此种无所不在之“类型混合”，其特色在于：不同基本类型的要素，以特定方式结合成一种有意义的、彼此关联的规整。[3]混合类型的存在是一种客观事实，“非此即彼”的概念式的区分终将归于失败，而类型化思考方式却以概念为基础，这似乎是一个“解不开的结”。其实，概念是为了简便问题的思考而进行的暂时总结，概念式思考方式认为可以脱离生活而通过理性思维解决现实生活中的所有问题，法律能够在概念之中实现自我满足与发展，历史证明这是不可能的“任务”。而类型化是对主要类型的类型化，“混合类型”是作为一种例外加以解决的。因此，混合类型的存在增加了类型化的困难。“混合类型”虽然不是一种典型类型，但它又是无处不在的，因此如何掌握“混合类型”就非常困难。卡尔·拉伦茨先生认为，体系（类型系列）可以使过度及混合类型的掌握成为可能。借着指定某类型在类型系列中的适当位置，标明该类型特色之特征，以及使其与毗邻类型相连的特征更可以清楚显示出来。[4]

---

〔1〕［德］卡尔·拉伦茨：《法学方法论》，陈爱娥译，商务印书馆2003年版，第342页。

〔2〕［德］卡尔·拉伦茨：《法学方法论》，陈爱娥译，商务印书馆2003年版，第341页。

〔3〕［德］卡尔·拉伦茨：《法学方法论》，陈爱娥译，商务印书馆2003年版，第341页。

〔4〕［德］卡尔·拉伦茨：《法学方法论》，陈爱娥译，商务印书馆2003年版，第246页。

因此，以类型化的思考方式建立起来的体系对理解“混合类型”具有重要价值。

当某一具体的契约结合复数契约类型因素时，无论它是偶一为之或经常出现，都是“混合类型”，地役权合同是设定地役权的最为常见的方式，当事人可以单独约定取水地役权，也可以单独设定通行地役权，甚至可以同时设定。因此，地役权并不缺乏“混合类型”。一方面，混合类型的地役权之存在增加了地役权类型化的难度，但另一方面，类型化又为思考“混合类型”地役权提供了一种思路。

地役权的类型化是对历史上曾出现过的各种地役权进行梳理，但随着社会之发展，新型地役权将不断出现。因此，地役权之类型化不仅是对过去的总结，更是以后地役权类型化的新起点。

第三节　典型国家地役权的类型化标准及地役权的主要类型

一、罗马法关于地役权的类型化标准及主要类型

乡村地役权与城市地役权的分类是罗马法关于地役权的最基本的分类，也是其立法分类。在此基础上，罗马法将地役权予以类型化，将地役权进行了次类型与第三、第四类型的细化。

（一）乡村地役权与城市地役权的类型化标准

乡村地役权与城市地役权的划分标准是很有争议的。在古典法中，实际上是通过明示的方式确定哪些是乡村地役权，哪些是城市地役权，以便用名称将它们区别开来并使役权总是保持它的明确性和典型性。例如，古典法明确承认个人通行权、

引水权属于乡村地役权，而支撑地役权属于城市地役权。但是，随着社会的发展，约定地役权大量产生，地役权的类型不再典型，当事人可以将任何一种同地役权的一般品质相关的使用权确定为地役权。在这种情况下，地役权的特性则取决于土地的性质，即主要地取决于需役不动产，而供役不动产只产生次要影响。如果需役不动产是一座建筑物，则为城市地役权，如果需役不动产不是建筑物但供役不动产是建筑物，仍为城市地役权；其他情形则为乡村地役权。〔1〕有的学者认为，罗马法按需役不动产是否为土地或房屋为标准，将地役权分为乡村地役权与城市地役权。〔2〕这种观点没有看到需役地不是建筑物而供役地是建筑物的特殊情形，并不全面，也不符合罗马法。另有学者认为，乡村地役权与城市地役权的区分，要以供役地是否为田野或城市为准。折中说认为，乡村地役权与城市地役权之区别，应以地役权的内容而定。若地役权人之行使役权须为积极作为的，是乡村地役权，反之，如对于供役地所有人为禁止或不作为的，是城市地役权。〔3〕但是，乡村地役权既有作为地役权又有不作为地役权，城市地役权既有不作为地役权又有作为地役权。因此，认为乡村地役权是作为地役权，城市地役权是不作为地役权并不符合罗马法的传统。客观地讲，最初，罗马法上的哪些权利属于乡村地役权，哪些权利属于城市地役权是明确的、给定的，但当事人约定的非传统型地役权是属于乡村地役权还是城市地役权确实难以判断，罗马法也没有给出一个统一的判断标准，上文列举的观点不过是后世学者的注释，并

---

〔1〕［意］彼德罗·彭梵得：《罗马法教科书》，黄风译，中国政法大学出版社1992年版，第253页。

〔2〕周枏：《罗马法原论》，商务印书馆1994年版，第393页。

〔3〕丘汉平：《罗马法》，中国方正出版社2004年版，第227页。

不能代表罗马法对此问题的真实态度。并且，乡村地役权与城市地役权虽然被法国民法典继受，但是，这种划分的合理性值得探讨，且这种划分在乡村与城市同化的现代社会里并没有太多意义。所以，不必纠缠于乡村地役权与城市地役权之划分标准的徒劳争论之中。

乡村地役权是以耕作为目的，城市地役权是以建筑物为目的。以需役地的耕作为目的而存在的地役权是乡村地役权，以建筑物为目的而存在的地役权是乡村地役权。乡村地役权多发生在乡村田野，城市地役权发生在城镇。因此，乡村地役权也被称为田野地役权。但是，随着经济的发展，乡村也有毗邻而居的，城镇空地也被利用于耕地的，于是旧有分界被打乱，乡村也出现了城市地役权，城市也出现了乡村地役权；并且，建筑物可成为以土地为供役地的需役地，也可成为以土地为需役地的供役地。城市地役权和乡村地役权不再是确定的，而变成相互混合的。[1]所以，城市地役权与乡村地役权的分类是以客体为标准的，如果需役地或供役地之一为建筑物的，即为城市地役权；反之，则为乡村地役权。因此，罗马法首先是按照客体对地役权进行初步类型化，将地役权类型化为乡村地役权与城市地役权。

（二）城市地役权的主要类型

在罗马社会早期，住宅具有独立性，城市地役权存在的意义较小。城市地役权在早期住宅的独立性消失之后，逐渐变得较为常见。[2]按照古代罗马法学家的经典论述以及查士丁尼帝

---

〔1〕［意］彼得罗·彭梵得：《罗马法教科书》，黄风译，中国政法大学出版社1992年版，第253页。

〔2〕［意］彼得罗·彭梵得：《罗马法教科书》，黄风译，中国政法大学出版社1992年版，第255页。

的有关立法，城市地役权主要包括以下几种类型：

1. 通水权。通水权包括排水役权和流水役权，他们都是在他人土地上直接排放雨水或者通过渠道引放雨水的权利。排水役权还包括阴沟役权。此外，还包括滴水役权前者是将滴水排向邻居房顶或者地上的役权。

2. 立墙权。①搭梁役权，即把大梁伸进邻居墙中的权利；②支柱役权，将支柱插于邻居墙上的役权；③伸出役权，即建造伸出物、遮盖物以及与此类似的其他物而探入邻居土地的自由空间的权利（比如凉台探入邻居将的院子上空）。

3. 禁止性役权。禁止性役权包括一切旨在保障获得空气、光线和视野等的役权。主要包括：禁止建筑物加高役权，即要求邻居不得加高迎面而建的建筑物的权利。禁止妨害邻居采光役权，即要求邻居不得通过施工减少光线的权利。禁止妨碍眺望役权，即要求邻居不得通过施工妨碍眺望的权利。

4. 其他役权。禁止滴水役权是禁止将滴水排向邻居房顶或者地上的役权。建筑物加高役权，是指与邻居约定，加高自己建筑物的权利。采光役权，即在共有墙或邻居墙上开窗的权利。

上述城市地役权在很多情况下是法定的，或者是强制性的。但是，在罗马法上，也有些城市地役权是上述役权的反面，至少查士丁尼的法典承认当事人约定排除法定役权，当然，只要所违反的法律限制与公共秩序无关，就可设定特殊的城市地役权限制上述法定地役权。如“禁止妨碍通水或流水役权”，它是接取从邻居土地排出的水以便灌满蓄水池或实现其他目的的权利。“加高役权”和“挡光役权”即不顾法律限制加高自己的建筑物，遮挡邻居家的光线的权利。

（三）乡村地役权的主要类型

乡村地役权是最古老的地役权并且属于“要式物”[1]之列，乡村地役权指通行（*iter*）、驱驾（*actus*）、过道（*via*）和导水（*aquae ductus*）等。[2]依此对应的乡村地役权是：个人通行权、运输通行权、道路通行权和引水权。但是，随着经济的发展，乡村地役权的类型进一步扩大，它主要包括以下几种类型：

1. 通行权。通行权的利用目的对供役地的负担有很大影响，因此，按照通行的目的，通行权又分为：个人通行权（*iter*）、运输通行权（*actus*）、道路通行权（*via*）。

（1）个人通行权。个人通行权是某人享有通过或步行经过他人土地的权利，而非驱赶驮兽经过他人土地的权利；个人通行权包括表见性通行权与非表见性通行权。表见性通行权需要一条通行道路才能行使权利的，那么应当允许他通过挖掘和建筑修一条道路；非表见性通行权的权利人无需修筑一条道路。

（2）运输通行权。运输通行权是驾驭驮兽、车辆经过他人土地的权利。因此，从权利的权能来看，享有个人通行权的人无运输通行权，享有运输通行权的人却享有个人通行权。

（3）道路通行权。道路通行权是行走、运输及散步经过他人土地的权利，因此它包含个人通行权和运输通行权。它不但允许通行，而且允许通过固定的成形小路经他人土地运输石头、建筑材料等物。

---

〔1〕要式物是属于公民所有的（因而位于意大利的）土地、房屋、领地、奴隶、马、牛、骡子和驴。即所有用来牵引或负重的牲畜，除这些有形物之外，还有乡村地役权，至少最早期的乡村地役权，即通行权的三种形式和用水役权。除此之外的一切其他物均为略式物。要式物的移转形式是要式买卖或拟诉弃权。略式物的移转形式表现为占有的转移或让渡。

〔2〕［古罗马］查士丁尼：《法学总论》，张企泰译，商务印书馆1989年版，第60页。

(4) 水路通行权。水路通行权，是指通过他人河道达到自己的田地的权利。

2. 用水权。用水权是指为了需役地，经供役地导水或从供役地汲水的权利。用水权主要包括导水权、汲水权。

(1) 导水权。导水权是指为了需役地的便利，用管道将供役地的水导入或从他处经过供役地将水导入需役地的权利。使用水渠导水的，导水权人享有下列潜在的附随性权利：其一，维修通行权，即为了维修水渠，权利人和他的工匠们有权按照最近路线通行；其二，供役地人要在水渠两边给需役地人留出一块我能进入水渠的空地，需役地人有权将土、淤泥、石头、石灰和泥沙置于其上。

(2) 汲水权。汲水权是指需役地所有人进入供役地取水的权利。

(3) 饮畜权。饮畜权是指与需役地有关而非与人有关的役权人的牲畜有在供役地饮水的权利。有的人认为，饮畜权包括在通行权内。[1] 有的人认为饮畜权属于其他用水权。[2] 但是，凡行使运输通行权的，饮畜权自然包括在内；反之，如果没有运输通行权的，饮畜权即为用水权。饮畜权涉及的是劳作用畜，是土地所必需的，否则它就成了人役权。

3. 牧畜权。牧畜权也称放牧权，即将耕地之牛放牧于邻地的役权。

4. 采掘权。采掘权的种类很多，主要是指为了需役地的需要，于供役地采掘砂、石、黏土、矿产等的权利，它主要包括烧制石灰权、采砂权、木材采伐权。烧制石灰权是指役权人得

〔1〕 周枏：《罗马法原论》，商务印书馆2005年版，第395页。

〔2〕 [意] 桑德罗·斯奇巴尼选编：《物与物权》（第2版），范怀俊译，中国政法大学出版社1999年版，第254页。

于供役地上烧制石灰的权利，它包括就地掘取所必需的原料的权利。采砂权是指为了需役地的需要，在供役地上采砂的权利。例如，为了在需役地上建造房屋而在供役地上采砂的权利。林木采伐权是指为了需役地的需要，在供役地上采伐林木的权利。例如，为了在需役地上建造房屋而采伐树木的权利。烧制石灰权、采砂权、挖沙权、采矿权等役权是允许他人（以类似于用益权的方式）为了另一块土地的需要，把一块土地的产物作为自己的，供需役地便利之用，超过需役地的需要而多采之砂、土、矿产，加重了供役地的负担，役权人应承担责任。如果不是为了土地的需要，而是为了其他用途采砂、采矿、烧制石灰就成了人役权。

5. 贮存地役权。贮存地役权是指将农产品集中贮存于邻居农场内的权利。

6. 取物地役权。取物地役权是指为了使用土地而向邻地取物的权利，例如，若我的葡萄需要杆子我便可以去邻地取的役权。

7. 置物地役权。置物地役权是指使用他人土地搁置物品的权利。例如，你可以授予其采石场在与你的土地邻接的邻居将土、碎石、石块抛弃到你的土地上或让石头滚到你的土地上并将它们留在那里而以后运走的役权。

（四）罗马法上禁止设定的役权类型

在罗马法中，上述类型都是一些指导性的，当事人完全可以设定上述地役权类型之外的其他一些地役权，即按照意思自治的要求，上述役权的类型是可以突破的。但是，当事人设定地役权时要不是任意的，他们不能设定下列类型的地役权：

1. 地役权的本质不是要求供役地所有人应当做某事，而是要求他承受某一行为或不实施某一行为。因此，当事人不能设定以供役地人积极作为为内容的役权，当事人也不得创设以供役地人积极作为这一类型的地役权。

2. 不能为了允许我们在他人土地上采摘水果、散步或野餐而创设地役权。

从以上对罗马法上的地役权的类型的介绍来看，罗马法首先按照地役权的客体对地役权进行初步类型化，在此基础上，再按照地役权的内容对地役权进行更为细致的类型化。可见，罗马法对地役权类型化的标准是多重的。

二、法国民法关于地役权类型化的标准及主要类型

（一）法定地役权与约定地役权的划分是法国地役权类型化的前提

《法国民法典》按照地役权设立的原因对地役权进行勾画式的类型化，由此形成了法定地役权与约定地役权的基本分类，并在此基础上对地役权进行类型化。

《法国民法典》按照地役权的产生原因将地役权区分为三类：①因场所的自然位置产生的地役权；②因法律的强制性规定而产生的地役权；③由诸所有人之间的约定而产生的地役权。因场所的自然位置产生的地役权中，《法国民法典》赋予设定于水的地役权以特别重要的地位，其中尤其是水流类地役权。水流类地役权主要包括：①排水地役权；②雨水排放地役权；③水源类地役权；④界碑、围栏设定的地役权。水流类地役权存在需役地，也存在供役地。例如，按照《法国民法典》第640条第1款的规定，处于低位置的土地应当接受从高位置土地不假人工疏导的自然排水。此时，高位置土地是需役地，低位置土地是供役地。但是，按照《法国民法典》第647条的规定，任何所有人均可对其不动产设立围栏。此时，就难以确定需役

地与供役地，更不存在土地负担。因此，界碑、围栏的设定更类似于相邻关系而不是役于他人之不动产的权利。

因法律规定设立的地役权按照设立的目的是为了个人利益还是私人利益，地役权分为公共地役权与私人地役权。法律规定设立的地役权主要包括：共有分界墙与分界沟、某些建筑应当留有的距离与中间设施、眺望地役权、檐滴、通行权。尹田先生认为，法定地役权具有混合性质，“因不存在需役地，故其非真正的地役权。但某些法定地役权却同样适用了地役权法律制度中的某些规则。”〔1〕笔者认为，其中的眺望地役权、通行权具有地役权的属性，分界墙、分界沟、檐滴主要是相邻关系问题，并不存在需役地与供役地。

（二）约定地役权的类型化标准

人的行为设定的地役权与德国法上的地役权基本一致。法国地役权的类型化主要探讨的也就是这部分内容。

1. 按照客体对地役权的类型化。在法国，约定地役权的类型化标准是按照地役权的客体进行的。役权，或者为使用建筑物，或者为使用地产而设定。不论对其设定役权的建筑物位于城市，还是乡村，第一种地役权均称之为“城市地役权”，第二种地役权称之为“乡村地役权”。但是，《法国民法典》在城市地役权、乡村地役权之下未再进行细化性的类型化。

2. 按照权利的行使方式进行的类型化。按照地役权是否具有持续性，《法国民法典》第688条将地役权类型化为：持续性地役权与非持续性地役权，在此基础上将地役权又加以更为详细的类型化。持续性地役权主要包括水管铺设地役权、下水道地役权、采光地役权或其他类似地役权。非持续性（间断）地

---

〔1〕尹田：《法国物权法》（第2版），法律出版社2009年版，第428页。

役权主要包括通行权、汲水权、放牧权或其类似的役权。《法国民法典》关于地役权类型化的规定并不是强制性的，而是引导性的；不是绝对性的，而是相对性的。当事人可以约定其他类型的持续性地役权或间断性地役权。

3. 按照地役权的表现形式进行的类型化。按照地役权是否需要通过一定的设施表现出来，《法国民法典》第689条将地役权类型化为表见性地役权与非表见性地役权，并举例说明何为表见性地役权，何为非表见性地役权。

可见，《法国民法典》对地役权类型化的标准是多样的，如此一来，某种具体的地役权即可能是此类地役权，也可能是彼类地役权。因此，《法国民法典》关于地役权类型化的标准杂乱无章，与其说是类型化，倒不如说是对地役权的分类，从中也可以看出，法国民法典关于地役权的规定类似于教科书式立法，并不是较为理想的地役权类型化标准。一般来说，在法国民法上，地役权均有其命名（如通行地役权、汲水地役权、放牧地役权、取水地役权、废水排放地役权等）。而这些地役权的命名都以能够反映出地役权的内容而显得特别精准。因此，在司法实践中，从地役权的内容出发，法国形成了以下几种较为重要的地役权：通行权、汲水权、取水权、狩猎权、捕捞权、获得供应类地役权（如具有役权性质的采矿权）、不竞争义务。并且，较之法律命名的地役权，合同所命名的地役权只能算是例外。〔1〕

三、荷兰民法关于地役权类型化的标准及主要类型

按照《荷兰民法典》第五编第71条对供役地的负担所作的

〔1〕 尹田：《法国物权法》（第2版），法律出版社2009年版，第418页。

界定，地役权是加于供役地上的负担，包括在供役地或需役地的地上、上空或地下容忍某些作为义务或不作为义务。因此，按照《荷兰民法典》的规定，地役权类型化的方式包括两种：其一，依地役权的客体为标准，地役权分为普通地役权与空间地役权。空间地役权存在于供役地或需役地的上空或地下。其二，依地役权的内容为标准，将地役权简单地类型化为作为地役权与不作为地役权，而在其之下再无更为细致的地役权类型。

四、德国民法关于地役权类型化的标准及主要类型

《德国民法典》通过对地役权内容的原则性规定对地役权进行大致的类型划分。按照《德国民法典》第1018条对“供役地负担”的界定，在德国，地役权分为三种：①使用供役地为内容的地役权；②排除供役地人行使权利为内容的地役权；③限制供役地人以一定的行为使用土地为内容的地役权。可见，德国是按照地役权的内容为标准对地役权进行类型化的。但应当指出，《德国民法典》虽然按照内容对地役权进行了类型化，但这种类型化具有较高的抽象性，仅起到指引当事人可以设定何种内容的地役权的效果，但仍然没有明确规定各种具体地役权的内容。但是，在实践中，通行权、伐木权、放牧权、越界汲水权、电线杆或输油管的设置权，以及限制建筑物的专款契约等，都是十分常见的地役权。[1]

五、瑞士民法关于地役权类型化的标准及主要类型

按照《瑞士民法典》第730条的规定，在瑞士，地役权可以分为两种类型：①以“需役人对供役地进行某种特定方式的

〔1〕［德］罗伯特·霍恩、海因·科茨、汉斯·G. 莱塞：《德国民商法导论》，楚建译，中国大百科全书出版社1996年版，第200页。

侵害”为内容的地役权；②以“在特定范围内，供役人不行使自己的所有权”为内容的地役权。可以说，从《瑞士民法典》第730条的规定来看，其与德国民法关于地役权的类型化标准并无区别，也是采纳的较为抽象的类型化方式。但是，瑞士民法还列举了通行权、牧场权、伐木权、牲畜饮水权、灌溉权等具体类型的地役权。〔1〕因此，《瑞士民法典》系采纳抽象与具体相结合的类型化方式。

六、意大利民法关于地役权类型化的标准及主要类型

《意大利民法典》虽然没有对“供役地的负担”进行界定，但是按照该民法典第1027条的规定，地役权是为了需役地的便利而在另一土地上附加负担。而第1028条对“便利”进行了解释，按照对便利的解释，按照地役权设立的目的，地役权可以分为：①以需役地本身具有的较多的方便条件为目的的地役权；②以需役地本身具有的较多的良好环境为目的的地役权；③以满足需役地的工业用途为目的的地役权。同时，《意大利民法典》还对强制地役权的具体类型进行了详细规定，意大利民法上的强制地役权主要有：①水道和强制排水类地役权；②水闸设置产生的地役权；③对建筑物和土地的强制供水地役权；④强制通行地役权；⑤强制送电和电缆的通行地役权。

七、奥地利民法关于地役权类型化的标准及主要类型

按照地役权的客体为标准，《奥地利民法典》将地役权类型化为房屋地役权与土地地役权。按照地役权的内容为标准，又对房屋地役权与土地地役权进行了更为细致的类型化。房屋地

〔1〕参见《瑞士民法典》第749条。

役权进一步类型化为：①紧接属于他人房屋兴建房屋之权；②于他人墙上建梁椽；③为采光或者观景在他人墙上开窗；④在邻地上空建楼顶或露台；⑤经由邻居烟囱散发烟气；⑥将屋檐延伸至他人土地上空；⑦将水排入、导入或通过邻地；⑧不加高房屋；⑨不降低房屋；⑩不影响邻居采光与通气；⑪不影响视野；⑫不移去延伸邻地而有灌溉邻地花园、灌充水槽等功能之屋檐。土地地役权则进一步类型化为：①在他人土地上保留人行、牲畜或车辆通行；②引取牲畜用水与排除或导引此项用水；③牲畜之看守与放牧；④伐木，收集干枝、残材、橡实及扫集树叶；⑤狩猎与捕捉鸟类；⑥碎石、挖沙与烧石灰。

八、日本民法关于地役权类型化的标准及主要类型

从《日本民法典》关于地役权的定义性规定来看，地役权的内容由当事人以契约约定。可见，日本民法未对地役权的类型化进行或抽象或具体的规定，换言之，在日本民法上并无关于地役权类型化的规定。但是，有学者认为，《日本民法典》特别规定了“用水地役权”和“工作物的共同使用权”。[1]笔者认为，基于用水的顺序的特殊性，《日本民法典》特别规定了用水地役权，而“工作物的共同使用权”是指供役地的所有人在不妨碍地役权行使的范围内，可以使用为行使地役权而于供役地上设置的工作物。因此，“工作物的共同使用权”并非地役权的一种类型，而是供役地人的权利。在“地役权”一章，《日本民法典》还用一个条文规定了无共有性质的入会权的法律适用。入会权是一种村落共同体或者准村落共同体对土地、主要是山

〔1〕 刘乃忠：《地役权法律制度研究》，中国法制出版社2007年版，第21页。

林原野进行总括性支配的习惯法上的物权。[1]入会权包括两种类型，“具有共有性质的入会权”和“不具有共有性质的入会权”。按照《日本民法典》第294条的规定，无共有性质的入会权，除从各地方的习惯外，准用地役权的规定。因此，在日本民法上，“无共有性质的地役权”被视为一种特殊的地役权。

从上述各国关于地役权的类型化来看，罗马法、《奥地利民法典》对地役权的类型化最为详细，我国台湾地区对地役权没有进行任何类型化的规定，《德国民法典》、《荷兰民法典》对地役权作了相对抽象的类型化，《瑞士民法典》既采纳抽象的方法对地役权进行类型化，又对多种习惯法上的地役权进行了确认。笔者认为，我国台湾地区没有对地役权进行类型化的立法模式，完全起不到引导当事人设定地役权的功能，限制了地役权制度的价值发挥。《德国民法典》、《荷兰民法典》虽然对地役权的进行了较为抽象的类型化，为当事人设定何种类型的地役权提供了一定程度的引导功能，但无法更为细致地引导当事人设定何种类型的地役权，因此也不是较为科学的立法模式。惟罗马法、《奥地利民法典》，对地役权的类型进行细化。苏永钦先生对此有一个非常经典的评论：“这样详尽的规定，毫无疑问对地役权的交易可以发挥高度引导和安全的作用。另一方面，如果严格限制类型，新兴地役需求的满足也将受到限制。故奥地利民法规定的性质仍属例示，在解释上保留了相当大的弹性，容许创设新类型的土地或房屋地役权。”[2]

---

〔1〕［日］我妻荣：《日本物权法》，［日］有泉亨修订，李宜芬校订，台湾五南图书出版公司1999年版，第336页。

〔2〕苏永钦：“重建役权制度——以地役权的重构为中心”，载苏永钦：《走入新世纪的私法自治》，中国政法大学出版社2001年版，第253页。

第四节　地役权类型化的标准

盖类型化都有一定之目的，并为该目的而选取一定之类型化的标准。是故，按照不同的方法区分，其区分的结果就有不同的功能，这些不同功能的设定本身便具有目的性，它是带有意志的价值判断。〔1〕区分标准的选取，会决定类型化的结果是否能适当达到所要达到之目的。因此，地役权类型化标准的选取对达到地役权类型化的目的具有非常重要的意义。一个恰当的类型化的标准对地役权法律制度的适用具有指导性价值。一个法学比较落后的地方，其法律的适用所以不能适当地达到规范目的，主要常肇因于在设计制度时，拟负荷上去的功能没有处理好。〔2〕例如，地役权能否时效取得，必须是在区分表见地役权与非表见地役权、继续地役权与非继续地役权基础上作出价值上的判断。通过笔者对上述各国关于地役权类型化标准的考查，我们至少可以得出，地役权类型化的标准主要包括两个方面：其一，从地役权的客体进行类型化；其二，从地役权的内容进行类型化。

一、地役权的类型化标准——客体视角的观察

地役权的客体是地役权所指向的对象。地役权之客体变化经历了一个漫长的演变过程，甚至因各国关于建筑物与土地之间的关系不同，对地役权客体的认识也存在不同。本书在前文

---

〔1〕 黄茂荣：《法学方法与现代民法》（第5版），法律出版社2007年版，第69~70页。

〔2〕 黄茂荣：《法学方法与现代民法》（第5版），法律出版社2007年版，第71页。

对地役权的客体进行了详细分析，认为地役权的客体包括土地、建筑物、空间以及海域，因空间属于土地的范畴。因此，土地、建筑物以及海域三种不动产之间的互役是一个现实需求。在地役权之下可以创设土地与建筑物之间的地役权、土地之间的地役权、土地与海域之间的地役权、建筑物与海域之间的地役权、建筑物之间的地役权、海域之间的互役等此类型的地役权。

二、地役权的实质性类型化标准——内容视角的观察

按照物权法定原则的基本要求，物权的内容应当法定，且内容法定是类型法定的前奏。地役权的内容具有自由约定，这为地役权的类型化造成了极大的困难与不便。但是，如果不能从内容对地役权进行类型化，地役权的类型化问题将会成为空谈。而地役权的内容直接决定了地役权的功能，因此，地役权类型化的实质性标准就是：从地役权的内容或功能的角度对地役权进行类型化。从地役权的内容出发，地役权可以分为关于水的地役权、通行类地役权、取益类地役权〔1〕、景观地役权、立墙地役权、营业禁止地役权等。

（一）关于水的地役权

关于水的地役权是指为了需役地的便利而从他人土地取水或者排水的权利。水的利用与排放与不动产的自然位置密切相关，因此，取水、水的排放尤其是雨水的排放受相邻关系的调整。但正如前文所论，当事人可以通过约定排除关于水的排放的相邻关系的法律适用而在当事人之间形成排水地役权或者禁止排水地役权。故此，关于水的地役权主要包括取水地役权、

〔1〕 水并非土地的出产物，也不属于土地所有人所有，因此，从他人土地上取水并非取益地役权，英美法将其作为通行地役权对待。在大陆法系国家，取水与排水一样，作为一种独立的地役权。

通水地役权、禁止取水地役权与禁止通水地役权四种形式的地役权。

1. 取水地役权与禁止取水地役权。取水地役权是为了需役地利益的需要而从他人土地取水的权利。取水地役权是一种较为常见的地役权。虽然在他人土地取水，但取水的目的不在于为需役地的利益而是为了特定人的利益，如取水的目的在于饮用而不是灌溉土地，此时并非地役权，它可能是一项准物权——取水权，也可能是一项人役权，甚至是一项债权利用权。取水地役权的行使需要经由他人土地，因此，取水地役权含有在他人土地通行的通行地役权的权能。取水地役权主要包括：①导水地役权，即地役权人用管道将供役地的水导入或从他处经供役地将水导入需役地的权利，包括在供役地上设置水管和修缮需役地的权利，但不包括开掘沟渠。②汲水地役权，即地役权人于供役地上取水的权利。③饮畜地役权，即地役权人的牲畜在供役地饮水的权利。④平水地役权，即供役地的所有人负有蓄水和排水的义务，以保持供役地的自然流水与需役地的通常水位相平衡。⑤接水地役权，即接取邻居土地排出的水以便灌满蓄水池或实现其他目的的权利。不动产权利人可基于相邻关系而取得自他人土地取水的权利，此为相邻取水权。相邻取水权的取水量可能不能满足需役地的需要，此时，当事人可以约定大于相邻取水权的地役权。当然，在例外情形下，相邻取水权人也可与另一方相约设定禁止取水地役权。

2. 通水地役权与禁止通水地役权。通水地役权是指利用供役地通水的权利，它主要包括：①排水地役权，又称承流地役权、流水地役权，即地役权人有于供役地上直接排放或通过管道排放雨水的权利。②阴沟地役权，即地役权人在供役地或供役房屋下设置阴沟以排放生活污水或作坊废水的权利。当然，人们也可以设定禁止通水地役权。

（二）通行类地役权

通行类地役权是指为行使自己的不动产权利的便利而在他人土地上享有的通行、架设线缆、铺设管道等权利。因此，通行类地役权包括通行地役权、线缆架设地役权、管道铺设地役权等。

1. 通行地役权。通行地役权主要包括：①步行地役权，即允许地役权人享有步行、乘坐轿、骑马等通过的权利；②牲畜通行地役权，即允许地役权人之羊群以及牛马通过的权利，通常包括小车的通行；③货车通行地役权，即允许载装木材、石材的载重货车通过的地役权；④水上通行地役权，即地役权人通过邻地的池塘、湖泊等水面通过的权利。

2. 线缆架设地役权。线缆架设地役权主要包括：①电话线架设地役权；②宽带线缆架设地役权；③有线电视线缆架设地役权；④电线架设地役权。

3. 管线铺设地役权。管道铺设地役权主要包括：①暖气管道铺设地役权；②燃气（煤气）管道铺设地役权；③供水或排水管道铺设地役权。

（三）取益类地役权

取益类地役权是指为了需役地的利益而进入他人土地，获取他人土地上之土壤以及土地出产物的权利。取益类地役权主要包括取土地役权、取砂地役权、取沙地役权、石料采掘地役权、石灰烧制地役权、采矿地役权、狩猎地役权、林木采伐地役权以及其他取物地役权。在罗马法上，取益类地役权种类繁多，在现代西方国家，取益类地役权也不少见。但在我国，取益类地役权却被形形色色的单行法，如《森林法》、《矿产资源法》中规定的林木采伐权、采矿权等取代，这些单行法多将其界定为准物权，而不是将其作为地役权的一种看做典型物权。笔者认为，在现代社会，采矿权、狩猎权、林木采伐权的性质发生了变化而成为一项独立的物权，其他取益类地役权在本质上并没有发生改变。

1. 采矿权。在罗马法上，如果当事人约定采矿的目的在于某一特定的土地，采矿权无疑属于采矿地役权。当然，开采他人土地上之矿藏的权利也可能是人役权——采矿的目的如果是为了特定人的利益时就如此。但在现代社会，基于矿产资源的稀缺性、重要性，矿藏已经与土地所有权分离而成为国家所有，这几乎是各国的通例。例如，德国 1980 年 8 月 12 日的《联邦采矿法》对采矿与不动产的关系进行了规定。所谓具有采掘自由的矿藏，如煤、原油和铀已经从不动产所有权中分离出来，因此不属于不动产所有权人。对上述矿藏规定了开采许可程序，即除一般批准外，还包括矿业所有权的授予。[1]我国也制定了专门的矿产资源开采法，矿产资源的开采权从地役权中独立出来而成为准物权。出于战略意义上的考虑，其他国家也制定了专门的矿产开采法。因此，作为体现私法自治与意志自由的地役权制度，不再适宜调整具有重要战略意义的矿藏的开采，而应当由独立的采矿权加以规范。所以，在现代社会，采矿权不再是地役权的范围。当然，如果采矿之目的在于某一特定的需役地，采矿权仍然具有地役权的性质。

2. 狩猎权。在罗马法上，狩猎权是一种典型的役权，要么是人役权，要么是地役权。但在现代社会，出于保护生态平衡的考虑，现代社会的狩猎行为要取得有关部门的许可，通过约定产生的狩猎权很少产生，即使有一些狩猎山庄或狩猎公园，

〔1〕［德］M. 沃尔夫：《物权法》，吴越、李大雪译，法律出版社 2004 年版，第 153 页。

但这些狩猎主要在于取悦于人，而非为需役地的利益，换言之，现代社会的狩猎权因与需役地脱离而难以归入地役权行列。因此，现代社会的狩猎权已经不再是地役权。当然，如果狩猎之目的在于需役地的利益，此时，仍不妨碍狩猎权成为地役权，但这种狩猎权在工业高度发达的今天几乎失去了价值。

3. 林木采伐权。在罗马法上，林木采伐权也属役权的一种，要么是人役权，要么是地役权。但在现代社会，为了保护环境，维持生态平衡，林木采伐需要取得有关部门的许可。因此，私人之间设定林木采伐权的可能性越来越小。同时，现代社会采伐林木的目的多为工业用途，制造木制品、纸制品等，为某一特定需役地的利益采伐林木的现象几乎消失。因此，林木采伐权原则上也不是地役权，而成为一项独立的准物权。

4. 取沙权、取土权、取砂权以及采石权。砂、沙、土、石等并没有像矿产一样从土地中分离出来，仍然属于土地的组成部分，因此，土地所有人可以设定取砂、取土、取沙以及采石权等。这些权利之所以仍然可以划归地役权的行列，在笔者看来是因为：不论是取沙权，还是取土权，他们并没有脱离需役地，因为所取之沙、砂、石、土并不具有矿产资源意义，总要和其他土地（需役地）结合，从而提高需役地的价值。例如，为了改良土地，地役权人可以在供役地上取沙。但是，在现代社会，沙、石、砂、土等又是非常重要的建筑材料而成为买卖的客体。例如，甲承包了一片河床采砂卖砂，此时，甲取得之采砂权是不是地役权？笔者认为，此时甲取得之采砂权并非地役权，原因在于：甲取沙的目的并非为了某一需役地的利益而是为了自己的利益——出卖，甲之取砂权是一种准物权。因此，取砂权、取沙权、取土权以及采石权之目的在于某一特定的需役地时，仍然属于地役权，反之，不是地役权而是一种新型的准物权。

（四）景观地役权

景观地役权是指为了需役地的通风、采光以及眺望等保证需役地人生活得更为舒适的地役权。景观地役权主要包括：①通风地役权，即为了保障需役地的通风、获得新鲜空气而限制供役地的使用的权利。②采光地役权，即为了保障需役地的良好光线而设定的地役权。最为常见的是禁止妨害邻居采光役权，即要求邻居不得通过施工减少光线的权利。③眺望地役权，即为了保障需役地的视野开阔设定的地役权。最为常见的是禁止妨碍眺望役权，即要求邻居不得通过施工妨碍眺望的权利。为了保障通风、采光以及眺望，相邻方可以设定限制建筑物加高地役权，即需役地人有要求供役地人建筑之房屋不得超过一定高度，以免影响其采光、通风或眺望的权利。

当然，相邻双方可以约定建筑物加高役权，是指与邻居约定，加高自己建筑物的权利，这可能损害另一方基于相邻关系而享有的采光权、通风权，此时，地役权人应当给供役地人合理的对价。

（五）建筑类地役权

建筑类地役权是指为了房屋以及地上设施的建设而形成的地役权。建筑类地役权主要包括：①架梁地役权，即地役权人建筑房屋时可以将栋梁架于邻居墙壁上的权利；②共用墙面地役权，即地役权人利用邻居墙壁顺接搭建毗邻房屋的地役权；③建筑物突出地役权，即地役权人建筑阳台、屋檐等伸入供役地上空的权利。

（六）营业禁止地役权

虽然《德国民法典》没有对地役权的具体类型作出规定，正是《德国民法典》第1018条的这种抽象性的规定为发展新型地役权预留了空间。更何况，“总的来说，即使在《德国民法典》的条款一字未变的情况下，今天我们对它的理解以及它在实践中的适用，已大大不同于它施行之时人们对它的理解和适用了。”〔1〕因此，《德国民法典》制定之初的地役权类型显然不能满足社会发展的需要，新型的地役权随之产生自在情理之中。德国通过判例发展出两种典型的新型地役权：其一，营业竞争限制地役权；其二，担保地役权。

营业竞争限制之地役权的主要类型包括：①竞业禁止地役权，即相邻不同之所有人约定，地役权人有权要求邻地之所有人不得在其土地上从事某种营业的地役权。例如，甲、乙两地相邻，甲、乙两地的所有人各自在自己的土地上经营诊所。此时，甲地之所有人可与乙地之所有人约定一项竞业禁止地役权，其内容为：乙地之所有人不得在乙地上再开诊所，甲地之所有人给乙地所有人支付合理的对价。②销售约束地役权，即地役权人有要求供役地之所有人不得在供役地上销售某种商品的地役权。例如，不动产相邻方可以设定禁止销售某种商品（如啤酒等）的地役权。③销售商品地役权，即供役地人有要求供役地人在供役地上仅销售某种商品的地役权。例如，地役权人可要求供役地人在供役地上仅销售其生产的啤酒，从而为自己的产品销售寻求到物权性保护。④独家经营地役权，即地役权人享有在供役地上经营一家餐馆或加油站的独断性权利。⑤远距离供暖地役权，即禁止供役地人建造产暖设施的地役权。

基于“作为之上不能设定地役权”的原则，营业禁止地役权为物权性的完全禁止或物权性的完全要求，而不允许将受负

〔1〕［德］卡尔·拉伦茨：《德国民法通论》（上），王晓晔等译，法律出版社2003年版，第69页。

担人的行为，物权性地选择并确定在唯一的可能性上。[1]但是，为了使债权行为具有物权效力而借助地役权，从而在例外的情况下，允许设立以供役地人作为为内容之地役权，此种地役权为担保地役权，即通过地役权，供役地人担保在其供役地上仅销售地役权人提供的商品。[2]例如，供货商可以与供役地人约定，供役地人保证在其土地上仅销售其生产的啤酒，此时，供货商可以取得担保地役权。

第五节　地役权的分类

一、自然地役权、法定地役权与协议地役权

按照地役权的产生方式不同，地役权可以分为自然地役权、法定地役权与协议地役权。据有关学者的考证，罗马社会的《十二表法》就有关于地役权的规定，例如第七表第 1 条规定："建筑物的周围应用二尺半宽的空地，以便通行。"第 2 条规定："凡在自己的土地和邻地之间筑篱笆的，不得越过自己土地的界限；筑围墙的应留空地 1 尺；挖沟的应留和沟深相同的空地；掘井的应留空地 6 尺；栽种橄榄树和无花果树的，应留空地九尺；其他树木留 5 尺。"因此，这些规定实际上是关于法定地役权的规定。查士丁尼的《法学阶梯》I. 2. 3. 4 规定："如果某人希望为邻居设立某种权利（地役权，笔者注），他应以简约和要式口约做此事。某人也可在遗嘱中迫使其继承人不加高（自己

〔1〕［德］鲍尔、施蒂尔纳：《德国物权法》（上），张双根译，法律出版社 2004 年版，第 716 页。

〔2〕［德］鲍尔、施蒂尔纳：《德国物权法》（上），张双根译，法律出版社 2004 年版，第 717 页。

的房屋），以免阻挡邻人房屋的光线；或容忍（邻人）在墙上支搭梁木或引起檐滴；或容忍邻人步行或驱畜通过土地；或从土地导水。”可见，在古代罗马，地役权的产生方式可以由当事人自由设定。因此，罗马法认为地役权可以分为法定地役权与协议地役权。

罗马法的这种做法直接影响了《法国民法典》。《法国民法典》第639条规定：“地役权的产生，或由于现场的自然情况，或由于法律规定的义务，或由于所有人之间的契约。”依此规定，产生于现场的自然情况者为自然地役权，产生于法定义务者为法定地役权，产生于所有人之间的协议者为意定地役权。所以，法国法上的地役权可以分为自然地役权、法定地役权与协议地役权。

1. 自然地役权是因土地的具体地理环境决定的，地役权不需要相邻土地所有权人的合意即可设立，是自然的地役权。它主要包括：①分界和围隔。例如，《法国民法典》第646条的规定：“一切所有人得要求其邻人在双方毗邻的土地上树立界石，树立界石的费用由双方共同负担。”亦即任何人均有对其土地分界的权利并可强制其邻人参与分界。《法国民法典》第647条规定：“任何所有权人均可对其不动产设定围隔。”②围墙。例如，《法国民法典》第648条：“欲设立围栏、围墙的所有权人，按其划开之土地的比例，失去自由权与自由放牧的权利。”③自然排水。处于低位置的土地应当接受从高位置土地不假人工疏导的自然排水。低位土地的所有权人不得筑坝阻止流水下排；高位土地的所有权人不得有任何加重低位土地所负担之役权的行为。由于自然的地役权为自然需要的结果，故于法定地役权与协议地役权不同，其不会导致任何的补偿，这一原则的立法理由是：当事人不应为自然界承担责任。当然，并非任何情形当事人都不承担补偿责任，《法国民法典》第641条第2款规定——“如因利用雨水或疏导排水加重第640条所指的水流下排之自然役权，对低地位土地的所有权人应当给予补偿”就是一种例外。

2. 法定地役权是为公共利益、市镇行政区利益，或者个人利益，按照法律的直接规定而设立。为公共利用设定的地役权，其标的是沿可通航或可漂流的河流开辟人行道路，建筑或修整通道以及实施其他公共工程或市政行政区的工程。它主要包括：①共有分界墙和分界沟；②某些建筑应当留有的距离与中间设施；③对相邻人的财产的眺望；④檐滴；⑤通行权。法定地役权具有混合性质：因不存在需役地，故其非真正的地役权。但某些法定地役权却同样适用了地役权法律制度中的某些规则。

3. 由人的行为设立的地役权（意定地役权）。由人的行为设立的地役权是由土地相邻方双方的协议形成的地役权，因此，也称为协议地役权。

有的学者认为，法律不会向无地缘关系的两块土地施加地役义务，法定地役的基础实际上仍然是两块土地之间存在某种相邻关系或自然位置关系。这样，自然地役和法定地役的区分就不太明显了。因此，大多数国家则将自然地役合并到法定地役中，只区分法定地役和约定地役。[1]

笔者认为，相邻关系主要是因两块不动产之间的地缘关系或自然情势决定的，它属于法定的内容，且应该属于《德国民法典》中相邻关系的内容；而法定地役权的内容是否必定属于相邻关系的内容却值得认真思考。如果法定地役权也属于相邻关系的有机组成部分，就无法解释《意大利民法典》因何既规

〔1〕高富平：《土地使用权和用益物权》，法律出版社2001年版，第18页。

定了相邻关系，又规定了强制地役权。德国司法实务中也承认地役权的依法取得。地役权之法律规定，亦以因优势之干涉利益（即达于公共交通之必要性），而须有特别牺牲之思想为其特征；而且，对所付出之特别牺牲，亦通过定期金予以补偿。[1]因此，法定地役权很难说就是相邻关系的内容。但是，有些相邻关系的类型就是地役权的类型则应该没有什么争论，即法律在规定相邻关系的类型实际上就是在规定地役权的类型。

二、按照权利的客体对地役权的分类

按照权利的客体，地役权可以分为土地之间的地役权、土地与建筑物之间的地役权、土地与海域之间的地役权、建筑物之间的地役权、海域之间的地役权、建筑物与海域之间的地役权等六种次类型的地役权。土地之间的地役权，是指需役不动产与供役不动产都是土地的地役权，它是传统地役权的主要类型。建筑物之间的地役权，是指需役不动产与供役不动产都是建筑物的地役权，它是罗马法上的城市地役权的典型形式。土地与建筑物之间的地役权，是指需役不动产与供役不动产有一方是建筑物，另一方是土地的地役权。海域之间的地役权，是指需役不动产与供役不动产都是海域的地役权。土地与海域之间的地役权，是指需役不动产与供役不动产有一方是土地，另一方是海域的地役权。建筑物与海域之间的地役权需役不动产与供役不动产有一方是建筑物，另一方是海域的地役权。前三种地役权是传统地役权；后三种地役权是随着人类对海域的认识与利用而新出现的地役权。

---

〔1〕［德］鲍尔、施蒂尔纳：《德国物权法》（上），张双根译，法律出版社2004年版，第710页。

三、积极的地役权与消极的地役权

依照权利的行使方式是以“作为”或“不作为”为标准，地役权可以分为积极的地役权与消极的地役权。积极的地役权也称为作为的地役权，是地役权人在供役不动产上为一定行为的地役权，如通行地役权、汲水地役权等。消极的地役权也称为不作为的地役权，是指地役权人不为一定行为的地役权，如眺望地役权。这种分类的实益在于：①地役权人行使权利的方式不同。积极的地役权人须通过作为的方式行使其权利；消极的地役权人须通过不作为的方式实现其权利。②供役不动产人承担的义务不同。积极的地役权之供役不动产人须负容忍之义务；消极的地役权之供役不动产人须负不作为的义务。

四、继续性地役权与非继续性地役权

按照地役权的行使方法，地役权可以分为继续性地役权与非继续性地役权。继续性地役权，是指供役地一旦进入适当状态，不需要每次有权利人的行为而能继续无间断地行使的地役权。继续的地役权主要包括引水权、开设通道通行之通行权、眺望权等。消极的地役权多为继续的地役权。非继续性地役权，是指需要地役权人以行为行使的地役权。非继续性地役权主要包括汲水权、未形成通道之通行权、放牧权等。这种分类的实益在于：①二者行使权利的方式不同。继续性地役权要求权利人不需一定的行为即可行使权利；非继续性地役权必须经权利人的行为行使权利。②能否适用取得时效不同。继续性地役权能够适用取得时效；非继续性地役权因不具有持久的公开性，因此，不能适用取得时效。

五、表见性地役权与非表见性地役权

按照权利行使的表见形式不同，地役权可以分为表见性地役权与非表见性地役权。表见性地役权，是指能够以外在的设施表见行使权利的地役权，主要包括设有通道的通行权、放牧权、采砂权、露出地面水管、沟渠的引水权等。非表见性地役权，是指不能以外在有形的设施而能认知行使权利的地役权，主要包括利用地下水管的引水权、排水权、眺望权、无道路的通行权等。这种分类的实益在于能否适用时效取得不同：表见性地役权能够适用时效取得；非表见性地役权不能适用时效取得。

六、公用地役权与私有地役权

按照设立依据的法律不同，地役权可以分为公用地役权与私有地役权。公用地役权是按照公法设立的；私有地役权是按照私法设立的。[1]公法实务上认为土地如成为通道，供公众通行，既已数十年之久，自应认为已因时效完成而有公用地役关系存在。此项通路之土地，即已成为他有公物中之公共用物，所有人虽仍有所有权，但其所有权之行使应受限制，不得违反公众通行之目的。此种时效取得的公用地役权，必须以表现且继续地役权为限。在通行权的时效取得方面，必须开辟通道，能够表现于外。

公用地役权在本质上是不是地役权？我国台湾地区判例承认其为公用地役关系，属于地役权的一种。但是，很多学者对此批评甚多。笔者认为，并不存在公用地役权，这是因为：首先，地役权的取得，必须有需役不动产与供役不动产的存在，而享有此种公用地役权的人，大多不是需役不动产的用益权人，而仅是利

〔1〕 学说上尚无公用不动产役权与私有不动产役权之名称。该名称来自于谢在全教授于其名著《民法物权论》中创立的“公用地役权与私有地役权”之称。

用他人土地供个人及其家人利用，是人役权的范围。其次，物权法定主义下，地役权是民法上明确规定的私有物权，不及于公用地役权。因此，公用地役权无存在的余地。最后，公用地役权的“公用”如何界定？例如，电力公司送电之电力设施，使用他人之土地，是否属于公用地役权，就很有争论的必要。

第六节　自己地役权

一、自己地役权的含义

自己地役权也称所有人地役权，是指所有权人为提高自己不动产的效益而在自己另一不动产上设立的地役权，它是地役权的例外形态。自己地役权是存在于自己之不动产之上的，属于物权因混同而消灭原则的例外。

二、自己地役权的立法

自己地役权是存在于自己土地上的地役权，此时供役地与需役地同属一个民事主体。而所有权是对物的最广泛的权利，所有权人可以对自己所有之物进行任意地使用，因此两块不动产属于同一人所有的，并无设定地役权之必要。所以，罗马法上明确禁止自己役权，例如，保罗在《论萨宾》第 15 卷 D. 8, 2, 26 认为：“没有一个人能对自己的财产享有役权。”[1]法国、奥地利的民法都只有他役权。但是，也有明确规定自己地役权

〔1〕 当然，罗马法时期，也有学者认为：“拥有两块土地的人，在交付转让给他人之时可以在其中一块之上设立一项役权。”见尤里安：《评米尼奇》，第 2 卷 D. 8, 2, 34。转引自《学说汇纂》（第 8 卷 · 地役权），陈汉译，中国政法大学出版社 2009 年版，第 59 页。

的立法例。例如，瑞士是第一个在立法上承认自己役权的国家，《瑞士民法典》第733条明确规定："所有人在自己的土地上，为属于自己的另一块土地的利益，设定地役权。"《意大利民法典》也放弃了罗马法的原则，甚至于第1029条承认某种役权的"预先设定"。德国的司法实践认为："如果存在对所有权人不动产役权的经济或者精神需要，联邦最高法院还是允许所有权人在自己的土地上设定地役权。"[1]值得注意的动向是我国台湾地区在修订"民法"时，也于895条之四规定："不动产役权，亦得就自己之不动产设定之。"可见，自己地役权已逐步被各国家地区的立法所确认。

三、自己地役权的制度价值

日本、我国台湾地区、我国大陆地区物权立法均将地役权界定为"以他人土地供自己土地便宜之用的权利"。因此，从法律文义上就否定了自己地役权存在的可能性。有学者正确地指出："法律设置地役权制度，不在于调节不动产的所有，而在于调节不动产的利用，且法律条文所谓'他人土地'或'自己土地'没有严格限制以土地所有权人的为限，故通说认为虽属同一人所有的两宗土地，其中一宗被他人使用，如为该他人设立了典权或土地承包经营权，只要一宗土地有供另一宗土地便宜之用的必要，仍可设立地役权。这符合实际需要，值得重视。站在立法论的立场上，未来制定民法典或修正《物权法》时，在一定情形下，应当允许在自己的不动产上设立地役权。"[2]自

〔1〕［德］鲍尔、施蒂尔纳：《德国物权法》（上），张双根译，法律出版社2004年版，第414页。

〔2〕崔建远：《物权：规范与学说》（下册），清华大学出版社2011年版，第613页。

己地役权存在的现实意义如下：

（一）自己地役权能够提高不动产的利用效益

随着社会进步，不动产资源有效运用之形态，日新月异，为提高不动产之价值，就大范围土地之利用，对各宗不动产以设定自己地役权方式预为规划，既可节省嗣后不动产交易之成本，并维持不动产利用关系稳定。如建筑商开发社区时，通常日后对不动产相互利用必涉及多数人，为建立社区之特殊风貌，预先设计建筑之风格，并完整规划各项公共设施，此际，以设定自己地役权方式呈现，遂有重大实益。自己地役权有益于事先规划不动产之用途，在社区整体之规划上具有特别意义，自己地役权可创造不动产整体之利益，如同土地重划一般，等于是以民法之法律效果去创造公法上的土地重划功能。[1]瑞士、意大利等国的这些做法，不仅突破了概念法学的僵硬，而且证明所有权人确可借此对大笔土地事前做好整体规划，而大大提高其交易价值，简化了大量的交易成本和登记成本，绝非“全无实益”。[2]

对未经他人占有之不动产，所有权人得否以之为自己设定不动产役权，则为争议之所在。笔者认为，自己地役权制度绝对不仅在于解决“同一人所有之土地，但占有人不同时，仍得设定地役权，例如，拥有二笔以上之土地所有权人，将其中一笔供用益物权人如地上权人、典权人或永佃权人使用，土地所有权人在使用土地必要范围内，仍得就该已供他人用益之土地设定地役权。”[3]在两块不动产同属于一人的情况下，自己地役

---

〔1〕 尹田：《法国物权法》（第2版），法律出版社2009年版，第436页。

〔2〕 苏永钦：“重建役权制度——以地役权的重建为中心”，载苏永钦：《走入新世纪的私法自治》，中国政法大学出版社2002年版，第265页。

〔3〕 史尚宽：《物权法论》，中国政法大学出版社2000年版，第208页。

权也有存在的价值，如A、B两块土地为同为一人所有，所有权人可以在A地之上为B地设定一项地役权，便于土地的规划利用，提高土地的价值，且该项地役权对A、B地的继受人同样具有约束力。所以，自己地役权的设立重在约束日后各不动产受让人，除有特别规定外，准用关于地役权的一般性规定。[1]

（二）自己地役权并不违反地役权的本质

地役权是调整两宗不动产之间的利用关系，而与两宗土地是否属于同一人所有并无关系。不动产所有人可以预先进行不动产使用的安排，设定相应地役权，然后将其中一笔不动产转让。地役权是利用一宗不动产为另一宗不动产服务的，地役权并不关心其所有人是谁，它关心的是一块土地能够为另一块土地提供何种“便宜”，地役权是一种纯粹技术化处理的权利。因此，自己地役权之需役地与供役地虽然同属一个民事主体，但是需役地与供役地之区分还是非常明确的，并不违反地役权成立之根本要件。因此，自己地役权制度与地役权的基本理论并不违背，且土地所有人将自己的土地进行合理规划之后，再将自己之土地转让，能够有效地增加土地之市价，因此，自己地役权确实有其存在的制度价值。

（三）自己地役权在我国的特殊价值

我国实行土地国家或集体所有、海域国家所有制度，不动产所有人主要是国家，国家可以通过土地利用规划或海域功能规划合理安排不动产的利用。因此，我国不具备以土地或海域之所有权为客体设定的所有人地役权的制度土壤。但是，我国土地使用权承担起土地所有权的部分功能，土地使用权人为了充分利用不动产，发挥不动产的价值，节省交易成本，也可能

〔1〕 谢在全：《民法物权论》（中册·修订5版），中国政法大学出版社2011年版，第544～545页。

在自己使用的土地上设定地役权。这种自己役权虽然与西方国家的自己役权存在一定的差异，但是，我国却存在土地使用权人或海域使用权人设定自己役权的条件。另外，随着商品房的增多，建筑物私人所有也为自己役权提供了前提。所以，自己役权制度在我国有存在的空间，我国应在司法实践中予以承认。

四、自己地役权的主要类型

按照产生的原因不同，自己地役权分为设立型自己地役权和移转型自己地役权。

(一) 设立型自己地役权

两宗土地同属一人或者同归一人使用时，为了提高其中一宗土地的效益，土地所有人或者使用人在另一宗土地上设立地役权，此为设立型自己地役权。设立型地役权对土地所有人或者使用人规划土地利用、提高土地价值具有重要价值。

(二) 移转型自己地役权

移转型地役权是指因需役地或者供役地之所有权或者使用权发生移转，而使需役地或供役地之所有权或使用权同归一人。需役地与供役地同归一人的，地役权通常因混同而消灭。但是，有些国家之法律规定："第三人对地役权有利益关系的，地役权不消灭"，这时地役权转化为自己地役权。

五、自己地役权的法律适用

除地役权之设定人及设定主体与一般地役权有异者外，自己地役权在性质不相抵触情形下，可以准用一般地役权之规定。[1]

---

〔1〕 参加我国台湾地区"民法"第859条之五。

第七节　公共地役权

一、公共地役权的本质

所谓公共地役权，是指为了公共利益或公众利益的需要，使不动产所有权人或使用权人忍受某种不利益或负担，从而使国家或者公众取得一种要求不动产所有权人或使用权人承受某种负担的权利。公共地役权涉及的主要是供电、通信、无线电和电视台、公安、消防、市政、航空、保护文化遗产等涉及公共利益的行业。例如，为了某一村庄的需要，在某块土地上架设电力设备、有线电视设备等。公共地役权，有的学者称之为“行政地役权”,[1]有的学者称之为“公用地役关系”,[2]还有的学者将其称为“公益性役权”。[3]当然，也有人指出：“公益性役权与公共地役权的主要差别在于，前者的产生是基于历史，内容上主要是通行，权利主体是不特定的公众；后者的产生是基于协议或者法律规定，在内容上具有多样性，权利主体通常是从事公益事业的单位。”[4]笔者认为，公益性役权与公共地役权是同一事物，二者并无本质区别。首先，权利划分的根据在于权利的内容以及由内容决定的目的，权利产生的原因并不是划分两种权利的主要依据，因此，以产生的原因不同作为区分

---

〔1〕 王名扬：《法国行政法》，北京大学出版社 2007 年版，第 347 页。

〔2〕 谢在全：《民法物权论》（中册·修订 5 版），中国政法大学出版社 2011 年版，第 510 页。

〔3〕 [法] 弗朗索瓦·泰雷、菲利普·森勒尔：《法国财产法》，罗洁珍译，中国法制出版社 2008 年版，第 1022 页。

〔4〕 于宏伟：“地役权法律制度研究”，中国人民大学 2007 年博士学位论文，第 118 页。

公益性役权与公共地役权的标准之一并不恰当。其次，公益性役权之中的权利主体是不特定的公众，例如，公用通行关系之中，通行权之主体就不确定。但是，认为“公共地役权之权利主体为从事公益事业的单位”的看法可能存在片面之嫌，例如，通过管道将新疆克拉玛依油田所产之油输送到拉萨，由此产生管道铺设地役权，如果按照上述观点，此管道铺设地役权属于公共地役权而非公益性役权，因为管道铺设地役权的权利主体是从事公益事业的克拉玛依油田。政府之所以将石油输入拉萨，是因为出于公共利益的考虑，如果从利益衡量角度看，受益者是西藏人民而不是其他，因此，从新疆到拉萨的石油管道之通行地役权的权利主体是西藏人民，权利主体也具有公众性。况且，不论公益性役权还是公共地役权，其权利内容并无不同，即都是为了不特定公众之利益而在他人土地上设定负担。在美国，行政地役权之持有人一般为各州政府，受益人为全州人民。[1]所以，从权利的目的与内容来看，公益性役权与公共地役权并无区别，他们二者所指应该相同，因此我国学术界从来就没有区分公益性役权与公共地役权。

公共地役权是否为私法上的地役权，此问题牵扯到地役权的本质。关于公共地役权的本质，学术界形成了不同的看法，简略介绍如下：

（一）行政法律关系说

有的学者认为，公共地役权并不是私法上的权利，而是基于公共利益的需要而由公法强制产生的地役权，属于一种行政法律关系。我国台湾地区学者多持此种观点。例如，王泽鉴教授认为，公共地役关系，乃私有土地具有公共用物性质的法律

---

〔1〕［美］约翰·E. 克里贝特等：《财产法：案例与材料》，齐东祥、陈刚译，中国政法大学出版社2003年版，第492页。

关系。公用地役权的对象是不特定之公众，且亦不以有供役地与需役地之存在为必要，其本质乃属于公法关系，与私法上地役权之性质不同。公用地役权既为公法上的关系，且不以登记为成立要件。〔1〕再如，蔡志方先生认为，公共地役关系不是私法关系而是公法关系，在适用法律时不应以民法规则为准据法。〔2〕并有学者进而认为，这种行政地役权应为一种类似于征用私人财产的准征用行为。〔3〕我国台湾地区司法实务界也持此种观点。〔4〕

（二）相邻法律关系说

此种观点认为，为了公共利益的需要而利用他人土地的权利属于相邻关系调整的范围，并非地役权。例如，我国学者王利明教授认为："为了公共利益而从事架设管线等公共设施，需要利用他人的土地。例如，市政公司需要铺设煤气和供水管道，需要通过他人的地下，由于这种设施关系到公共利益，即使对土地的利用将会给他人造成极大的负担，土地所有权人和土地使用权人也不得拒绝。此种关系应由相邻关系来调整。如果不涉及公共利益的需要，需要利用他人土地，而利用他人的土地，将会给他人的土地造成极大的负担，他人并没有义务必须提供这种便利。如果要提供这种便利，则需要当事人双方通过设立地役权或者合同权利的方法来解决。"〔5〕

（三）地役权说

有的学者认为，公共地役权是一种权利，公共地役权是指

---

〔1〕 王泽鉴：《民法物权》(2)，中国政法大学出版社2001年版，第75页。

〔2〕 蔡志方：《行政救济与行政法学》(2)，三民书局1993年版，第314页。

〔3〕 谢哲胜：《财产法专题研究》，三民书局1995年版，第240页。

〔4〕 王泽鉴：《民法物权》(2)，中国政法大学出版社2001年版，第74~76页。

〔5〕 王利明：《物权法论》，中国政法大学出版社2003年版，第502页。

为公共利益需要而使不动产所有权人或使用权人容忍某种非利益或负担，因而使国家、公众或公共事业部门取得一种要求相关不动产所有权人或使用权人承担某种负担的权利。公共地役权调整国家、不特定公众或公共利益部门与不动产权利人之间，因公共利益需要而役使不动产或要求不动产权利人忍受某种非利益或负担产生的权利义务关系。公共地役权涉及的主要是供电、通信、无线电和电视台、公安、消防、市政、航空等涉及公共利益的行业。公共地役权虽然与地役权存在差别，但在物权法中确定公共地役权具有现实意义。〔1〕

（四）基地使用权说

有的学者认为，对于远距离利用他人土地的工程设施，如需通过他人土地的公路铁路系统、电力运输系统、供排水系统等，可以通过建立债的关系以确定当事人之间的权利义务，如需为此建立独立排他的用益物权，法律上或实务上可界定为基地使用权或空间基地使用权。〔2〕

（五）公权利说和公权力说

在英美国家，关于公共地役权的性质，主要有公权利说和公权力说。持公权利说的学者认为，公共地役权是全体公民为了拥有良好的生态环境或生存环境等而利用他人财产的共享权利，其最为明显的例证是美国农业保护地役权购买计划，即通过行政合同的方式取得地役权，体现了权利流转的思想。持公权力说的学者认为，公共地役权是个抽象的权力，是由政府作为公众代表，为了维护公共利益，以公权力的形式限制供役地

〔1〕 汤长极："对公共地役权立法的建议"，载《中国土地》2006年第12期。
〔2〕 梁慧星主编：《中国物权法研究》（下），法律出版社1998年版，第759页。

人忍受某种负担。[1]例如，美国佩恩中心运输公司诉纽约市一案中，纽约市政府将佩恩公司的火车站大楼列为“纪念建筑物”而禁止其改建。[2]该案充分体现了公共地役权之公权力性。

笔者认为，公共地役权体现了国家、社会不特定的公众以及受负担之不动产所有人三方面的利益调整平衡机制，并非私法所能解决，公共地役权并不是私法上的权利，更不是地役权，仅从受役使之不动产的角度观察，具有“供役”的负担，与私法上的地役权（私用地役权）具有一定的相似性，因此，私法上的地役权之概念就被借用过来，并形成了与之相对应的公法上的地役权——公共地役权。因此，公共地役权究其本质并非民事权利，更不是地役权。从纯理论的角度讲，公共地役权的概念并不准确，它容易混淆与私法上的地役权的区别。所以，笔者认为以公共地役关系来称谓更为恰当。

那么，公共地役关系能否归入基地使用权的范畴，从而取消公共地役关系的概念呢？公共地役是为了公共利益的需要而在他人土地上设定的负担，这种负担具有公益性，而基地使用权存在之目的虽然也有公益性的，但基地使用权之存在是以建造建筑物目的，如建造公园等，虽然也为了公众利益之目的，但此时并不存在联结两块不动产或两个特定财产的关系，而在公共地役关系中，虽然我们并不强调需役地之存在作为其条件，但是，不论供水还是排水，不论供暖还是供电，此时两块不动产还是可以非常清晰地感知。例如，“南水北调”工程中，水渠之挖掘的目的在于解决北京等用水问题，需役地就是北京，而供役地则为水渠之通过之土地。为私人之利益，通行、排水、

---

〔1〕 Andrew Dana and Michael Ramsey, “Conversation Easements and the Common Law”, 8 *Stan. Envtl. L. J.* 2 (1989), p. 22.

〔2〕 参见 Penn Cent. Transp. Co. v. New York City, 438 U. S. 104 (1978), pp. 136~138.

电力电缆的架设等属于地役权关系，为公共之利益，通行、排水、电力电缆的架设等应属于公共地役关系。因此，以基地使用权取代公共地役权的概念并不可取。

二、公共地役权的功能

为了公共利益的需要而在他人土地上设定负担，这是现代任何国家都不可回避的现实问题。国家如何解决私人不动产公用的问题，是各国所面临的新课题。在我国，通过以下方式可以实现将私人不动产公用的目的：

（一）征收方式的局限性

为了公共利益的需要，依照法律规定的权限和程序可以征收集体所有的土地和单位、个人的房屋及其他不动产。因此，国家可以通过将私人不动产征收为国家所有之后，将征收之不动产公用。通过征收的方式实现对私人不动产之使用存在以下两点缺陷：其一，征收是对他人不动产所有权最为严厉的措施，一旦征收为国家所有，私人将失去不动产且没有返还的可能。但是，公用目的的存在是有期限的，例如，以征收私人不动产而建立起来的公共道路存续期限可能仅有几十年，几十年之后道路不再存在，此时，公用目的不再，国家却理所当然地因征收取得不动产之所有权，其理由何在？其二，在很多情况下，通过征收私人不动产实现公用之目的，并不经济。例如，电信公司架设通信设施、自来水公司铺设管道等需要使用私人土地时，如果将通信设施、管道等占用的部分土地征收为国家所有，势必形成大量被集体土地包围的国有土地，此时不仅面临国有土地与集体土地疆界的划分问题，而且也将造成袋地通行等诸多不便。

（二）征用制度不能有效解决私人不动产公用的目的

因抢险、救灾等紧急需要，依照法律规定的权限和程序可以征用单位、个人的不动产或动产。被征用的不动产或动产使用后，应当返还征用人。因此，国家可以通过将私人不动产征用的方式实现公用，但是，征用限于“抢险、救灾等紧急需要”，但为了公用的目的，例如，修筑道路供公众通行、电信设施的架设等并不存在“紧急需要”的事由。因此，国家通过征用之方式在私人之不动产上设定公共地役关系的可能性极低。

（三）相邻关系难以解决私人不动产公用之目的

笔者在论述相邻关系时明确指出，我国《物权法》将公法上的相邻关系与私法上的相邻关系并未作出明确区分，而是将诸如供水、供暖、供气等为公益事业目的而使用他人不动产的权利归于相邻关系调整，形成了公法上的相邻关系与私法上的相邻关系混杂的局面。因此，在我国，正如王利明教授所指出的一样，系采用相邻关系的方式解决私有土地公用之目的。[1]从实践上来看，例如《电力设施保护条例》及其实施细则也有类似规定，如不得在电力线路保护区内兴建建筑物、构筑物；不得堆放垃圾、矿渣、易燃物、易爆物；架空电力线路保护区内不得种植高秆植物、被跨越房屋不得再行增加高度；电缆保护区禁止挖坑、取土、种植林木等。上述法律规定，目前实务中普遍将其定性为相邻关系，但是，这些规定并不是相邻关系所调整的，因为在相邻关系要求不动产要相互“毗邻”，在管道铺设关系中，不动产之间的距离可能相距深远。例如，从青海到西藏的油气管道占地关系，相邻关系完全无法解决。[2]再如“南水北调”工程，水渠途径多个省份，此时，“相邻”关系显然是不能解决的。

通过对上述三种私人不动产公用的解决途径的分析，任何

---

〔1〕参见王利明：《物权法论》，中国政法大学出版社2003年版，第502页。

〔2〕汤长极：“对公共地役权立法的建议”，载《中国土地》2006年第12期。

一种方式都存在致命缺陷。因此，现代社会，很多国家通过特别法，或者判例的方式形成了较为完善的公共地役制度，以公共地役关系解决私人不动产公用的目的。例如，为了公众利益的需要铺设供水管线时，铺设管线是在通过之不动产上设定的负担，供役人并未因征收失去不动产所有权且能够满足公益需要，实现了公共利益与私人利益的双赢，解决了相邻关系在理论上与实践上的不足。

三、公共地役权的立法

（一）法国关于公共地役权的立法

在法国，公共地役权有广义和狭义之分。狭义的公共地役权仅仅指为了公产的利益而对毗邻的不动产规定一些特别义务的权利。广义的公共地役权则是为了包括公产利益在内的公共利益目的而对不动产所有者规定义务，因而包括为了公共利益而存在的公共地役权以及为了公产之利益而存在之公共地役权。[1]在各国民法典中，唯有《法国民法典》对公共地役关系进行了一个原则性规定。《法国民法典》第649条规定："由法律规定设立的地役权，以公共利益、市镇行政区利益或者个人利益为目的。"第650条紧接着规定："为公益利用设立的地役权，其标的是沿可通航或可漂流的河流开辟人性道路，建设或修整通道以及实施其他公共工程或市镇行政区的工程。一切与此种役权相关的事项，由法律或特别规章确定之。"罗结珍先生翻译《法国民法典》时，在注释中按照地役权的终极目的，将地役权分为私益地役权和公益地役权。[2]尹田先生则根据地役权产生的原因为标准，认为《法国民法典》规定的这种地役权

〔1〕 王名扬：《法国行政法》，中国政法大学出版社1999年版，第330~331页。
〔2〕 罗结珍译：《法国民法典》（上），法律出版社2005年版，第509页。

常被称为“行政地役权”，因其设立是基于公共利益而非对需役地的利用，由法律规定设定的役权，不以“存在供役地和需役地”为其存在之主要条件，尽管在某些情形，其具有利用土地的特点，但系以间接的和从属的名义，故其非真正的地役权。〔1〕法国最高法院第三民事庭在1996年3月6日的一份判例中认为：“不是为需役地的便益而约定通行权，而是为巴黎市的居民和所有的过路人规定的通行权，也不构成役权。”〔2〕因此，法国法上的行政地役权本质上并非地役权。行政地役权的设立系为公共秩序的需要，其与根据私权而设定的地役权不同，行政机关不得放弃从而违背公共秩序。因此，《法国民法典》虽然规定了公共地役，但是，公共地役权规定在法定地役权之中，而法定地役权并不以需役地的存在为要件，并非真正的地役权，也不是一项私法上的权利，而是一种公法上的权利。

（二）我国台湾地区关于公共地役权的态度

在我国台湾地区，虽然立法上没有明确规定公共地役关系，但“公共地役关系，乃私有土地具有公共用物性质的法律关系，久为实务所承认。”〔3〕我国台湾地区曾出现过因习惯使用而取得私人道路上的公共地役权的判例。〔4〕学术界也普遍认可公共地役权。

（三）我国澳门特别行政区关于公共地役权的规定

我国澳门政府印刷署——法令第12/92/M号第十号也规定了行政地役权：“为了实现公共利益的目的对不动产方面可以构成必需的地役权。”

（四）美国对公共地役权的立法

在英美法上，也存在公共地役关系。例如，从美国得克萨

---

〔1〕 尹田：《法国物权法》（第2版），法律出版社2009年版，第401页。

〔2〕 罗结珍译：《法国民法典》（上），法律出版社2005年版，第507页。

〔3〕 王泽鉴：《民法物权》(2)，中国政法大学出版社2001年版，第74页。

〔4〕 翁岳生：《行政法》（下），中国法制出版社2002年版，第1763页。

斯州至波士顿的管道通行权的所有人可以说是独立地役权的所有人，而与管道两端之间的土地没有从属关系。[1]在俄勒冈州v. 海一案中，州法院还通过习惯理论支持了公众将俄勒冈州海岸的干沙区用做休闲目的的权利。[2]该判例最重要的、最有说服力的法律依据是英国的习惯理论，即通过习惯可以创设公共地役权。在布莱克斯通的英国法律评论中，阐释了特定习惯的构成要件：其一，它必须是年代久远，且被长期反复使用，以至于“人们已经记不起相反的例子”；其二，这种权利的行使从来没有中断；其三，这种习惯性使用应该是平静且没有争议的；其四，这种习惯性使用具有合理性；其五，为公众提供便宜之土地必须是明确界定的；其六，这种习惯具有强制性，即土地所有人无权否认公众为某种目的而使用某土地；其七，这种习惯不能令人反感，也不能与其他法律或习惯相冲突。[3]在美国有些州通过立法的方式直接规定了公共地役权，如美国俄勒冈州的一个法律就明确规定：“……②立法机关认识到多年以来公众对于与公共高速公路和州休闲区域相邻的土地的经常和不间断的使用，并进一步认识到这种使用已经通过捐献、时效取得、授权或其他方式取得了公众对土地的地役权，将这些公共地役权作为俄勒冈州休闲资源的永久部分予以保护，符合公众利益。……”[4]

公共地役关系具有独立的存在价值，且也有在民法典中规定公共地役关系的先例。因此，在我国制定《物权法》时，有

---

〔1〕 上海社会科学所法学研究所编译《民法》，法律出版社1981年版，第102页。

〔2〕［美］约翰·E. 克里贝特等：《财产法：案例与材料》，齐东祥、陈刚译，中国政法大学出版社2003年版，第494~495页。

〔3〕 John E. Cribbet, Corwin W. Johnson, Roger W. Findley, Ernest E. Smith, *Cases and Materials*, Foundation Press, Inc., 1996, pp. 573.

〔4〕［美］约翰·E. 克里贝特等：《财产法：案例与材料》，齐东祥、陈刚译，中国政法大学出版社2003年版，第492页。

学者认为，我国应当在《物权法》中规定公用地役权。[1]笔者认为，《法国民法典》将法定地役权作为地役权之一种，且公用地役权确实是因法律规定而产生，《法国民法典》将公共地役关系规定在役权之中有其合理性。前文已经论及，即使在法国，现代的学者以及司法实践也不承认公用地役权是一种役权，且《法国民法典》在规定公用地役权时是非常谨慎的，即它作了一个授权性立法——由“法律或特别规章确定之”。我国《物权法》采纳了德国的立法模式，将相邻关系从地役权中分离出来，如此一来，基于法律规定产生的地役权自然不能规定在《物权法》中的“地役权”部分。但是，我们不得不面临另外一个问题：我们能否将公共地役关系作为一种相邻关系，规定在相邻关系之中？对此，我国著名民法学家王利明教授从公共地役关系的本质出发，认为他们属于相邻关系，受相邻关系的调整。如此一来，问题又回到了笔者在论述我国《物权法》关于相邻关系的规定是否包含了“公法上的相邻关系”的老路上来了。因此，公共地役权宜在行政特别法中规定。

四、公共地役权与地役权的区别

公共地役关系是在他人不动产之上设定的负担。从负担的角度观察，具有地役权的属性。但是，公共地役权与地役权至少存在以下几方面的区别：

（一）产生的原因不同

公共地役权关系主要是基于法律的规定而产生，当然，在特殊情况下，公共地役关系也可基于时效而产生。例如，我国台湾地区大法官解释400号解释，于既成道路成立公共地役关

〔1〕 汤长极：“对公共地役权立法的建议”，载《就地说法》2006年第12期。

系，其要件有三：①须为不特定之公众通行所必要，而非仅为通行之便利或省时；②于公众通行之初，土地所有权人并无阻止之情事；③须历经之年代久远而未曾中断。所谓年代久远虽不必限定其期限，但仍应以时日长久，一般人无复记忆其确实之起始，仅能知其梗概为必要。[1]公共地役是调整公共利益和个体利益的一种法律手段，它要求牺牲某些个体利益，促成公共利益实现，因此，公共地役权应基于法律规定直接取得，而且一般应为无偿。地役权主要是基于当事人的约定而产生，且一般为有偿但继续且表见性地役权也可基于时效取得。

（二）存续期间不同

公共地役关系是为公众利益而存在，公众之所需多为长久。因此，公共地役关系多无期限限制。例如，公众通行地役关系之存续期限久远。在我国，地役权都有其存续期间。

（三）是否登记不同

公共地役关系基于法律规定而产生，因此无须登记即可产生对抗第三人的效力。而按照我国《物权法》的规定，地役权之产生虽然不以登记为必要，但不经登记不足以对抗善意第三人。

（四）存在之目的不同

公共地役权产生的目的在于维护公共秩序，或为了公共设施的安设、使用等公共利益需要。地役权是为了需役地的利益而产生，间接地是为了需役地之所有人或使用人之私人利益而存在。

（五）是否以“需役地的存在为要件”不同

公共地役关系不以需役地的存在为条件。但是，地役权必

---

〔1〕 转引自王泽鉴：《民法物权》（2），中国政法大学出版社2001年版，第74页。

须存在需役地，不存在需役地，地役权无从产生。

五、公共地役权的设立模式

从世界范围来看，公共地役权的设立模式经历了由法律强制设立到强制设立、协议设立与捐助设立并行的过程。

（一）公共地役权的强制设立

为了公共利益的需要，公共地役权多由法律规定产生，即通过法律的强制性规定而在私人不动产上设定公共地役权。在20世纪中期，大部分国家的多数公共地役权采纳了强制设立的模式。现在，尽管有些国家仍然采纳公共地役权的强制设立，但这已经不再是公共地役权的主要设立方式。但在我国，很多单行法将公共地役权界定为相邻关系，为了公共利益的需要，通过强制性法律限制私人对其不动产的利用，所以，在我国，强制设立是公共地役权的主要设立方式。这是因为：强制设立公共地役权的模式是以对社会个体利益的剥夺为前提的，往往与财产权人的意愿相违背，因而注定缺乏广泛存在和长期推行的群众基础和社会认同感，易引发不服从甚至冲突，尤其是容易引发强加公共地役权的管制是否构成征收而无需补偿的争议。

（二）行政合同设立公共地役权

为了公共利益的需要，国家通过与私人之间进行协商，通过合同的方式确定国家与私人之间的关系，私人不动产设定公共地役权负担之后，可以基于行政合同获得一定的补偿。通过行政合同的方式设立公共地役权，体现了公平自愿的协议精神，最大限度地降低了不动产权利人的抵触情绪。在美国，以协商代替命令、以奖励代替强制而设立公共地役权的合同模式，逐渐取代了传统的强制设立模式。

（三）捐助方式设立公共地役权

为了公共利益的需要，不动产权利人可以通过捐助公共地役权的方式设立公共地役权。例如，美国政府为了鼓励私人捐助公共地役权，采取了一系列的奖励办法，“联邦慈善捐助税收减让”（Federal Charitable Contribution Deduction）[1]就是其中之一种。

六、生态地役权

在现代社会，人类的生态环境还从未受到过如此挑战。人为因素造成大气污染、水质污染、森林植被遭到破坏、湿地大面积减少、土地沙漠化等等。因此，环境问题成为人类在21世纪的主题。环境问题给人类造成了很多损害。作为其对策，在损害发生之后，除依侵权行为法进行的赔偿外，还有保险和某种国家性补偿。[2]为了有效治理环境，保护生态平衡，保障自然资源的可持续利用，我国《环境保护法》、《土地管理法》、《矿产资源法》、《森林法》、《水污染防治法》、《大气污染防治法》等相继出台，对生态保护提供了公法上的救济。从私法的角度观察，物权法中的相邻关系规则、侵权行为法等对防止噪音、煤烟、有害气体等的污染虽然有一定的抑制作用，但侵权行为法主要强调对因环境污染受到损害的事后救济，相邻关系虽然给予相邻一方的妨害预防请求权，能够事先防止，但相邻关系主要适用于私人之间，在邻里关系等因素的影响下，通过

---

〔1〕“联邦慈善捐助税收减让”（Federal Charitable Contribution Deduction），是指政府以法律的方式规定，如果私人申请向政府捐赠公共地役权，政府在批准后将对地役权价值进行评估，并将评估作为税减的基础值，对捐赠土地的所有权人或使用权人给予税收优惠，将捐赠土地者的应纳财产税按比例逐年抵扣，从而以税收补偿的方式鼓励土地所有权人或使用权人踊跃捐赠其财产上的保护或保存地役权。参见沈海虹：“美国文化遗产保护领域中的地役权制度”，载《中外建筑》2006年第2期。

〔2〕［日］星野英一：《民法劝学》，张立艳译，北京大学出版社2006年版，第148页。

相邻关系调整防止环境污染的可行性微乎其微。而环境问题的治理，要以防止损害和预防为主要原则，[1]债权式的事后救济无法满足这一要求。而地役权制度恰恰提供了一种可行的物权保护环境的方式，因为通过设定一些禁止性地役权可以有效地事先防止侵害。因此，从广义而言，生态地役权是指为了保护环境以及生态平衡而设立的地役权。按照生态地役权的目的，其分为两类：其一，私人生态地役权，即为了私人利益而根据约定产生的生态地役权；其二，公共生态地役权，即为了公共利益而根据法律规定产生的生态地役权。

（一）私人生态地役权保护环境的局限性

私人之间通过设定禁止性地役权而达到保障自己生活舒适度的目的，例如，相邻双方可以约定禁止噪音排放地役权、禁止煤烟排放地役权。但是，这些地役权属于私人之间的安排，可能出于其自身利益最大化的考虑，环境权的转让甚至会损害环境保护。例如，相邻双方可以约定一项以排放废物为内容的地役权，此时，私人之间之地役权对保障生态平衡的功能显然无济于事，甚至会走向反面。因此，现代社会，对环境权私法化问题一直存在争议。[2]可见，私人之间的生态地役权对环境保护是一把双刃剑，对环境的保护有局限性。所以，星野英一先生指出："环境问题的事先预防不是民法而是行政法的课题。"[3]

（二）公共生态地役权

国家为了公共利益的需要而设定为保护环境以及生态平衡

---

〔1〕 吕忠梅：《环境法》，法律出版社1997年版，第3页。

〔2〕 ［日］原田尚彦：《环境法》，于敏译，法律出版社1999年版，第74页。

〔3〕 ［日］星野英一：《民法劝学》，张立艳译，北京大学出版社2006年版，第148页。

的地役权就很有价值。因公共生态地役权是为了公众的利益，因此，属于公共地役权之一种特殊形式。根据公法产生的公共生态地役权主要包括以下几种类型：

1. 保全地役权（Conversation Easement），即公益机构或私人性质的慈善组织，为了保全科学、历史名地或开阔地而限制供役地所有人未经批准擅自建筑楼房的权利。在美国，几乎所有的州都以成文法的形式将其作为否定地役权规定下来。[1]公共地役权为了实现诸如野生动植物栖息地、美丽风光或农地保护等特定的保护目标，而在土地所有者和权利持有者之间签订的具有法律约束力的协议，土地所有权因地役权而负担义务，而地役权持有者则有权限制土地的开发用途。[2]我国是一个历史悠久的大国，因此，引进保全地役权对保护名胜古迹具有重要价值。

2. 自然环境保护区地役权，即为了保护自然环境保护区而限制供役地所有人使用其土地的权利。例如，湿地与海洋、森林并称为地球三大生态系统，具有“地球之肾”的美誉，而湿地生态系统又极具脆弱性，易受污染，一旦破坏，难以恢复。因此，对湿地加强保护已是现代社会各国法制之必然。[3]法律可以通过特别规定设定限制湿地周围之土地使用之公共生态地役权的方式保护湿地。

3. 为防止沙漠化而设定的地役权，即为了保护人类的生存空间，防止土地沙漠化而设定的地役权。例如，为了防止塔克

---

〔1〕 Jesse Dukeminier, James E. Krier, *Property*, Third Edition, Little, Brown and Company, 1993, p. 853.

〔2〕 Nancy A. Mclaughlin, “Increasing the Tax Incentives for Conservation Easement Donation: A Responsible Approach”, 31*Ecology. L. Q.* 1 (2004), p. 4.

〔3〕 钱水苗、巩固：“我国湿地保护立法初探”，载《环境保护》2004年第10期。

拉玛干沙漠侵蚀土地而限制其周围之土地的使用目的而设定生态地役权；再如，为了防止海岸带沙漠化而限制海岸线之土地的使用某地而设定生态地役权。

4. 禁止排放污染物地役权，即为了保护特定的地域不受污染而设定的地役权。例如，为了保护某地的大气环境、水质环境等而设定限制某地区之厂矿企业排放污染物之数量的地役权。

第七章 我国地役权登记制度

不动产物权通过登记方式予以公示，但因地役权内容的自由约定性导致了地役权并不似建设用地使用权、土地承包经营权与宅基地使用权那样是一种内容、规范目的非常明确的物权，而是一种内容并不确定，而具体类型又非常复杂的一类物权的总称——他是从属于“需役地”一类物权的总称。这些导致了地役权的登记制度与其他用益物权的登记制度存在极大差别。我国《物权法》虽然采专节规定了不动产物权的登记，如第10条规定：“国家对不动产实行统一登记制度。统一登记的范围、登记机构和登记办法，由法律、行政法规规定。”但对地役权的登记制度的特殊性没有作出明确规定。在《物权法》通过后，《土地登记办法》于2007年11月28日国土资源部第5次部务会议审议通过，自2008年2月1日起施行。该《办法》第37条分3款对地役权设立登记作了规定，另外第46条对地役权的变更登记、第53条对地役权的注销登记也作了规定。但是，作为《物权法》配套制度的《不动产登记法》则迟迟没有推出。因此，研究地役权登记制度的特殊性具有非常重要的意义。

第一节 地役权的登记能力

一、物权法定要求不动产变动应当登记

物权法定原则的价值很多，但最为重要的价值在于：确定物权的种类，且物权的种类不能过多，以便于公示物权，借此保障交易安全。不动产物权自登记时发生变动，就成了贯彻物权法定原则的有效途径。因此，不论《德国民法典》、我国台湾地区“民法”采纳物权形式主义的物权变动模式，还是《奥地利民法典》采纳债权形式主义的物权变动模式，都主张“不动产物权自登记时发生变动”。但非常有意思的是日本，《日本民法典》虽然明确规定物权法定原则，但并不要求不动产物权的变动采纳登记生效主义，而是采纳了登记对抗主义。日本的立法虽然存在理论上难以自圆其说的缺陷，但日本不动产物权登记制度却是非常发达的，他们拥有相对比较成熟且全面的不动产登记法，因此，为了能够对抗第三人，基于利益的考虑，多数不动产变动都进行了登记，否则，能够公示而不公示者只能承受不利益。[1] 所以，从实践来看，在不动产登记方面，日本仍然贯彻了物权法定主义。因此，地役权作为一项非常重要的不动产物权，其登记制度的建立、发展与完善，不仅符合地役

〔1〕［日］近江幸治：《民法讲义Ⅱ物权法》，王茵译，北京大学出版社2006年版，第50页。

权制度自身的要求，也符合物权法定原则的要求。所以，采纳登记对抗主义的日本，因其登记制度的成熟性，实践中的地役权基本都进行登记，现实中的地役权多因登记而具有对抗效力，这能够弥补登记效力在理论上的缺陷。

很多学者认为，我国《物权法》关于不动产物权变动原则上采纳了登记生效主义，即“不动产物权自登记时发生变动”。例外采纳了意思主义。具体到地役权而言，我国《物权法》采纳了登记对抗主义，即地役权不经登记不能对抗善意第三人。因此，我国《物权法》也存在与《日本民法典》同样的矛盾：既明确规定“物权法定”，但又采纳地役权登记对抗主义。且因我国不动产登记制度的不完整性，如土地承包经营权、宅基地使用权的登记制度并不完善，而地役权之登记要以这些权利的登记为前提，因此，在我国地役权进行登记的可能性是很低的。所以，我国《物权法》规定地役权采纳登记对抗主义，虽然符合我国的现实，但当事人欲进行地役权登记的愿望则难以得到满足。

当然，物权法定原则是为了便于公示物权，公示不动产物权要采纳登记，只能说明物权法定原则是采纳登记生效主义的一个重要原因。一个国家的不动产物权变动是否采纳什么样的物权变动模式还与这个国家的文化传统、经济发展模式与状况，甚至地理环境等都有很大的关系。例如，在人口众多且以农业为生的人口大国，土地之于农民乃衣食父母，此时，土地必须被分割为一块块，采纳登记生效的难度较大，而意思主义则更为合适。

二、地役权具有登记能力

一方面，地役权类型化的困难为地役权登记设置了障碍，地役权是否具有登记能力就很值得探讨；另一方面，地役权毕竟是一种物权，物权的对抗效力来自于登记，未经登记的地役权是不能对抗善意第三人的，从这个角度而言，法律应当赋予地役权登记能力。登记能力是指能够在登记簿上进行登记并加以公示的资格。地役权具有登记能力是地役权能够登记的前提，从现有的各国立法资料来看，各国都规定地役权具有登记能力，是可以登记的不动产物权。但是，关于地役权登记能力的取得，主要有两种立法模式。其一，直接规定模式。此以《瑞士民法典》、《日本不动产登记法》为代表。例如，《日本不动产登记法》第1条明确规定，不动产所有权以及其他不动产权利，如地上权、永佃权、地役权等具有登记能力，可以在登记簿上予以登记公示。《瑞士民法典》第958条规定，下列权利具有登记能力，应当在不动产登记簿上登记：①所有权；②地役权以及土地负担；③担保物权。其二，间接规定模式，以德国立法为代表。《德国民法典》与《德国土地登记条例》均未直接规定哪些权利与法律关系具有登记能力。但是，按照《德国民法典》物权编的有关规定来看，并非土地上所有的法律关系都是需要登记的，如使用承租权与用益承租权等，其对外公示对权利交易并无重大法律意义，倘若也将它们纳入土地登记，不仅会使登记制度丧失其目的，而且会加重登记工作。因此，什么可以予以登记，其标准必须自《民法典》第892条之规定中进行推导，据此，具有登记能力的权利主要包括土地物权与视同土地的权利、在可移转的土地物权上所成立的役权与担保物权。〔1〕笔者认为，《德国民法典》之所以没有明确规定哪些权利具有登记能力，是因为德国不存在不动产登记法，而且在《德国民法

〔1〕［德］鲍尔、施蒂尔纳：《德国物权法》（上），张双根译，法律出版社2004年版，第289～290页。

典》中，哪些权利应当登记都作了明确规定，因此，无需用其他条文专门规定哪些权利具有登记能力。我国《物权法》对哪些权利需要登记作了非常详细的规定，因此，我国将来的不动产登记法无需用专门条文规定哪些权利具有登记能力。当然，按照《物权法》第158条的规定，地役权的设立虽然采纳意思主义，但是登记具有对抗善意第三人的效力。因此，我国法上的地役权作为一种重要的不动产物权，也具有登记能力。可见，地役权类型化的困难并不能阻止地役权的登记能力，它仅仅对地役权登记技术产生影响。因此，在地役权未进行类型化的前提下，一个国家地役权登记技术的完善与否对地役权的适用状况将产生非常重要的影响，设计良好的地役权登记技术能够有效促进地役权在实践中发挥作用，相反，设计相对拙劣的地役权登记技术将有碍地役权作用的发挥。例如，我国台湾地区学者苏永钦先生就将我国台湾地区地役权的衰落归责于地役权登记制度的不完善。[1]

第二节　地役权登记的类型

一、地役权的初始登记

我国《土地登记办法》第25条规定："本办法所称初始登记，是指土地总登记之外对设立的土地权利进行的登记。"据此可知，地役权的初始登记，即指在土地总登记或房屋总登记之外，对设立的地役权进行的登记。因此，地役权的初始登记也称为地役权的设立登记。我国《物权法》第158条规定："地役

〔1〕 参见苏永钦："重建役权制度——以地役权的重建为中心"，载苏永钦：《走入新世纪的私法自治》，中国政法大学出版社2002年版，第252页。

权自地役权合同生效时设立。当事人要求登记的，可以向登记机构申请地役权登记；未经登记，不得对抗善意第三人。”本条之规定是关于地役权初始登记的效力的规定。

二、地役权的变更登记

我国《物权法》第169条规定：“已经登记的地役权变更、转让或者消灭的，应当及时办理变更登记或者注销登记。”按照《土地登记办法》第38条的规定，变更登记，是指因土地权利人发生改变，或者因土地权利人姓名或者名称、地址和土地用途等内容发生变更而进行的登记。而其第46条又规定：“已经设定地役权的土地使用权转移后，当事人申请登记的，供役地权利人和需役地权利人应当持变更后的地役权合同及土地权利证书等相关证明材料，申请办理地役权变更登记。”《房屋登记办法》第66条也规定：“已经登记的地役权变更、转让或者消灭的，当事人应当提交下列材料，申请变更登记、转移登记、注销登记：……”从上述规定来看，地役权的变更登记包括变更登记、移转登记。移转登记是指地役权发生移转时对地役权权利主体的变更。这里有必要讨论的是，供役地之权利主体发生变更的，是否属于地役权的移转登记呢？笔者认为，从权利移转的角度观察，供役地移转的，不属于地役权移转，这时不属于移转登记，应属于变更登记，即变更地役权的义务主体。

那么，《物权法》第169条关于地役权变更登记的效力如何，无明确规定。一种流行的观点认为，《物权法》第169条对于已登记地役权的变动，并未采取登记对抗主义，而是采纳了登记生效主义。[1]这种观点的依据在于：《物权法》对于地役权

---

〔1〕 胡康生：《中华人民共和国物权法释义》，法律出版社2007年版，第359页。

的登记问题的规定，采登记对抗主义，即只有进行登记，才能对抗善意第三人。虽然登记不是地役权生效必须具备的要件，当事人可以根据自己的意愿，自主选择登记或者不登记。但是，一旦设立地役权的当事人选择了进行登记，则地役权变更、转让或者消灭的，就应当及时到登记机关办理变更登记或者注销登记，这是其法定义务。〔1〕与这种观点不同，有学者主张，在已登记地役权基于法律行为而发生内容变更或者权利移转的情况下，应将《物权法》第169条关于"应当及时办理变更登记"的规定解释为实行登记对抗主义，而非登记生效主义。戴孟勇教授通过《日本民法典》第177条以及日本学者的观点、我国《物权法》第169条使用的词语以及《物权法》的体系解释，论述了第169条实际上采纳的是登记对抗主义而非登记生效主义。〔2〕

从行文上看，本条之规定仅适用于地役权的初始登记，即在设定地役权时未进行登记的，地役权不能对抗善意第三人。但是，本条使用的"应当及时"办理登记中的"及时"一词说明，在地役权办理初始登记后如果地役权发生变动的，应当及时办理登记，如果不办理登记的，地役权仍然发生变动，只不过这种变动不能对抗善意第三人而已。所以，这里应从宽解释，尚包括地役权变更登记的效力。例如，地役权之设定地点发生变更的，如果没有及时办理变更登记，该变更对善意第三人不发生效力。

〔1〕 黄松有主编：《〈中华人民共和国物权法〉条文理解与适用》，人民法院出版社2007年版，第492页。

〔2〕 戴孟勇："论地役权登记对地役权变动的影响"，载《当代法学》2010年第2期。

三、地役权的注销登记

地役权的相对消灭实际上是地役权的移转，即地役权从一个主体移转至另一个主体。此时，需要办理地役权变更登记。我国《物权法》第169条规定，地役权消灭的，应当及时办理注销登记。《土地登记办法》第53条也规定："已经登记的土地抵押权、地役权终止的，当事人应当在该土地抵押权、地役权终止之日起15日内，持相关证明文件，申请土地抵押权、地役权注销登记。"这里的"地役权的消灭或地役权终止"是指地役权的绝对消灭或终止，即地役权本身客观上不复存在。地役权没有办理登记的，无需办理地役权消灭登记。地役权办理登记的，地役权消灭时，应当及时办理注销登记。但是关于注销登记的效力如何，学术界形成了不同的看法，一种观点认为系采纳了登记生效主义，当事人未办理注销登记的，地役权仍然存在。[1]有学者正确指出："这种观点既忽视了地役权的消灭与地役权的变更、转让之间的差异性，也没有注意到登记对抗主义规则下地役权所具有的特殊性，值得商榷。"[2]

不动产物权消灭是否办理注销登记，需要区分引起不动产物权消灭的原因。如果不动产物权消灭的原因是基于当事人的意思表示而提前消灭的场合，如供役地权利人依法解除地役权合同、地役权人抛弃地役权或者当事人合意消灭地役权时，应适用基于法律行为而引起的地役权设立和变更的规则，亦即实

---

〔1〕 参见胡康生：《中华人民共和国物权法释义》，法律出版社2007年版，第359页。又见江平：《中华人民共和国物权法精解》，中国政法大学出版社2007年版，第217页。

〔2〕 戴孟勇："论地役权登记对地役权变动的影响"，载《当代法学》2010年第2期。

行登记对抗主义——当事人不办理注销登记的，地役权仍然归于消灭，但不得以其消灭对抗善意受让地役权的第三人。换言之，对于善意受让地役权的第三人来说，地役权视为继续存在。[1]《物权法》第28条规定："因人民法院、仲裁委员会的法律文书或者人民政府的征收决定等，导致物权设立、变更、转让或者消灭的，自法律文书或者人民政府的征收决定等生效时发生效力。"据此可知，因供役地被征收导致地役权消灭的，应当自人民政府的征收决定生效时，而非自完成注销登记时发生效力。《物权法》第30条规定："因合法建造、拆除房屋等事实行为设立或者消灭物权的，自事实行为成就时发生效力。"据此可知，因拆除房屋等事实行为消灭房屋上的已登记地役权的，应自拆除房屋等事实行为成就时，而非自完成注销登记时发生效力。显然，在以上两种情况下，注销登记都不是已登记地役权消灭的要件，而不过是对地役权消灭的事实进行确认和宣示而已。[2]所以，应当根据地役权消灭的原因，分别讨论地役权注销登记的效力。

第三节　地役权登记的难点及克服

一、地役权内容的自由约定性对地役权登记的影响及克服

（一）地役权登记内容的难点所在

正如本书的开篇所提到的，地役权的内容具有相当程度的

〔1〕 戴孟勇："论地役权登记对地役权变动的影响"，载《当代法学》2010年第2期。

〔2〕 戴孟勇："论地役权登记对地役权变动的影响"，载《当代法学》2010年第2期。

自由约定性，这与功能单一的地上权、永佃权等存在极大的差别，因此，地役权登记制度绝对不能仅仅简单记载地役权即可，必须有另外的要求。所以，地役权内容的自由约定性是地役权登记制度特殊性的根源。

有些学者对不动产役权与其他用益物权进行了区别，认为其他功能性特定的物权，如地上权、永佃权，固然无需进一步特定，即可为交易标的，并为登记，纵使功能广泛的物权，如典权，也因为其内涵原即有意广泛，当然可为交易标的，并得就典权整体做成登记。唯独地役权，因其非属功能性的类型概念，尚非可为交易的标的，更无法借登记达到公示的目的，必须等各土地所有人就其具体功能约定以后，才可设定，并应为"具体内容"的登记。目前台湾实务上，多仅简单登记"地役权"而别无具体内容，可以说完全无法达到登记的公示目的，十分不合理。[1]地役权登记流于形式，地役权登记之数量相当少，因此，我国台湾地区出现了地役权日渐式微的局面。

建设用地使用权的权利内容是法定的，在进行建设用地使用权登记时，仅在登记簿上记载建设用地使用权即可标明权利内容。而地役权不似建设用地使用权等其他用益物权，其内容可以由当事人自由约定，这就决定了在登记内容方面地役权与建设用地使用权存在很大差异。许多国家的立法对此有所反映。例如，《日本不动产登记法》第114条第1款规定："进行地役权设定登记时，于需役地不动产登记用纸中相当部事项栏内，应记载供役地不动产的标示、该不动产为地役权标的的意旨，地役权设定目的及范围。"此外，地役权设定的范围为供役地的一部分时，于申请书中应附具标明其范围的图式。《德国民法

〔1〕 苏永钦："重建役权制度——以地役权的重建为中心"，载苏永钦：《走入新世纪的私法自治》，中国政法大学出版社2002年版，第252页。

典》虽然对地役权的登记内容没有作出任何规定，但德国学者认为，在登记中，须简短但又充分确定地标明地役权的内容；此外，就地役权的内容，可援引登记同意书中的记载，在设定地役权负担之土地部分，还未作为独立的土地而登记于土地登记簿时，可援引附于登记同意书中的地形图。[1]因此，地役权的登记内容必须体现地役权的设定目的及范围。

（二）地役权登记内容难点的克服

笔者认为，法律对地役权的类型没有作出规定是产生这种现状的罪魁祸首。从我国《物权法》的规定来看，显然受到我国台湾地区“民法”的影响，也没有对地役权作类型划分，这为地役权登记流于形式提供了便利条件。《法国民法典》虽然对地役权的类型作了立法分类，确立了法定地役权与协议地役权，在此基础上，又将协议地役权进一步细化，但是应当注意，《法国民法典》对地役权的分类并非以地役权的功能为依据，原因在于各种地役权的功能并不相同。例如，排水地役权的功能在于调整需役地与供役地之间的排水关系；通行地役权的规范功能在于调整需役地与供役地之间的通行关系；等等。所以，各种地役权的规范功能并不相同，法律对其权利内容作出明确规定是不现实的。确实，不动产役权具体内容的不确定性导致了地役权类型化的困难，无法类型化的权利还能够登记吗？如果能够登记，其特殊性体现在何处？我国未来的不动产登记法应当如何规定地役权登记制度？

不论何种形式的地役权，都存在供役地与需役地，因此，地役权的类型化与否对地役权是在供役地登记簿上进行记载还是需役地登记簿上进行登记，意义不是太大。但是，地役权类

---

〔1〕［德］鲍尔、施蒂尔纳：《德国物权法》（上），张双根译，法律出版社2004年版，第725页。

型化却对地役权登记的内容产生影响。上文对地役权类型化问题进行了论证，地役权的类型化是可行的，地役权一旦类型化之后，法定的地役权类型进行登记时无需“简短且明确地标明地役权的内容”，因为在类型之中已经包含了内容。例如，通行地役权在登记中记载“通行地役权”即可，而无需作出地役权登记之后，然后再对地役权的内容进行描述。如此一来，地役权的登记与抵押权等其他物权的登记就具有了极大的相似性。同时，为了保持地役权的生命力，为新型地役权的创设预留空间，对尚未类型化之地役权内容采纳传统民法之规定，在进行登记时，仍需在登记簿上“简短且明确地标明地役权的目的及范围”。

二、地役权的从属性对地役权登记制度的影响

（一）地役权的从属性是地役权登记具有特殊性的重要原因

传统民法理论认为，所谓地役权的从属性，是指地役权不能独立存在，必须依附于需役地而存在，与需役地所有权共命运。换言之，地役权的存在需要以需役地的存在为前提，地役权与需役地所有权共命运。[1]地役权从属于需役地，存在需役地与供役地两块土地，这与地上权仅存在一块土地不同，因此，地役权登记应在需役地登记簿还是供役地登记簿上进行，也就具有了特殊性。

（二）地役权登记制度的立法模式

地役权具有登记能力，并非说明地役权像土地所有权一样具有独立的登记簿册，它只能依附于其他登记簿进行登记。但是，地役权的存在需要两块不动产，一为“需役地”，一为“供

〔1〕 王泽鉴：《民法物权》(2)，中国政法大学出版社2001年版，第81页。

役地”。因此，地役权应在需役地登记簿上进行登记还是在供役地登记簿上进行登记，遂成问题。纵观各国立法，对此形成了三种立法例，详细介绍如下：

第一种立法例认为，地役权是附属于需役地的权利，地役权应在需役地登记簿上登记，这以《日本不动产登记法》为代表。《日本不动产登记法》第112条之二规定：“就需役地无所有权登记时，不得进行地役权设定登记。”该法第114条又规定：“进行地役权设定登记时，于需役地不动产登记用纸中相当事项栏内，应记载供役地不动产的标示、该不动产为地役权标的的意旨、地役权设定目的及范围。”因此，在日本，地役权登记应在需役地登记簿上进行登记记载。又因地役权的权利主体随需役地主体的变动而变动，地役权的权利主体就是需役地权利主体。因此，进行地役权设定登记时，无需于登记用纸的相应事项栏内记载登记地役权权利人的姓名、住所。笔者认为，地役权作为一种用益物权，应当从权利的角度积极地宣示，以防第三人侵害地役权，且对需役地的受让人而言，他能够通过查看登记簿册即可确知地役权的存在，非常利于地役权的移转。因此，该立法例是从权利的公示角度加以规范。但是，在这种立法例下，因为地役权没有在供役地上进行登记，供役人将供役地转让给第三人时，第三人从供役地的登记权利状态来看，完全无法察觉他人地役权的存在。此时，已经登记的地役权可能就要面临来自善意第三人保护制度的威胁。如此一来，善意第三人的保护与地役权登记制度之间就存在矛盾和冲突。因此，第一种立法例虽然能够公示地役权，但无法公示供役地上的权利负担，不利于保护交易安全，并非是一种理想的立法模式。

第二种立法例认为，地役权是供役地的负担，这种供役地上所附加的负担必须为外人知晓，在供役地登记簿上进行地役权登记记载能有效保护供役地的受让人，保障供役地的交易安全。因此，地役权登记公示的应当是供役地上的权利状态，也就是供役地上的负担，而不是需役地上的权利状态，此种立法例以德国为代表。《德国土地登记条例》第9条规定："在需役地之登记簿中，可为地役权之登记。"但该登记非为地役权之成立所需要，且对地役权的公信力也不生意义。德国著名民法学家鲍尔、施蒂尔纳认为："地役权的成立，通过物权合意与登记于供役地之登记簿簿页；在需役地之登记簿中，可为地役权之登记，但该登记非为地役权之成立所必需，且对地役权的成立没有意义。"〔1〕笔者认为，该立法例通过在供役地上进行登记公示供役地的负担，最大限度地排除供役地上第三人善意状态的存在，排除了第三人因不知供役地上存在地役权而发生争议的可能性，同时，也可以防止第三人的误信，侧重于对第三人利益的保护，有利益交易安全。但是，随地役权的成立，地役权就从属于需役地，并随需役地而一同移转于权利继受人；至于地役权是否已在需役地登记簿中附注，对该移转不生影响，因此，这种立法模式的缺陷在于，因地役权没有在需役地登记簿上进行登记记载，需役地的受让人可能不知地役权的存在，并不利于从正面公示地役权，也不利于需役地受让人对地役权的行使。

第三种立法例认为，地役权存在于需役地与供役地之间，不存在缺少供役地或需役地的地役权，因此，地役权应当在需役地和供役地登记簿中作出登记，否则，地役权不能设立，此种立法例以瑞士、我国台湾地区为代表。《瑞士民法典》第968条规定："地役权的登记及涂销，须在不动产登记簿的需役地及

〔1〕［德］鲍尔、施蒂尔纳：《德国物权法》（上），张双根译，法律出版社2004年版，第722页。

供役地登记用纸上进行。”我国台湾地区“土地登记规则”第109条规定：“为地役权设定登记时，如需役地属于其他登记机关管辖，供役地所在地之登记机关应于登记完毕后，检附供役地登记用纸他项权利部影本送他登记机关办理登记。”笔者认为，一方面，地役权属于从属于需役地的一种物权，作为一种不动产物权，应当通过登记予以公示，且地役权应与需役地共同让与之，如果不在需役地登记簿册中进行登记，对地役权的移转将非常不利，因此，地役权应在需役地登记簿册中进行登记记载；另一方面，地役权是在供役地上的负担，登记能够明示供役地上的权利状态，保障供役地法律关系的明晰，对保障交易安全意义甚巨。因此，地役权也应在供役地登记簿册中登记。

我国《土地登记办法》第37条规定：“在土地上设定地役权后，当事人申请地役权登记的，供役地权利人和需役地权利人应当向国土资源行政主管部门提交土地权利证书和地役权合同等相关证明材料。符合地役权登记条件的，国土资源行政主管部门应当将地役权合同约定的有关事项分别记载于供役地和需役地的土地登记簿和土地权利证书，并将地役权合同保存于供役地和需役地的宗地档案中。供役地、需役地分属不同国土资源行政主管部门管辖的，当事人可以向负责供役地登记的国土资源行政主管部门申请地役权登记。负责供役地登记的国土资源行政主管部门完成登记后，应当通知负责需役地登记的国土资源行政主管部门，由其记载于需役地的土地登记簿。”《房屋登记办法》第65条规定：“对符合规定条件的地役权设立登记，房屋登记机构应当将有关事项记载于需役地和供役地房屋登记簿，并可将地役权合同附于供役地和需役地房屋登记簿。”根据上述规定可知，在我国，地役权的初始登记应当在供役地的登记簿和需役地的登记簿一并为之；在供役地与需役地属于同一登记机关管辖的情况下，由登记机关分别在供役地和需役地的登记簿中进行登记；在供役地与需役地分属不同登记机关管辖的场合，须在供役地的登记机关完成登记后，再由其通知需役地的登记机关在需役地的登记簿办理登记。一般来说，因地役权的初始登记应在供役地和需役地的登记簿中一并进行，故通常不会发生仅在需役地的登记簿予以登记，而没有在供役地的登记簿进行登记的情况。[1]因此，我国在地役权登记实务上显然采取了第三种做法，即地役权需要在供役地和需役地登记簿上作出登记。

三、我国的地役权登记方式

《瑞士民法典》规定，地役权应当在不动产登记簿的主簿上予以登记记载，即在主簿的登记用纸上相应栏目进行地役权登记。《日本不动产登记法》规定，登记簿分为土地登记簿以及建筑物登记簿两种，在土地登记簿中，每一用纸分为标示部、甲部及乙部。甲部事项栏记载有关所有权的事项，乙部事项栏记载所有权以外权利的事项。并且在日本，地役权的客体仅仅限于土地而不包括建筑物，所以，地役权应当在土地登记簿中的乙部事项栏内予以登记记载。《德国民法典》也规定，地役权应在供役地登记簿中进行登记。因此，从上述国家的有关立法可以看出，地役权虽然具有登记能力，但地役权是没有登记簿的。对我国而言，地役权也不能有独立的登记簿，地役权登记只能在其他不动产登记簿中作出。

按照我国《物权法》第156条的规定，地役权的客体是不

---

〔1〕 戴孟勇："论地役权登记对地役权变动的影响"，载《当代法学》2010年第2期。

动产，而不动产包括房屋、土地以及海域等，原则上讲，它们都可以成为地役权的客体。然而在我国，土地所有权具有专属性，要么属于国家，要么属于集体组织。如果在土地上设定地役权的，直接在土地登记簿上记载。在我国，建设用地使用权承担起土地所有权的功能，它具有自己独立的登记簿册，且建设用地使用权人可以设定地役权。因此，地役权登记也可以在建设用地使用权登记簿册上进行。为了解决房屋所有权与建设用地使用权的关系，《物权法》第146条特别规定："建设用地使用权转让、互换、出资或者赠与的，附着于该土地上的建筑物、构筑物及其附属设施一并处分。"而第147条规定："建筑物、构筑物及其附属设施转让、互换、出资或者赠与的，该建筑物、构筑物及其附属设施占用范围内的建设用地使用权一并处分。"因此，在我国房屋所有权与建设用地使用权是虽然有区分，但在处分上是合一的。并且，在我国，私有房屋所有权也具有自己独立的登记簿册。因此，当地役权的客体是房屋时，地役权可以在房屋所有权登记簿上予以登记记载。

按照《海域使用管理法》的相关规定，海域所有权属于国家，海域使用权承担起海域走入市场的使命，海域使用权不经登记不能设立，因此，海域使用权具有登记能力。同时，按照《海域使用权登记办法》的有关规定，海域使用权也具有自己独立的登记簿册。因此，地役权也可能存在于海域之上，此时，地役权应在海域所有权或使用权登记簿册中予以登记记载。

第四节　地役权初始登记的效力研究

地役权具有登记能力，但地役权登记的效力如何，各国立法之规定并不相同。有的国家规定，地役权之登记是地役权的生效要件，不经登记，地役权不能设立，如德国。有的国家规定，地役权之登记是地役权的对抗要件，不经登记，地役权虽然能够设立，但不具有对抗效力，如日本。缘于我国社会现实以及保持物权法内部协调，我国《物权法》第158条规定："地役权自地役权合同生效时设立。当事人要求登记的，可以向登记机构申请地役权登记；未经登记，不得对抗善意第三人。"该条是我国《物权法》关于地役权登记效力的规定，但尚有几点问题需要加以说明。

一、地役权与其他物权之间效力的说明

1. 同一土地上存在一个已经登记的地役权，与其他已经登记的他物权，甚至是已经登记的地役权，物权之间的优先效力原则上按照其设定时间先后来确定。

2. 在同一土地上存在一个没有登记公示的地役权与其他已经登记公示的他物权时，已登记的他物权的效力优于未登记的地役权。

3. 在同一土地上存在一个已经登记的地役权，与一个未登记他物权，甚至是一个未登记的地役权时，已经登记的地役权的效力优于未登记他物权。但是，已经登记的地役权人知道或应当知道未登记的他物权设定在先的，则不能以其地役权已经登记为由，对抗未登记的他物权人。

二、未登记地役权移转中的对抗效力

地役权以需役地与供役地之存在为要件。因此，需役地或供役地的移转对未经登记之地役权都会产生一定程度的影响。

第一，需役地转让时，地役权的归属。按照《物权法》第164、165条的规定，地役权从属于需役地，需役地或者需役地

上的土地承包经营权、建设用地使用权移转的，地役权随之移转，需役地或者需役地上的建设用地使用权、土地承包经营权部分移转的，转让部分涉及地役权的，受让人同时享有地役权。因此，从我国《物权法》的相关规定来看，地役权随需役地移转而为移转，而不问地役权是否登记。

此时，系由原地役权人还是需役地之受让人承受地役权设定合同中约定的对价？例如，甲为了在房屋中眺望远处的海景，与相邻的乙约定，乙不得在自己的建设用地使用权上建设高层建筑，作为补偿，甲每年需向乙支付4000元。甲将房屋转让给丙，每年向乙支付4000元的负担由谁来承受？按照债的相对性原理，应由甲来承受。但实践中，丙为了保障自己的地役权，丙多代为清偿。在甲拒绝清偿，丙拒绝代为清偿的情况下，乙可以根据《物权法》第168条之规定，解除地役权合同，消灭地役权。

第二，供役地转让时，地役权的对抗力问题。按照我国《物权法》第158条的规定，甲在乙的建设用地使用权上享有一项地役权。但是，该项地役权因没有办理登记而不具有对抗善意第三人的效力。在上述案例中，乙将自己的建设用地使用权转让给了丁。此时，丙之地役权是否可以对抗丁？笔者认为，日本民法是采纳登记对抗的典型，因此，考察日本民法学界关于登记对抗主义的理解，对把握我国物权法上的登记对抗主义具有重要价值。

1. 日本民法关于登记对抗主义的理解。《日本民法典》第177条规定："不动产物权的取得、丧失及变更，非依登记法规定进行登记，不得以之对抗第三人。"在日本学术界，关于登记的效力，主要存在以下观点：[1]

〔1〕 参见［日］近江幸治：《民法讲义Ⅱ物权法》，王茵译，北京大学出版社2006年版，第51～52页。

(1) 债权效果说。此说来源于德国的物权形式主义,主张不登记不发生物权变动的效果,仅发生债权性效果。这种解释违背了《日本民法典》第176、177条的根本宗旨,现在仅具备学说史上的意义。[1]

(2) 否认权说。该说认为,即使没有登记,物权变动在当事人之间以及第三人之间发生效力,但是,如果第三人积极主张登记欠缺或行使否认权时,对第三人不发生物权变动的效力。此说曾是风靡一时的学说。

(3) 相对无效说。该说认为,即使没有登记,当事人之间仍然发生物权变动的效果,而对第三人则不发生效力(效力相对),但第三人可以承认当事人之间的物权变动,以克服否认权说的问题。对此说的批评是,此说违反物权的绝对性,并且本来对第三人无效的物权变动又因其承认而有效,实属滑稽,此说的问题在于将对抗和无效混为一谈。

(4) 相反事实主张说。此说认为,即使没有登记,物权变动在当事人之间及互为第三人之间完全生效,但第三人反对该物权变动或主张不能同时存在的事实时,则当事人之间未发生物权变动。

(5) 不完全物权说。此说认为,没有登记时,当事人之间、互为第三人之间发生的物权变动是不完全的,依登记之具备而成为完全的物权变动。

(6) 法定证据说。此说主张物权变动原则上以意思主义而成立,且按时间先后决定权利之取得人,而登记作为一种法定证据,在法院认定事实之际要受约束。

(7) 公信力说。该说认为,从无权利人处获得权利的制度

[1] [日] 近江幸治:《民法讲义II物权法》,王茵译,北京大学出版社2006年版,第51页。

有即时取得制度，因此可以运用该制度构建对抗理论。

2. 日本学术界关于地役权登记对抗效力的理解。日本学术界对未经登记的地役权，供役地被转让，是否可以该地役权对抗新所有人，有学者指出："所谓对抗，是于彼此利害相反时才发生的事项，处于这种关系中的人，只限于就主张地役权登记欠缺有正当利益的第三人，对于并无这种利益的第三人，无登记亦可对抗。此处的第三人，是指除地役权设立、转让、消灭的当事人以外的人，但应有限制：不得对抗的第三人，包括就同一不动产最终拥有互不相容权利的人，包括有关合同权利（如租赁权）的人，善意或恶意，在所不问。"〔1〕日本有判例对"未登记的通行地役权，如供役地被转让，是否可以该地役权对抗新所有人"这一问题有一个明确的解释，判决认为："通行地役权的供役地被转让时，①如该供役地由需役地所有人持续作为道路使用之位置、形状、构造等物理状况是客观明确的，且②受让人认识或得以认识时，受让人即使不知该通行地役权的设定，只要无特别情事，不为拥有主张地役权设定登记欠缺正当利益之第三人。"〔2〕因此，在日本，因通行地役权具有外在可以识别的标志，即使没有进行登记，从现实出发，应认为要承认地役权虽无登记亦有对抗效力。〔3〕笔者认为，在日本，物权的公示方式不限于登记，在物上刻字、将出卖的树木剥皮等都能够起到公示的效果。因此，道路通行地役权即使没有登记，

〔1〕［日］我妻荣：《日本物权法》，［日］有泉亨修订，李宜芬校订，五南图书出版公司1999年版，第142、147页。

〔2〕日本最高法院平成10年2月13日判决，载《民事判例集》52卷1号，第65页。转引自［日］近江幸治：《民法讲义II物权法》，王茵译，北京大学出版社2006年版，第211页。

〔3〕［日］近江幸治：《民法讲义II物权法》，王茵译，北京大学出版社2006年版，第212页。

因其具有外在的表现形式，也能起到类型于登记的效果。

地役权未为登记，也可对抗的第三人，或者说不得否认地役权效力的人，包括以下几类：①以不公正的手段妨碍地役权人获得登记的人，或负有协助登记义务而不履行的人，以及主张欠缺登记为理由明显违背诚实信用的人，均属无登记的地役权人能够对抗的人；②虽然从外形上看好像拥有与主张拥有地役权的人不相容的权利，而实体上却没有任何真实权利的人，一般被称为实质上无权利之人。无登记的地役权人能够对抗他；③侵权行为人，是指侵害不动产的人，而且不具有交易当事人的身份。他也属于无登记的真实权利人能够对抗的人。[1]

3. 对我国《物权法》第158条的对抗效力的理解。我国《物权法》第158条规定，未经登记的地役权不能对抗善意第三人。此处的“善意第三人”是指不知或不应知道供役地上存在地役权的供役地受让人，供役地的受让人是否为善意，应从地役权是否登记、地役权是否能够从外部感知等客观角度加以认定。在地役权未经登记的情况下，一旦地役权人以善意第三人受让的土地使用权负担有地役权而要求善意第三人承担供役义务时，善意第三人可以依法进行抗辩，拒绝负担地役权义务。[2]在供役地受让人为善意时，地役权是否还存在，在理论上存在争议。

有的人认为，未登记的地役权之供役地转让的，地役权仍然存在，但因没有登记不能对抗善意第三人。因此，在供役地转让给善意第三人时，地役权仅是不能行使，但不影响其存在。

---

〔1〕［日］我妻荣：《日本物权法》，［日］有泉亨修订，李宜芬校订，五南图书出版公司1999年版，第150~160页。

〔2〕黄松有主编：《〈中华人民共和国物权法〉条文理解与适用》，人民法院出版社2007年版，第474页。

因此，一旦后来供役地再次流转给原供役地人时，地役权自行恢复。

有的人认为，供役地已经转让给善意第三人，供役地上的负担已经不再存在，失去了供役地，地役权还有何意义。因此，在解释上，应当认定地役权消灭，即地役权随供役地的转让而消灭。

笔者认为，地役权登记对抗主义，实际上是指地役权没有登记，不能对抗善意第三人。因此，地役权并不因此而消灭，地役权还存在，只是地役权不具有对抗效力而已。因此，上述第一种观点是准确的。

在我国，登记是不动产唯一的公示方式，因此，地役权不经登记，即使该地役权具有外在可以识别的标志，仍不具有对抗效力。但是，我国《物权法》规定，地役权不经登记不得对抗善意第三人。如果一项地役权具有外在识别的标志且为第三人知晓时，可以作为否认该第三人为“善意”的证据。因此，道路通行地役权等能够以外在形式表现的地役权，即使没有登记，但因其具有外在可观性，往往可以对抗恶意之第三人。

三、我国地役权登记应该采取生效主义吗?

有学者认为，我国《物权法》第158条应改为：“地役权自登记时成立。地役权未登记的，准用合同法的规定。”主要修改理由在于：第158条采登记对抗主义模式，会产生以下问题：其一，地役权作为物权，其效力完全系于当事人的约定，必将使得以物权构造实现权利人稳定地、有保障地利用他人土地增进自己土地利用效率的立法目的落空。这是因为地役权模式除了上述作用外，与债权性利用模式无异。其二，虽然物权法没有以法律的形式规定地役权的分类，但不同类型的地役权表现形式不一，如非表见的地役权，如果又没有在登记簿中记载，对第三人的侵害行为甚至是供役地人的违约行为都会无能为力。其三，威胁交易安全。对供役地权利人转让其不动产时，对方当事人极易受到隐瞒；而地役权的从属性也将荡然无存。此外，如果采登记对抗主义，在地役权未登记时，在法律效果上与债权性质的土地利用关系在实践中难以区分，从而徒增困扰。[1]

笔者认为，在我国，土地承包经营权人、宅基地使用权人可以设定地役权。然而，土地承包经营权、宅基地使用权则不似建设用地使用权、海域使用权那样，采纳登记生效主义。因此，土地承包经营权、宅基地使用权未必都进行了登记，这样一来，地役权则可能因它们没有登记而无法进行登记。所以，以没有登记的土地承包经营权、宅基地使用权为客体的地役权是无法登记的。日本采纳不动产物权变动的意思主义，所以，《日本不动产登记法》第 112 条之二也特别规定："就需役地无所有权登记时，不得进行地役权设定登记。"因此，完善我国土地承包经营权、宅基地使用权登记制度对地役权登记具有基础性作用。当然，在我国目前社会实际情况下，土地承包经营权如要完成全面登记，几乎不太可能。因此，土地承包经营权的设立应采意思主义；以土地承包经营权为基础的地役权的设定也只能采纳登记对抗主义，这是一脉相承的。

---

〔1〕耿卓："比较法视野下的我国乡村地役权及其立法"，载《当代法学》2011 年第 5 期。

REFERENCE

参考文献

一、中文著作

1. 谢在全：《民法物权论》（上、中、下册·修订5版），中国政法大学出版社2011年版。

2. 谢在全：《民法物权论》（上、中、下册），中国政法大学出版社1999年版。

3. 梁慧星主编：《中国物权法研究》（上），法律出版社1998年版。

4. 刘乃忠：《地役权法律制度研究》，中国法制出版社2007年版。

5. 王泽鉴：《民法物权》（2），中国政法大学出版社2001年版。

6. 史浩明、张鹏：《地役权》，中国法制出版社2007年版。

7. 曹杰：《中国民法物权论》，中国方正出版社2004年版。

8. 黄风：《罗马法私法导论》，中国政法大学出版社2003年版。

9. 江平等:《罗马法基础》，中国政法大学出版社 1987 年版。

10. 关涛:《我国不动产法律问题专论》，人民法院出版社 1999 年版。

11. 尹田:《法国物权法》(第 2 版)，法律出版社 2009 年版。

12. 陈朝璧:《罗马法原理》，法律出版社 2006 年版。

13. 史尚宽:《物权法论》，中国政法大学出版社 2000 年版。

14. 王卫国:《中国土地权利研究》，中国政法大学出版社 1997 年版。

15. 周枏:《罗马法原论》，商务印书馆 1994 年版。

16. 屈茂辉:《用益物权制度研究》，中国方正出版社 2005 年版。

17. 王利明:《物权法论》，中国政法大学出版社 2003 年版。

18. 崔建远:《我国物权立法难点问题研究》，清华大学出版社 2005 年版。

19. 孙宪忠:《德国当代物权法》，法律出版社 1997 年版。

20. 黄茂荣:《法学方法与现代民法》(第 5 版)，法律出版社 2007 年版。

21. 李永军:《合同法》，法律出版社 2004 年版。

22. 房绍坤:《物权法·用益物权编》，中国人民大学出版社 2007 年版。

23. 丘汉平:《罗马法》，中国方正出版社 2004 年版。

24. 郑玉波:《民法物权》(第 15 版)，三民书局 1992 年版。

25. 刘志扬:《民法物权编》，中国政法大学出版社 2006 年版。

26. 陈华彬:《现代建筑物区分所有权制度研究》，法律出版社 1995 年版。

27. 刘保玉:《物权体系论》，人民法院出版社 2004 年版。

28. 李永军主编:《海域使用权研究》，中国政法大学出版社 2006 年版。

29. 蔡志方：《行政救济与行政法学》（2），三民书局 1993 年版。

30. 谢哲胜：《财产法专题研究》，三民书局 1995 年版。

31. 王名扬：《法国行政法》，中国政法大学出版社 1999 年版。

32. 翁岳生：《行政法》（下），中国法制出版社 2002 年版。

33. 上海社会科学所法学所编译：《民法》，法律出版社 1981 年。

34. 吕忠梅：《环境法》，法律出版社 1997 年版。

35. 黄松有主编：《〈中华人民共和国物权法〉条文理解与适用》，人民法院出版社 2007 年版。

36. 陈华彬：《物权法原理》，国家行政学院出版社 1998 年版。

37. 崔建远：《准物权研究》，法律出版社 2003 年版。

38. 崔建远：《土地上的权利群研究》，法律出版社 2004 年版。

39. 房绍坤等：《中国民事立法专论》，青岛海洋大学出版社 1995 年版。

40. 郭明瑞、房绍坤：《民商法原理》，中国人民大学出版社 1999 年版。

41. 高富平：《物权法原论》，中国法制出版社 2001 年版。

42. 高富平：《土地使用权和用益物权——我国不动产物权体系研究》，法律出版社 2001 年版。

43. 江平主编：《中国土地立法研究》，中国政法大学出版社 1999 年版。

44. 孔庆明、胡留元、孙季平：《中国民法史》，吉林人民出版社 1996 年版。

45. 梁慧星：《民法总论》，法律出版社 1996 年版。

46. 梁慧星主编：《中国物权法建议稿》，社会科学文献出版社 2000 年版。

47. 马俊驹、余延满：《民法原论》，法律出版社 1998 年版。

48. 马新彦：《美国财产法与判例研究》，法律出版社 2001

年版。

49. 钱明星:《物权法原理》,北京大学出版社 1994 年版。

50. 王利明主编:《中国物权法建议稿及说明》,中国法制出版社 2001 年版。

51. 王轶:《物权变动论》,中国人民大学出版社 2001 年版。

52. 温世扬:《物权法要论》,武汉大学出版社 1997 年版。

53. 孙宪忠:《中国物权法总论》,法律出版社 2003 年版。

54. 周林彬:《物权法新论》,北京大学出版社 2002 年版。

55. 林诚二:《民法理论与问题研究》,中国政法大学出版社 2000 年版。

56. 刘得宽:《民法诸问题与新展望》,中国政法大学出版社 2002 年版。

57. 潘维大、刘文琦:《英美法导读》,法律出版社 2000 年版。

58. 苏永钦:《私法自治中的经济理性》,中国人民大学出版社 2004 年版。

59. 王泽鉴:《民法总则》,中国政法大学出版社 2001 年版。

60. 王文宇:《民法理论与经济分析》,中国政法大学出版社 2002 年版。

61. 杨仁寿:《法学方法论》,中国政法大学出版社 1999 年版。

62. 杨与龄:《民法物权》,台北五南图书出版公司 1981 年版。

63. 郑玉波:《民法物权》,三民书局 1992 年版。

64. 郑玉波主编:《民法物权论文选辑》,台北五南图书出版公司 1984 年版。

65. 杨振山、[意] 桑德罗·斯奇巴尼主编:《罗马法·中国法与民法法典化——物权和债权之研究》,中国政法大学出版社 2001 年版。

66. 全国人民代表大会常务委员会法制工作委员会民法室编著:《物权法立法背景与观点全集》,法律出版社 2007 年版。

67. 李永军：《民法总论》，法律出版社 2006 年版。

68. 梁治平主编：《国家、市场、社会：当代中国的法律与发展》，中国政法大学出版社 2006 年版。

69. 陈华彬：《外国物权法》，法律出版社 2004 年版。

70. 刘俊：《中国土地法理论研究》，法律出版社 2006 年版。

71. 何勤华：《西方法学史》，中国政法大学出版社 1996 年版。

72. 房绍坤：《用益物权基本问题研究》，北京大学出版社 2007 年版。

73. 崔建远：《物权：规范与学说》，清华大学出版社 2011 年版。

74. 江平主编：《物权法》，法律出版社 2009 年版。

75. 胡康生：《中华人民共和国物权法释义》，法律出版社 2007 年版。

76. 江平：《中华人民共和国物权法精解》，中国政法大学出版社 2007 年版。

77. 王利明、尹飞、程啸：《中国物权法教程》，人民法院出版社 2007 年版。

78. 史浩明、张鹏：《地役权》，中国法制出版社 2007 年版。

二、中文译著

1. ［德］K. 茨威格特、海因·科茨：《比较法总论》，潘汉典等译，法律出版社 2003 年版。

2. ［德］迪特尔·梅迪库斯：《德国民法总论》，邵建东译，法律出版社 2001 年版。

3. ［德］G. 拉德布鲁赫：《法学导论》，米健等译，中国大百科全书出版社 1997 年版。

4. ［德］弗里德里希·卡尔．冯·萨维尼：《论立法与法学的当代使命》，许章润译，中国法制出版社 2001 年版。

5. ［德］弗朗茨·维亚科尔：《近代私法史》，陈爱娥、黄建辉译，上海三联书店 2006 年版。

6. ［德］罗尔夫·克尼佩尔：《法律与历史——论〈德国民法典〉的形成与变迁》，朱岩译，法律出版社 2003 年版。

7. ［美］阿瑟·库恩：《英美法原理》，陈朝璧译注，法律出版社 2002 年版。

8. ［美］理查德·A. 波斯纳：《法律的经济分析》，蒋兆康译，中国大百科全书出版社 1997 年版。

9. ［日］北川善太郎：《日本民法体系》，李毅多、仇京春译，科学出版社 1995 年版。

10. ［日］我妻荣：《债权在近代法中的优越地位》，王书江、张雷译，中国大百科全书出版社 1999 年版。

11. ［德］罗伯特·霍恩、海因·科茨、汉斯·G. 莱塞：《德国民商法导论》，楚建译，中国大百科全书出版社 1996 年版。

12. ［日］近江幸治：《民法讲义 II 物权法》，王茵译，北京大学出版社 2006 年版。

13. ［日］三潴信三：《物权法提要》，孙芳译，中国政法大学出版社 2003 年版。

14. ［德］鲍尔、施蒂尔纳：《德国物权法》（上），张双根译，法律出版社 2004 年版。

15. ［日］我妻荣：《日本物权法》，［日］有泉亨修订，李宜芬校订，台湾五南图书出版公司 1999 年版。

16. ［英］F. H. 劳森、B. 拉登：《财产法》，施天涛等译，中国大百科全书出版社 1998 年版。

17. ［美］博登海默：《法理学——法律哲学与法律方法》，邓正来译，中国政法大学出版社 1999 年版。

18. ［英］巴里·尼古拉斯：《罗马法概论》，黄风译，法律出版社 2000 年版。

19. ［日］田山辉明：《物权法》（增订本），陆庆胜译，法律出版社 2001 年版。

20. ［意］桑德罗·斯奇巴尼选编：《物与物权》，范怀俊译，中国政法大学出版社 1999 年版。

21. ［德］迪特尔·梅迪库斯：《德国债法总论》，杜景林、卢谌译，法律出版社 2004 年版。

22. ［古罗马］查士丁尼：《法学阶梯》，徐国栋译，中国政法大学出版社 1999 年版。

23. ［德］雅科布斯：《十九世纪德国民法科学与立法》，王娜译，法律出版社 2003 年版。

24. ［意大利］彼德罗·彭梵得：《罗马法教科书》，黄风译，中国政法大学出版社 1992 年版。

25. ［古罗马］查士丁尼：《法学总论》，张企泰译，商务印书馆 1989 年版。

26. ［法］雅克·盖斯坦、吉勒·古博：《法国民法总论》，陈鹏等译，法律出版社 2004 年版。

27. ［德］G. 拉德布鲁赫：《法哲学》，王朴译，法律出版社 2005 年版。

28. ［德］M. 沃尔夫：《物权法》，吴越、李大雪译，法律出版社 2004 年版。

29. ［德］卡尔·拉伦茨：《法学方法论》，陈爱娥译，商务印书馆 2003 年版。

30. ［德］波恩哈德·格罗斯菲尔德：《比较法的力量与弱点》，孙世彦、姚建宗译，清华大学出版社 2002 年版。

31. ［英］梅因：《古代法》，沈景一译，商务印书馆 1995 年版。

32. ［德］卡尔·拉伦茨：《德国民法通论》（上），王晓晔等译，法律出版社 2003 年版。

33. ［日］星野英一：《民法劝学》，张立艳译，北京大学出版社 2006 年版。

34. ［美］约翰·E. 克里贝特等：《财产法：案例与材料》，齐东祥、陈刚译，中国政法大学出版社 2003 年版。

35. ［日］原田尚彦：《环境法》，于敏译，法律出版社 1999 年版。

36. ［奥］凯尔森：《法与国家的一般理论》，沈宗灵译，中国大百科全书出版社 1996 年版。

37. ［美］艾伦·沃森：《民法法系的演变及形成》，李静冰、姚新华译，中国政法大学出版社 1992 年版。

38. ［美］约翰·G. 斯普兰克林：《美国财产法精解》，钟书峰译，北京大学出版社 2009 年版。

39. 《学说汇纂》（第 8 卷·地役权），陈汉译，中国政法大学出版社 2009 年版。

三、中文论文

1. ［德］沃尔夫冈·维甘德："物权类型法定原则——关于一个重要民法原理的产生及其意义"，迟颖译，载张双根、田士永、王洪亮主编：《中德私法研究》（2006 年第 2 卷），北京大学出版社 2007 年版。

2. 彭诚信："我国土地公有制度对相邻权的影响"，载《法商研究》2000 年第 1 期。

3. 苏永钦："民事财产法在新世纪面临的挑战"，载《人大法律评论》（2001 年第 1 辑），中国人民大学出版社 2002 年版。

4. 于宏伟："地役权法律制度研究"，中国人民大学 2007 年博士学位论文。

5. 苏永钦："物权法定主义松动下的民事财产权体系"，载苏永钦：《民事立法与公私法的接轨》，北京大学出版社 2005 年版。

6. 申卫星："地役权制度的立法价值与制度选择"，载《现代法学》2004 年第 5 期。

7. 汤长极："对公共地役权立法的建议"，载《中国土地》2006年第12期。

8. 马新彦等："地役权的借鉴与重构"，载王利明主编：《物权法专题研究》，吉林人民出版社2002年版。

9. 吴晓："论类型化方法对宪法学研究的意义"，载《政法学刊》2006年第1期。

10. 马新彦："美国不动产法上的地役权研究"，载梁慧星主编：《梁慧星先生主编之域外法律制度研究集》（第2辑），国家行政学院出版社2000年版。

11. 苏永钦："重建役权制度——以地役权的重建为中心"，载苏永钦：《走入新世纪的私法自治》，中国政法大学出版社2002年版。

12. 李永军："我国民法上真的不存在物权行为吗?"，载《法律科学》1998年第4期。

13. 彭诚信："现代意义相邻权的理解"，载《法制与社会发展》1999年第1期。

14. 张鹏："役权的历史渊源与现代价值定位"，载梁慧星主编：《民商法论丛》（第18卷），金桥文化出版（香港）有限公司2001年版。

15. 崔建远："海域使用权的反思"，载《政法论坛》2004年第6期。

16. 房绍坤等："论物权法定原则"，载《法律科学》1996年第6期。

17. 彭诚信："相邻权与地役权的物权立法选择"，载吴汉东主编：《私法研究》（第1卷），中国政法大学出版社2002年版。

18. 苏永钦："法定相邻权可否预先排除?"，载苏永钦主编：《民法物权争议问题研究》，清华大学出版社2004年版。

19. 杜宇："再论刑法上之'类型化'思维——一种基于'方

法论’的扩展性思考”，载《法制与社会发展》2005年第6期。

20. 沈海虹：“美国文化遗产保护领域中的地役权制度”，载《中外建筑》2006年第2期。

21. 钱水苗、巩固：“我国湿地保护立法初探”，载《环境保护》2004年第10期。

22. 戴孟勇：“论地役权登记对地役权变动的影响”，载《当代法学》2010年第2期。

23. 耿卓：“比较法视野下的我国乡村地役权及其立法”，载《当代法学》2011年第5期。

24. 陈耀东、赵秀清：“地役权本质与存在原则的法律与经济分析”，载《政法论丛》2006年第2期。

25. 崔建远：“地役权的解释论”，载《法学杂志》2009年第2期。

四、法典译著

1. 罗结珍译：《法国民法典》，法律出版社2005年版。

2. 王卫国主译：《荷兰民法典》，中国政法大学出版社2006年版。

3. 费安玲译：《意大利民法典》，中国政法大学出版社2004年版。

4. 王书江译：《日本民法典》，中国法制出版社2000年版。

5. 陈卫佐译：《德国民法典》，法律出版社2004年版。

6. 殷生根、王燕译：《瑞士民法典》，中国政法大学出版社1999年版。

7. 黄道秀、李永军、鄢一美译：《俄罗斯联邦民法典》，中国大百科全书出版社1999年版。

8. 潘灯、马琴译：《西班牙民法典》，中国政法大学出版社2013年版。

9. 唐晓晴:《葡萄牙民法典》，北京大学出版社2009年版。

五、英文著作和论文

1. J. David Reitzel, Robert B. Bennett, Jr., Michael J. Garrison, *American Law Real Estate*, *South-Western of Thomson Learning*, 2002.

2. Diane Chappelle, *Land Law*, Longman UK Ltd., 1992.

3. Andrew Dana, Michael Ramsey, "Conversation Easements and the Common Law", 8 *Stan. Envtl. L. J.* 2 (1989).

4. Penn Cent. Transp. Co. v. New York City, 438 U. S. 104 (1978).

5. John E. Cribbet, Corwin W. Johnson, Roger W. Findley, Ernest E. Smith, *Property*: *Cases and Materials*, Foundation Press, Inc., 1996.

6. Nancy A. Mclaughlin, "Increasing the Tax Incentives for Conservation Easement Donation: A Responsible Approach", 31 *Ecology. L. Q.* 1 (2004).

7. Jesse Dukeminier, James E. Krier, *Property*, Third Edition, Little, Brown and Company, 1993.

后记

POSTSCRIPT

2008年本人的博士学位论文完稿并通过中国政法大学博士毕业论文答辩，该论文一放近6年。6年的时间，本人在工作之余，始终在关注地役权研究的最新进展，并对地役权制度进行了更深入的思考。用了将近一年的时间对博士学位论文进行了修改，书稿修改完后的第一感觉是“修改一点也不比写作轻松”。但我长长舒了口气，心情难以言说。

十几年前，我怀揣着硕士研究生录取通知书来到烟台大学报道，开始了我3年的研究生学习生涯。烟台的天空湛蓝湛蓝，大学的校园干干净净，在这样的环境下读书真是一种享受。离开母校已经10年了，烟台大学法学院的导师与我的距离一直非常的近，有太多的人需要我去感激：感谢我的硕士研究生导师于永芹教授，她对我的生活与学习给予了太多无私帮助，即使到现在，她还一直在关注我前进的每一步，并为我取得的每一次成绩感到骄傲与自豪。感谢房绍坤教授，他虽然不是我的硕士研究生导师，但是我的硕士学位论文《海域使用权制度研究》却是在房老师的指导之下完成的，房老师一直关注我的学术成长。感谢郭明瑞教授，在我攻读硕士学位期间，虽然他身兼数职，但我总能够有机会向郭老师请教问题，郭老师在百忙之中总能够给予我悉心指导和热情鼓励。感谢烟台大学法学院的金福海教授、关涛教授多年来对我的指导和帮助。感谢烟台大学2004级民商法专业硕士研究生，他（她）们是我快乐的玩伴与讨论问题的伙伴。

9年前，我如愿成了中国政法大学的一名博士研究生，开始了我的博士研究生生活。我的导师李永军教授一直关注我的学术成长与发展。老师广博精深的学识、严密的逻辑思维、诲人不倦的风范、刚正不阿的气度，给我留下了深刻的印象，是我今后学习、工作效法的典范。在本书的写作过程中，我与老师进行了无数次的交流，论文字里行间无不浸透着老师的心血。可以说没有老师的教诲和鼓励，就不可能有本书的完成。感谢江平教授，江老师用洪亮浑厚的高音孜孜不倦地传授给我知识，并对我论文的写作给予了很多指导，在传授我知识的同时，告诉我怎样做人。感谢王卫国教授，王老师用儒雅的语言对博士学位论文的选题以及论文的写作给予了极大的帮助。感谢刘心稳教授对我生活与学习上的关心与指导。感谢同门鲍轶欣博士，我们二人同在李老师的指导下，结下了深厚的同门之谊。感谢同门师兄席志国博士、郑永宽博士、朱晓娟副教授、郭宏彬副教授对我的帮助与鼓励，感谢同门师弟甄增水、王福强对我的关心和帮助。感谢国务院法制办于宏伟博士对我的毕业论文写作的帮助。感谢中国政法大学2005级各位博士同学对我学习和生活上的帮助，感谢单位领导对我继续学习的鼎力支持，感谢我的同事在我学习期间工作上的帮助，感谢一直以来关心和帮助我的朋友们……

10年前，本人从烟台大学硕士毕业后即进入华北科技学院从事法学教学与研究工作，在这里我认识了一批优秀的人，他们对我的工作学习帮助良多。感谢校党办杨志武主任、人文学院唐征友书记、张美云副院长像对待小兄弟一样关心我的成长。感谢科技管理处谢宏处长始终关注本人主持的华北科技学院“创新团队项目”项目的进展并给予的大力支持。感谢单位其他领导对我工作、学习与生活上的帮助。

3年前，我进入对外经济贸易大学博士后流动站开展研究工作，合作导师王军教授对我的学术素养的进一步养成提供了很大帮助，尤其是在英美国家法律文献的使用等方面对我进行了细心指导，如果没有王老师的压力，本书的面世可能尚需更长时日。

感谢我的父母双亲，他们为了我的学业承受了太多太多，他们勤劳善良、豁达宽厚的品格将影响我一生。感谢我的爱人王红女士陪我走过了风风雨雨，婚房是单位的青年单身公寓，这在量产“拜金女”的背景下实属不易，大部分的家务和养育儿子的重任都由她一人承担，没有她的付出就不可能有本书的顺利完成。儿子5岁多了，说话像个小大人，或哭或笑，或写字或涂鸦，希望他能够快乐成长。

父母养育了我，师长教育了我，领导支持了我，同学、同事帮助了我，妻子与我相互扶持组成了家庭并承担起养育下一代的重任。为什么我的眼里常含泪水，因为我对这片土地爱得深沉。

将杂乱无章的思绪重新整理，打点远去的行囊，我还要继续前行，寻找自己心中的乐园。

李遐桢

2014年5月